MINERVA'S HABITS OF MIND

次世代トップエリートを生みだす

最難関校
ミネルバ大学式
思考習慣

山本秀樹
元ミネルバ大学 日本連絡事務所代表

日本能率協会マネジメントセンター

はじめに

「未来の大学」と聞いて、どんな学校を思い浮かべますか？

その名を手にした大学は、設立わずか4年あまりで2万人を超える入学希望者を集め、第三者が行う思考力評価テストでトップ大学を大幅に上回る結果や世界の一流企業から高い評価を獲得しました[1]。2018年には全米大学協会の会長に「彼らは、我々が最も重視している点で、素晴らしい成果をあげた……全ての大学が参考にできるし、またそうするべきだ」と言わしめました[2]。

校舎を持たず、世界の7つの国際都市を移り住む
講義を禁止、テストを廃止。授業はすべて少人数のディスカッション
最新の情報技術を活用した学習・キャリア構築支援

こうした先進的な取り組みは、教育に変革を求める人々から熱狂的に受け入れられ、世界的に注目されています。

（1）Minerva Delivers More Effective Learning. Test Results Prove It. file://localhost/(https/::medium.com:minerva-schools:minerva-delivers-more-effective-learning-test-results-prove-it-dfdbec6e04a6)

（2）“A Curriculum to Copy?”_Inside Higher Ed_ https://www.insidehighered.com/digital-learning/article/2018/12/05/minervaproject-draws-notice-its-practical-rigorous-curriculum

しかし、この最先端の大学「ミネルバ大学」が最も重視しているのは、こうした点ではなく、学生が卒業後も自分で未来を築いて行くために必要な、「未知の世界で適切な意思決定を導くことができる思考・コミュニケーションスキル」を提供することです。

これが、本書のテーマでもあり、約113項目のコンセプトで構成される「実践的な知恵」と呼ばれるもので、それぞれのコンセプトが情報判断力、問題解決力、情報発信力、統率／協調力というコンピテンシーに紐づいています(3)。

ミネルバ大学は「高等教育の再創造」を目指すミネルバ・プロジェクト社が「既存の進化型ではなく、大学産業を〝本来あるべき姿〟に戻すための目標となる大学」という趣旨で設立しました。

「本来あるべき姿」とは何を意味しているのでしょうか。

大学は本来、狭い分野でしか活躍できない専門家を育てるのではなく、どんな職業に就いても、難しい決断を迫られる場面でも「良き市民」としての教養、判断、コミュニケーション、意思決定力と社会的責任の自覚を授けるエリート教育機関でした。

しかし、こうした本来の設立目的は、大学進学者の大幅な増加による〝効率的な教育方法〟の採用によって失われてしまいました。研究機関としての大学が肥大化していく一方で、多くの学生が

(3) Appendix B Habit of mind and foundational concept, Building the Intentional University Minerva and the future of higher education (2017, MIT press)

入学し、4年間学費を負担してくれる学部教育は研究者養成を担う大学院部門の資金源としての役割を担う、という経営的な事情が優先され、学部教育の質は劣化していきました。

いまは高度な情報化社会となり、人工知能も社会に実装され始めています。今までの慣習や仕事のあり方が大きく変わろうとしている、変わらざるを得ないことが実感できるようになってきたことで、
「知識を詰め込む教育は終わった」
「この変化の激しい時代に教育の役割は何か」
という声や疑問が投げかけられています。

私は2015年からミネルバ大学に注目し、そのカリキュラムに魅せられて、頼み込んで日本での認知活動を行う許可をいただきました。

「まだ存在していないような職業においても役に立つ知識、覚えたらそれで終わりではなく、自ら発展させていける、思考・コミュニケーションスキル、つまり「実践的な知恵」を提供する」

ステファン・コスリン学長（当時）の言葉は、「未来の大学」の名に相応しいものであり、まさ

に現在の教育の課題を直視したものだと感じました。大風呂敷にも聞こえましたが、内容を調べれば調べるほど納得感があり、この大学が提供するプログラムやその教え方に感心しました。

2年間に渡る日本での認知活動は、単なるミネルバ大学の学生募集ではなく、「大学教育の再創造」という世界的な動きを日本の学生、企業、慈善投資家や行政関係者に知っていただく活動でした。

おかげさまで、日本からの進学者が継続的に出ただけでなく、毎年30名近い学生が日本でインターンシップを行える受入先を開拓したり、日本のメディアでも度々取り上げていただけました。ミネルバ大学の概要については本書の第1章と拙著「世界のエリートが今一番入りたい大学 ミネルバ」(ダイヤモンド社)をご参考いただけましたら幸いです。

認知活動は当初の目的をほぼ達成できたのですが、一つだけ心残りがありました。

それは、ほとんどの日本の教育機関がミネルバ大学のカリキュラムや教授法、運営方法について賞賛してくださる一方で、ミネルバ大学が提供している「実践的な知恵」を反映した教養過程を導入するといった、根本的なカリキュラム改革には踏み込めずにいることです。

このままではミネルバ大学も研究者達が「一世を風靡した風変わりな大学」として、論文を書く程度で満足し、メディアもブームがされれば、取り上げることなく、忘れ去られていくだろう、という危機感を覚えました。

本書を書き始めたのはこうした危機感からです。

また、企業で新規事業開発、マーケティング、経営戦略、事業再生などに携わった経験から、「実践的な知恵」は、特にビジネスパーソンにとって役に立つものだと考えています。

変化が速く、見通しが効きにくい今日のビジネス環境では、

「変化に対応するよりも、変化を創り出す側になる」

「一つの決められた計画に合わせるよりも、複数のシナリオを描き、柔軟な成長軌道で目標を達成する」

ことが日々のオペレーションを正確に回すことと同様、あるいはそれ以上に必要とされます。

そのためには、情報を的確に見極め、まだ気づいていない課題を発見し、解決法を設計する。複雑な問題を分解し、他人とチームを組み、アクションまで導き、改善点を話し合いながら、目的を実現する責任を果たしていく。

こうしたスキルが必要であり、それを支えるものが実践的な知恵なのです。

本書でご紹介する実践的な知恵は、ミネルバ大学の公式ガイドブック「Building the Intentional University」（The MIT Press, 2017）で公表されているコンセプトに基づいています。

ミネルバ大学では、各コンセプトについて、学生、教員、スタッフ、インターンシップ受入先からのフィードバックを受けて更新しているので、現在、同大学が提供しているものとは名称も、場合によっては定義すら変わっているものもあります。また、本書における各コンセプトの解説は、筆者が独自に解釈・作成したもので、ビジネスパーソン向けにアレンジしています。

ミネルバ大学では、実践的な知恵を構成するコンセプトの特性を「思考習慣（Habit of Mind）」と「基礎コンセプト（Foundational Concept）」という概念に分類して解説しています。これは脳科学の観点から、コンセプトを学習する際に参考になる分類なのですが、本書ではこの分類についてはあえて省きました。ご興味がある方は、公式ガイドブックをご参考ください。

各コンセプトは既存の学問（心理学、認知科学、統計学、経済学、会計学、生物学、物理学など）で教えられてきた思考・分析ツールや理論で、相互に関連しているものや、複雑系のように複数の学問領域を横断的に捉えたものまで、幅広い分野から選ばれており、いま最先端の大学が何に注目しているのか、把握する上でも役立つでしょう。

また、ミネルバ大学では学習したコンセプトをもともと利用されている分野以外の日常的な思考・コミュニケーションの際に自然に用いることができること「ファー・トランスファー」を重視します。そのため、各コンセプトが実際にどのような場面で使えるのかなるべく事例を用意しました。

本書は次のような構成になっています。

ミネルバ大学について初めて知った、という方のために第1章にミネルバ大学の概要についての解説を、第2章には実践的な知恵の具体的な内容や特徴、分類について解説しています。第3~6章に情報判断力、第7章に問題解決力、第8章に情報発信力、第9章に統率/協調力に関するコンセプトを紹介する、という構成にしておりますが、順番に読むこともできますし、各章を別々にお読みいただいても大丈夫です。

実践的な知恵は自分で使うことで育っていきます。本書を読み、各コンセプトを日常業務での判断や意思決定に反映していくことで、みなさんの知的生産性は必ず向上するでしょう。

2019年6月
山本秀樹

Contents

第2章 これからの世界を生き抜くための「実践的な知恵」とは?

――Practical Knowledge for Surviving the Future World

第3章 情報を検証する —— Evaluating Claims in Thinking Critically

第4章 認識の差を埋める —— Analyzing Inferences in Thinking Critically

第5章 判断の優先順位をつける ——Weighing Decision in Thinking Critically

第8章 情報を発信する ——Effective Communication

第9章 統率／協調する ——Interacting Effectively

第1章

アイビー・リーグを超える驚異の大学ミネルバ

――Minerva Schools beyond the Ivy League

トップエリート大学の100年以上の歴史にたった3年で肩を並べる

2019年3月、米国のいくつかのエリート大学で大規模な不正入学が行われていたことが判明しました。資産家が既存の入試制度を悪用し、その子息を裏口入学させていたのです。しかしこれは米国人にとって、驚くべきことではありません。こうした行為はかねてから問題視されてきており、米国が抱える不平等と格差の深刻さは、すでに高等教育を歪ませています。また、この事件は、高等教育の課題の一つが表面化したに過ぎません。

こうした理想とかけ離れた高等教育に対し、その問題点を解決すべく創立したのがミネルバ大学(Minerva Schools at KGI)です。

2014年に設立されたこの大学は、「高等教育を再創造」することを目指し、その設立には、米国の大統領候補やハーバード大学をはじめとするトップ大学の学長が設立準備委員を務め、アイビー・リーグやスタンフォード大学の学部長、オバマ大統領の顧問だった有名教授や大学の単位認証機関の副理事長らが設立メンバーとして集まりました。

そして驚くべきは、この豪華な設立メンバーを率いたベン・ネルソンは当時35歳、教育業界はまったくの未経験の民間企業の経営者だったのです。

米国の話で想像しにくいかもしれません。日本に置き換えてみましょう。

自民党総裁選挙に出馬したことがある有力政治家、東京大学総長、京都大学総長経験者が設立準備委員会のメンバーを務め、東大で全ての授業を監督することができる人物が学長に就任し、さらには内閣の有識者委員会メンバーや、文部科学省の大学設置認可を審査する部署の責任者が設立申請を行う側になり、35歳の教育分野の経営経験の無い起業家が提唱した、世界中の大学が抱えている問題を解決するための新しい大学をゼロから立ち上げるプロジェクトに参画する……

……むしろ日本に置き換えてみると、フェイクニュースにもならないただの冗談に聞こえるかもしれません。

しかし、これは実際に起きたことです。

そして、この大学は設立3年目の2016年には、世界の160か国以上から2万人を超える入学希望者を獲得し、その合格率1・9％は名門と呼ばれるスタンフォード大学やハーバード大学よりも狭き門となりました。

入学希望の学生の中には、アイビー・リーグや英国のケンブリッジ大学を辞退してミネルバ大学に進学した学生もいます。

問題解決力が全米の上位1%に！

また人気だけでなく、教育力や学生の評判に関しても関係者を驚かせる実績が出ています。

米国でＣＬＡ＋(Collegiate Learning Assessment＋)という、５００校以上の大学で10年以上実施されてきた、批判的思考力、問題解決能力、効果的な表現力を評価する試験があります[1]。

このＣＬＡ＋をミネルバ大学の1年生に、入学時と1年生のカリキュラム修了時に受験させました。その結果、ミネルバ大学の1年生は入学時点で、過去の同

ミネルバ大学と伝統的トップ大学のCLA+結果の比較

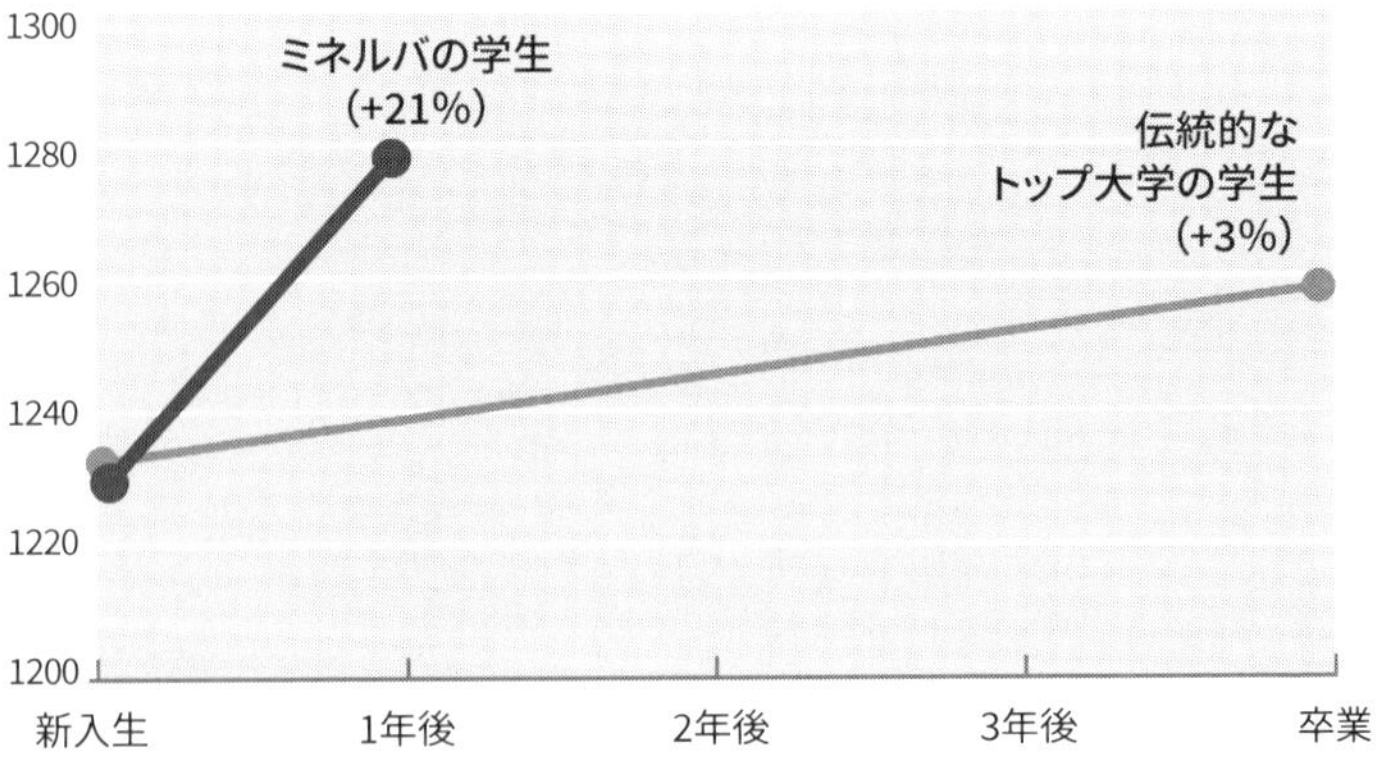

(1) https://cae.org/flagship-assessments-cla-cwra/cla/

試験を受験した他大学4年生と比較して上位22％の評価でしたが、1年生修了後には過去に試験を実施した大学の4年生修了時の学生と比較しても「上位1％に入る」という圧倒的な成果を出しています。[2] これは、ミネルバ大学の教育力の有効性を第三者機関が検証したデータとして注目されています。

さらに2015年には、サマー・インターン受入先の90％がフィードバックとして、「今まで受け入れてきた学部生達よりもミネルバ大学の学生の方が優秀だと感じた」、と評価しています。

こうした受入先は、アップルやアマゾンといった大企業から、ウーバー・テクノロジーのようなベンチャー企業、ダルバーグやオミダイア・ネットワークといった社会起業家支援団体、スタンフォード大学デザインスクールやカリフォルニア工科大学、サンタフェ研究所や富士通総研といった、大学や民間のシンク・タンクまで幅広い業種・業界に及んでいます。[3]

アイビー・リーグ超えるための4つのアプローチ

一体どうやってハーバード大学やケンブリッジ大学などの、誰もが認める名門大学を超えるような教育を提供することができたのでしょうか？

名門大学が抱えている課題と、ミネルバ大学がどのようにそれらの問題にアプローチしたのかを

(2) https://medium.com/minerva-schools/minerva-delivers-more-effective-learning-test-results-prove-it-dfdbec6e04a6

(3) https://www.minerva.kgi.edu/career-development/professional_experience/

見てみましょう。

既存の名門大学の学部教育には大きく四つの問題があると、ミネルバ大学は考えています。

①社会に出る準備
②使われない効果的な教授法
③不足している海外・異文化経験
④低い投資対効果

それぞれに、ミネルバ大学がどのようにアプローチしたのか解説していきます。

社会に出る準備――「実践的な知恵」

まず、大学で提供されているカリキュラムが古く、社会に出た時に求められるスキルが身につけられない、「社会に出る準備」ができない問題です。

大学と学生が就職する組織との間にある「社会に出る準備」についての認識ギャップは、ギャラップ社が行ったアンケートでも明白に現れています。

「自分達の教育によって学生は社会に出る準備ができている」と96%の大学経営者が答えているのに対し、学生達を雇用する側は11%しかそう思っていない(4)。

なぜこうしたギャップが生まれるのでしょうか。

そこには、現在の大学で実施されているカリキュラムが、いつ陳腐化するかわからないような知識を伝達することに終始しているからです。

ミネルバ大学はこの問題に対して、本書のテーマでもある「実践的な知恵」の習得を通してアプローチします。「実践的な知恵」は、学生が未知の分野でも適切な意思決定を導ける思考・コミュニケーション力を習得するものです。

ミネルバ大学は全ての1年生が、この「実践的な知恵」を1年間かけて習得します。その後の専門課程、研究過程を履修している際も、効果的に実践的な知恵を用いることができているか評価されます。

既存の大学が、一般教養課程も専門課程もそれぞれの科目の知識を問う学期末のペーパー・テス

(4) https://news.gallup.com/poll/167630/business-leaders-doubt-colleges-prepare-students.aspx

既存の大学とミネルバ大学の
カリキュラム設計の比較

	第1-2学年	第3-4学年
既存の大学	**一般教養** 異なる分野から要件を満たす科目を履修 履修自由度（大）	**専門+選択科目、研究活動** 師事する教授の専門分野の科目と研究活動を履修 履修自由度（小）
ミネルバ大学	**「実践的な知恵」** 全員が同じ科目を履修 履修自由度（無し）	**専門+選択科目、研究活動、チュートリアル** 学生の専攻分野・研究活動を教員・学外メンターが支援 履修自由度（大）

トやレポート提出で評価するのに対し、学生の思考・コミュニケーション力の習熟度を把握し、反復しながら専門課程の学びを進めていくミネルバ大学のカリキュラムの方が、社会とスムーズに接続できます。

既存の大学では3－4年時に専門と研究活動を行いますが、その内容はより専門性の高い講義を聞いたり、同じ研究室の人とグループワークをすることがほとんどです。フィールドワークや学校の外の世界と協働してプロジェクトを実施することはほぼないのが実情です。

一方、ミネルバ大学のカリキュラムでは、自分の研究テーマを設計し、積極的に学外で協働プロジェクトを行うプログラムになっています。

教授は専門知識を伝達するのではなく、学生が「実践的な知恵」をうまく用いながら、効果的に研究テーマを探求することや、教授自身のネットワークを使って学生の調査、協働研究パートナーを探すことのサポートをします。

こうしたカリキュラムによって学生は、卒業時に自分の進みたい分野で活躍できる状況を作る準備ができるのです。

効果的な教授法――講義・テストなしの反転学習

多くの名門大学は依然として、教授が一方的に情報伝達する講義形式の授業が主流です。事前予習していれば学習効果は高いはず、と思うかもしれません。

しかし実際は、講義形式の授業の学習内容の定着率は非常に悪いのです。

これは1960年代からさまざまな学者が実証研究を行っており、教育関係者の間では周知の事実です。実はどのような授業の進め方が学習内容の定着率が高いかも研究されています。

2001年にハーバード大学で物理学を教えているエリック・マズール教授が発表した「Peer Instruction:Ten years of experience and results」（相互学習：10年の経験と結果）という論文(5)によれば、「講義形式で学んだ学生は半年でその内容を9割忘れてしまうが、事前課題を与え、少人数

(5) http://web.mit.edu/jbelcher/www/TEALref/Crouch_Mazur.pdf

グループで学生同士が学びを共有し、理解が食い違う点を教員がサポートする形式の学習を行った学生は同じ期間で7割の内容を人に説明できるレベルで記憶できていた」とのことです。

このような実証研究に基づき、名門校も一部の授業を少人数のグループ・ディスカッション形式の授業に変えています。しかし、依然として多くの科目が講義形式の授業で、マズール教授のような形式のクラスは少数派です。一方通行の講義は、MOOC（Massive Open Online Course）が存在し、各学生が好きな時間に自分のペースで有名教授の講義を視聴できる仕組みが整っているにも関わらず減りません。

背景にはこうした新しい教授法に対応することを嫌う教員が少なからずいること、大学教員の業績評価が研究活動にあり、学生の学びの質を高める努力をしても自分の評価アップに繋がらないこと、またテニュア（終身雇用権）を持った教員は不祥事を起こさない限りは授業を改善しなくとも在籍が可能であるため、教育の質を上げるインセンティブが低いという事情があります。

ミネルバ大学は「全ての教員を新規採用することができる」という新設大学の数少ない利点を生かし、教員に終身雇用権を付与しないことを決めました。教員の評価は研究活動ではなく、教えた時間に応じて行われます。

また全ての授業が20人未満のディスカッション形式で行われ、教員による講義が禁止されています。教員が90分間の授業で話せる時間は連続で4分以内、合計で10分以内という原則が定められており、これを超過するケースが続く場合、授業の改善を促されます。

学生は事前課題を提出した人のみが参加でき、教員のファシリテーションに沿って議論やグループワークを通じて学習内容に対する理解を深めていきます。

完全なアクティブ・ラーニングを原則とし、授業後の教員からのルーブリックに基づいたフィードバックを受けることで理解度を確認させ、学生主体の学びを後押しします。なお、こうした教授法を実践するには、最新の情報技術の活用がポイントになります。この点については後ほど詳しく解説します。

海外・異文化経験——世界中の都市がキャンパス、多様性のある学生

「海外・異文化経験」についても既存の大学は課題を抱えています。

まず海外経験では、海外留学を経験する大学生はOECDの統計によれば、わずか2・5%で、その7割以上が北米、欧州、オセアニアに集中しています。とても少ないし、偏った国際経験とい

えます。[6] また、名門大学における学部留学生比率は10－15％程度で、とても国際的な環境とは言えません。もっとも東京大学の学部留学生比率は約２％[7]ですから、それに比べれば多いのかもしれませんが……。

さらに異文化という視点を社会階層にまで広げて見ると、名門大学の在籍者が偏っていることがより浮き彫りになります。

米国の大学では一般的に人種、国籍、性別、経済力といった要素別に一定数の学生を優先する枠があります。

ハーバード大学を例にとると、全体の合格率が約５％であるのに対し、親族にハーバード大学出身者がいる場合、合格率は30％を超えるとも言われています。[8] これは優先枠の一つとして同窓生を優遇する仕組みがあるからです。

実際、学部在籍者のうち、年間約１０００万円を超える学費・生活費を財務支援なしで支払うことができる家庭の出身者は、全体の50％もいます。[9] 米国の所得あたりの人口分布を見なくても富裕層が優遇されている現状がわかります。

またハーバード大学は先般、入学審査でアジア系の学生を差別していると訴えられています。確かに国際性や多様性を追求するかどうかは、それぞれの大学経営者が判断することです。しかし国

（6）　http://www.oecd.org/education/Education-at-a-Glance-2014.pdf

（7）　https://www.u-tokyo.ac.jp/ja/intl-activities/intl-data/d03_02_02.html

（8）　https://www.npr.org/2018/11/04/663629750/legacy-admissions-offer-an-advantage-and-not-just-at-schools-like-harvard

（9）　https://college.harvard.edu/financial-aid

の補助金が投入されている組織で、意図的とも捉えられる偏りを持った学生構成が望ましくないのは明らかです。

ミネルバ大学は海外文化を最も効果的に理解するには、実際にそこに行き、その土地の人と同じ生活を経験することだと考えています。

そこで全ての学生が、4年間で7つの国際都市に4カ月以上滞在し、「都市をキャンパスにする」生活を送るプログラムを採用しています。

これは、滞在する都市に自前のキャンパスを建設するのではなく、学生寮のみを借り上げ、その都市にある企業や大学、地方自治体の公共施設を利用する方法です。ミネルバ大学には自前の図書館も運動施設もカフェテリアもありません。その土地に移住した人が経験するのと同じ状況で学ぶのです。

またミネルバ大学の学生は約80%が留学生で構成されています。入試に優先枠は無く、学校の成績、過去4年間の課外活動実績、独自の思考・コミュニケーション力の素養のみで入学審査を行います。

全ての審査をオンラインで完結でき推薦状も事前課題エッセイも不要です。SATやTOEFL

といった外部の民間試験も不要なので、受験にかかる費用はほぼゼロです。こうした工夫をする事で特定の国の制度や経済力によって挑戦する機会が失われないようにしているのです。その結果、世界中から入学希望者を獲得することができています。

しかし、入学希望者に求める合格基準は厳しく、結果として合格率は2％程度になっています。ミネルバ・プロジェクトのビジネスモデル上、学生はお客様である以上に「高等教育の再創造」を実現していく仲間として位置付けられるため、実際に自分達の教育で伸ばせる学生だけを慎重にマッチングしているともいえます。

社会階層的な多様性からみても、学費が約150万円と米国のトップ大学の1／3未満にもかかわらず、7割近い学生がなんらかの財務支援を受けています。国の補助金を受けず、独自採算で運営して、優先枠を一切持たない学校の方が国籍も社会階層的にも多様性を実現している、というのはなんとも皮肉な結果です。

投資対効果――低学費、高品質授業

米国の大学はこれまで述べてきたような問題があるにも関わらず、学費が上がり続けています。1978年から学費の上昇率は約12倍で消費者物価指数の4倍近くになっています。

学費が上がり続けても、奨学金や学生ローンを利用して、就職してから高い給料を得て借金を返せるならそれほど問題にはなりません。

しかし実際には、6年間大学に在籍して卒業する学生は入学者の約53％程度です。[10] さらに卒業したとしても、その半分は失業しているか、非正規社員だという調査もあります。[11] 米国の学生ローン残高は2014年時点で1・4兆ドルを超え、さらに上昇し続けています。卒業時に平均で450万円程度の借金を負って社会に出るという事態になっているのです。

ミネルバ大学の学費は1万3450ドル（約150万円）で他大学の1／3～1／4程度に抑えられています。[12]

これは学びに直結しない施設を一切持たないだけでなく、広報・プロモーション方法に至るまで、民間スタートアップ企業の効率性と効果を最大限に得られる活動に、経費が絞り込まれているためです。ミネルバ大学の運営の核となる、情報技術や教材開発に重点的に資金が配分されていることや、ビジネスモデルとして、学校の授業料収入だけでなく、教材や教授法を実現するオンライン・プラットフォームを他の教育機関にライセンスし、そこから収入を得るという仕組みを採用している事で成立しています。

トップ大学よりも圧倒的に安価であり、トップ大学の一部の学生しか履修できないような教授か

（10）https://nscresearchcenter.org/signaturereport10/#ExecutiveSummary

（11）https://www.theatlantic.com/business/archive/2012/04/53-of-recent-college-grads-are-jobless-or-underemployed-how/256237/

（12）https://www.minerva.kgi.edu/tuition-aid/tuition-fees/

ら少人数制の授業を受けられ、外部テストでも社会で求められるスキルが他大学に比べてずっと身についているという評価を得た大学が、積極的に自分の研究・探究活動のサポートをしてくれる…。

あなたなら既存の名門大学かミネルバ大学か、どちらを選びますか。

大学の常識と問題を破壊するテクノロジー

上記のような問題解決に大きく寄与しているのが、アクティブ・ラーニング・フォーラム（Active Learning Forum）と呼ばれるオンライン・学習プラットフォームです(13)。

このシステムは授業設計ツール、授業運営システム、学生の習熟度評価・成績管理・分析システムの三つで構成されています。

授業設計ツールでは授業でどのような質問やアクティビティを行うか選択するフォーマットが用意されています。

この利点は、教員がチームで設計を行うため、教員同士がお互いの教授法の改善についてディスカッションする、共通の土台を作れることです。大学教員の「ファシリテーションスキルの向上」が課題となっている中、効果的な授業を行うための本質的な議論がしやすくなる環境を整えることで、各教員のスキルの向上へつなげているのです。

(13) https://www.youtube.com/watch?v=Gk5iiXqh7Tg

**ミネルバ大学におけるオンライン・
学習プラットフォームの仕組み**

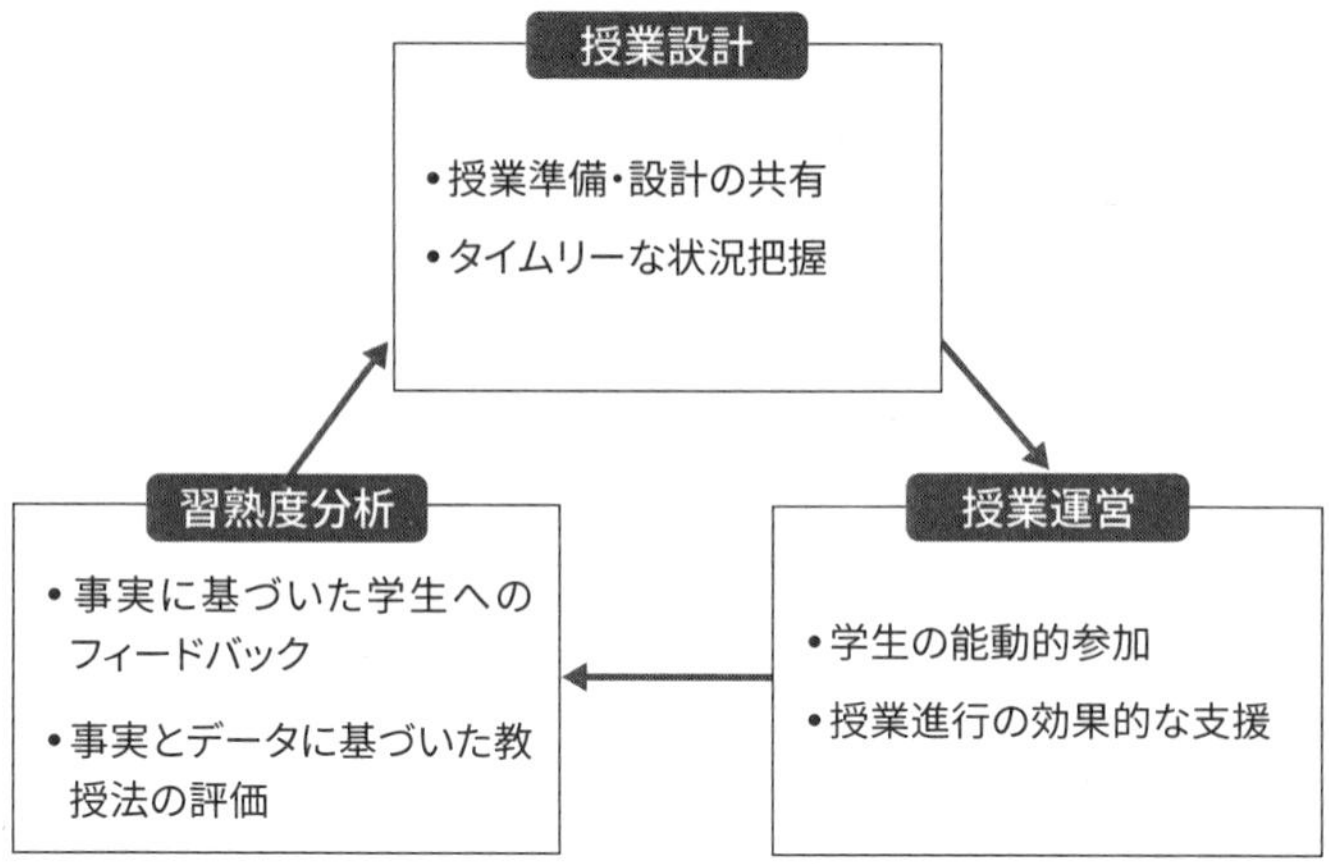

次に授業運営システムです。

こちらは実際の授業を実施するためのもので、グーグル・ハングアウトというビデオ会議用システムをベースに教員がセミナーをスムーズに運営するために支援ツールが実装されています。

特徴的な機能は各学生がどれくらい発言しているかモニタリングして教員にフィードバックできる機能、誰かが発言している際に各学生がリアルタイムで「いいね」のような意思表示ができる機能、授業中に出した選択問題について誰がどの意見を支持したか全員で共有できる機能などがついています。

授業中に少人数のグループに分かれて作業を行ったり、学生が自分のパソコンの画面共有やファイルを共有しながら作業したりすることもできます。

ここまでは、授業を活性化するための支援機能ですが、実はオンライン形式でディスカッション主体のセミナーを実施しているのにはもう一つ重要な理由があります。

それは、ミネルバ大学が提供している実践的な知恵は、オンライン学習環境で実施した方が既存の教室型授業よりもずっと優れたフィードバックが可能になること、それゆえに学生の習熟度を効果的にあげることができること、個別の学生について教員がより深く知ることができ、適切なフィードバックを与えることができるからです。

ミネルバ大学で提供する実践的な知恵はペーパー・テストで知識の定着を測るのではなく、授業後に教員が、録画された授業を見直しながら、授業中の各学生の発言内容について、どれだけ学習目的となるコンセプトが理解できているか評価を行い、個別に発言場面ごとにフィードバックして行きます。この事実に基づく、高頻度のフィードバックは既存の教室型授業では不可能です。

さらに教員同様、学生も教員から送られてきたフィードバックを実際の授業の映像を参考にしながら聞くことができ、コンセプトへのより深い理解を得やすくなっています。

習熟度分析システムでは全ての学生がマスターすべきコンセプトについてどのような習熟度か、どの教員がどのような形式でどんなフィードバックを行っているかといったデータが蓄積されています。また、これらのデータを分析し、どのように授業を設計・運営するとより効果的に習熟度をあげられるのか、といった研究資料が集められていきます。

ミネルバ大学の学生が短期間で効果的にCLA+のような第三者機関が提供する思考力テストで良い結果を出すことができたことは、こういったデータ分析に基づく教育方法にあったのかもしれません。

教育も本格的にデータを使うことで従来は学習効果を評価することが難しかった思考・コミュニケーションの習熟度を把握しながら効果的な学びを導ける時代になっています。

全ては「高等教育の再創造」のため

ミネルバ・プロジェクトが目指すのは、ここまで述べてきた高等教育における機能不全を解消する「高等教育の再創造」です。

その実現のためには他校が追随するような、ベンチマークとなるトップ・エリート大学のモデルを作り出す必要があり、「アイビーリーグに匹敵」ではなく、「アイビーリーグを超える」ことを目指すことが必要でした。

ミネルバ大学は既存のトップ・エリート大学が目標として掲げながら、自ら離れてしまった、「リーダーやイノベーターとしての資質、幅広い視野、グローバル市民としての意識」を育成する学部プログラムを目的としました。

才能のある学生が未来の世界・社会で実践できる能力はどのように身につけられるのか…ベンは、「こうした能力は一つの特定のものではない。複数の要素から成り立つ組み合わせによって形づくられるものだ」と、その能力を構成する要素をコスリン教授らの協力を経て、定義、体系化して、学生達や学外の協力組織とのやり取りの中で時代に合わせてアップデートされていく仕組みを創りました。

それが本書のテーマ、「実践的な知恵—習慣化できる、経験したことが無い分野でも適切な判断・意思決定を導くための思考・コミュニケーションを構成するコンセプト」なのです。

第2章

これからの世界を生き抜くための「実践的な知恵」とは？

——Practical Knowledge for Surviving the Future World

人にしかできないことが明確になる

「Future of Work」という米国で製作された動画[1]には、無人化された農場、自動運転のトラック、ハンバーガーチェーン店でロボットがオーダーを確認して調理する様子や、レジが自動化されたコンビニに加え、外科手術の縫合や皮膚ガンの検知、会社の業績記事や会計処理が機械によって処理される未来が描かれています。これは、従来の単純労働だけでなく、今まで大学を出た高度な知識を持つ人達が就く仕事であっても、機械によって置き換えられる未来を示しています。

この動画を製作し、米国で新しい教育のあり方を市民レベルで伝える活動を続けているテッド・ディンタースミス氏は、現在の教育が直面している課題について次のように語っています。

「現在の教育は120年以上前に、産業革命で均質な労働者と従順な兵隊を創り出す目的で開発された。その基本的なカリキュラムは、①知識を覚える、②単純作業に熟練させる、③指示に従う、といった人間を育成することが良いとされている。しかし、こうしたことはすでに機械が人間よりもずっと上手にできる時代になった。

自分はベンチャー・キャピタリストとして、多くのハイテクノロジー分野のスタートアップに投資をしてきた。そうすることで人々の暮らしがより豊かになると信じてきたからだ。でも教育業界

(1) https://youtu.be/59d3UZTUFQ0

を見ていると、学校はいまだに『機械に置き換えられる』人を創ろうとしているようだ。教育は今起きている変化に対応できていない。[2]」

筆者もこの考え方に全面的に同意します。

世の中には、「機械が人の仕事を奪う」という扇動的な情報に注目が集まりますが、より重要な課題は、「機械が人の仕事をより『人にしかできない』ことにアップグレードしていく時代に求められるスキル」について、教育現場が実効力のある解決策を示すことができていないだけでなく、具体的な改善を見せていないことです。

では、「人にしかできないこと」とはどんなことでしょうか。

医療の現場を例に考えてみましょう。

医療の現場では統計を参照しながら患者に適切な診断を行うエビデンスド・ベースド・メディスン（根拠に基づく治療）の考え方が浸透し、コンピューターの医療診断システムにはさまざまな症例が蓄積されました。

ここにアクセスすることで、医師は自分が覚えている知識や従来の経験と勘だけでなく、未経験

(2)
「What School Could Be
アン／カンファレンス」
基調講演：テッド・ディンタースミス氏
https://youtu.be/xua-KBgLZlA

の症状や見落としていたかもしれない症例を参照しながら、総合的な判断に基づいて患者に適切な診断・治療を行えるようになっています。

新しい患者さんを診断する際、医師は確認できた幾つかの症状をコンピューターに打ち込み、類似の症状から考えられる病気が検索されて表示されるのを待ちます。

そもそも、この仕組み（症状を打ち込みと似たような症例を探し出して、表示する）を創ったのは誰でしょうか？　コンピューターではありません。機械は指示されたことはできますが、仕組みや手順（専門的な言葉ではアルゴリズムと言います）を創ることはできないのです。

iPS細胞の発見には、山中伸弥先生のある決断が間接的に影響しています。研究室を持って独立した山中教授は、万能細胞（ES細胞）を扱いたかったのですが、もう多くの先行事例があり、それでは他の研究者と差別化できないと判断し、別の方法をとります。その時のことを次のように語っています[3]。

「僕もES細胞の研究をしたいんだけど、そういう他の人と同じことを今更やってもかなうわけがない。もうはるかに先行されていますし、有名な先生もいっぱいおられますから、勝ち目がない。じゃあ、どうするか。逆方向やろう、と。みんなはES細胞からいろんな体の細胞を作る研究をしているけれども、逆ができるんじゃないか、と。

（3）https://logmi.jp/business/articles/123223

体の細胞から直接ES細胞に逆戻ししてES細胞を作ったら、何がいいかと言いますと、ES細胞は受精卵を使う必要がありますので、ねずみの間はいいんですが、人間になった途端、倫理的な観点から反対する方が多いんです。

ヒトの受精卵、人間の受精卵は、赤ちゃんになる細胞ですから、それを実験室で使っていいのかということで。

何か受精卵を使わずに体の細胞の時計を逆戻しするようにして、受精卵に近い状態に戻して、ES細胞のような細胞ができたら本当にいいなと。」

この「逆転思考」という概念はコンピューターにはできません。「ある条件が整ったら、逆転思考を行うこと」というようなアルゴリズムを設計すれば別ですが…それを設計するのも「人にしかできないこと」です。

また、機械には、「当たりをつける」という考え方がありません。

例えば、「東京から大阪まで一番早くたどり着く方法を考えろ」という命令を打ち込むと、機械はあらゆる手段を全て計算して、最適な答えを出そうとします。東京から成田に移動して、成田から米国に飛行機で移動し、そこから地球を船で半周以上して関西国際空港に到着、徒歩で大阪に向かう、といったケースまで計算の対象に入れてしまうのです。

そこで、人は一定の条件を満たす旅程は、あらかじめ計算から排除する条件を設定して、計算負荷を減らしてあげる、という工夫をします。この「仕組みを設計する」という行為は、まだ「人にしかできないこと」です。

さらに、皆さんはパソコンを使っている時に、急に画面が固まって動かなくなってしまった経験があるでしょう。これは、一定の計算を記憶する場所に対して、競合するプログラムがお互いの場所を取り合って、スペースが不足してしまうために起きていると言えます。（ちょっと比喩を使っていますが、そういうイメージで大きくは違っていないはずです。）

人間であれば、事前にこのような状況を察知したら、お互いの争点を洗い出して、対話や優先順位を決めて、対立を調整することができます。必ずしも毎回うまくいくわけではありませんが、そうした行動を取ることができるのも、「人にしかできないこと」です。

教育の根本的な目的が変わる

先に述べたことをまとめると、教育の根本的な目的は図のように変える必要があります。

機械的な作業として知識を蓄えるのではなく、問題に気がつき、解決法を着想するまでには、正解を求めるよりも的確な問いを立てる力が必要になります。

それは、知識を覚える必要がなくなる、ということではなく、知識をどのように整理しておけば、

変わる教育の根本的な目的

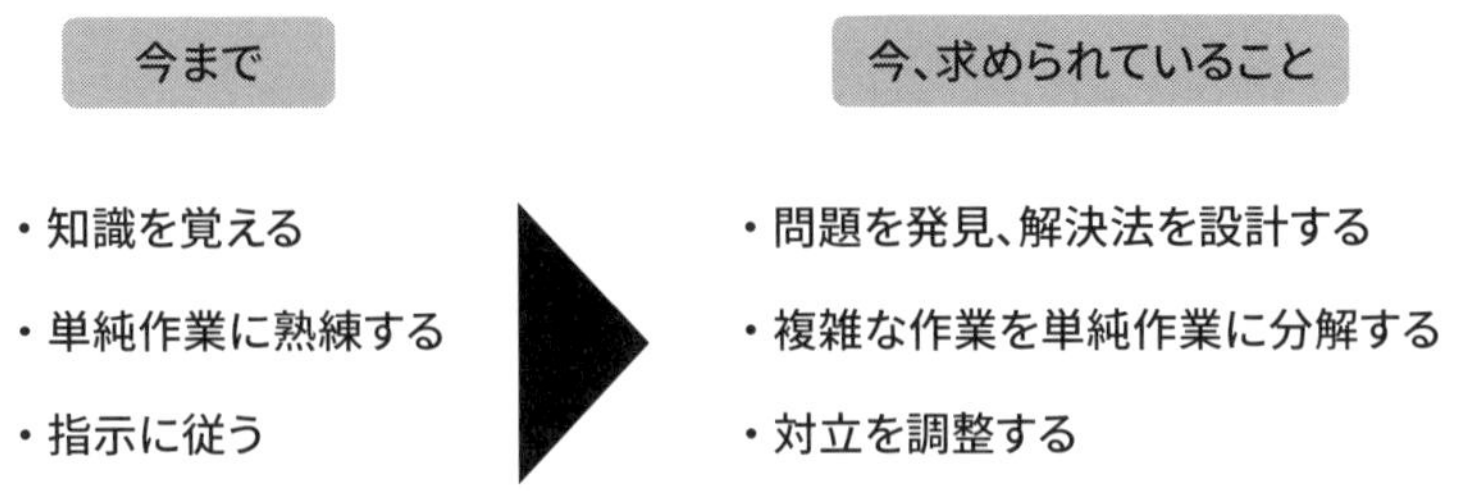

新しい知識を効果的に吸収し、蓄え、必要な時に引き出して、用いることができるか、という問いに置き換えることができます。

「詰め込みではなく、原理や原則を整理して蓄積することは、太い幹を持ち、しっかりした枝を持った木が、より多くの葉と実を支えることができるのと同じだ」とミネルバ大学のコスリン教授は述べています(4)。

新しい情報に接した時、その情報が信用できる根拠は何か、用いるのに適切な場面はどこか、情報を判断するために必要な原理・原則を使えるようにしておけば、その情報をどこに整理すれば良いか、用いる際に、どのような制約が存在するのかも記憶しやすくなります。

しっかりと整理された情報は、問題の発見を促進の手助けにもなります。

(4) Science of Learning_「Building the Intentional University – Minerva and the future of Higher Education」(B.Nelson & S.Kosslyn) P.157

まだ解決されていない問いに対して、どのように対応していけば良いのか、さまざまな思考のフレームワークとその使い方を実践することで、答えがわからなくても、答えに近づいていくことができます。

複雑な作業を単純作業に分解していくには、「当たりをつける」をつけることが有効であることは述べました。専門的な言葉で「ヒューリスティクス」と呼ばれるこの作業は、コンピューター・プログラムを設計する上で、欠かせない人の能力となっています。

また人は、情報発信の方法や相互のやりとりを工夫することで、対立を調整し、共感や説得といった共生に必要な力を創造していきます。

聞く人の表情を見ながら、柔軟に表現を変更したり、その場の空気感、力関係の変化を察し、適切なコミュニケーションを選んだりするのは人には表現力やリーダーシップ、協調の精神といった機械には真似できないスキルがあるからです。

こうしたスキルは一つの特定の分野だけでなく、幅広い分野に応用の効く「知恵」である、と言えます。

これからの時代に求められているのは、この「幅広い分野に応用できる知恵」で、専門分野の知識の幹となっているものです。こうしたものを身につけておけば、仮にまだ体験したことのないような状況であっても、適切な意思決定やコミュニケーションを導ける、という考え方が、ミネルバ大学が提供する「実践的な知恵」の背景にあります。

ミネルバ大学で教える「実践的な知恵」

ミネルバ大学が考える「実践的な知恵」は、大きく四つのコンピテンシー（核となる能力）によって体系化されています。

それは、二つの思考能力（情報発信力と問題解決力）、二つのコミュニケーション能力（情報発信力と統率／協調力）で構成されています。

それぞれの能力はさらに三つから四つの思考動作に分類され、それぞれに、幅広い分野に応用できる考え方（コンセプ

実践的な知恵の構成要素–大分類

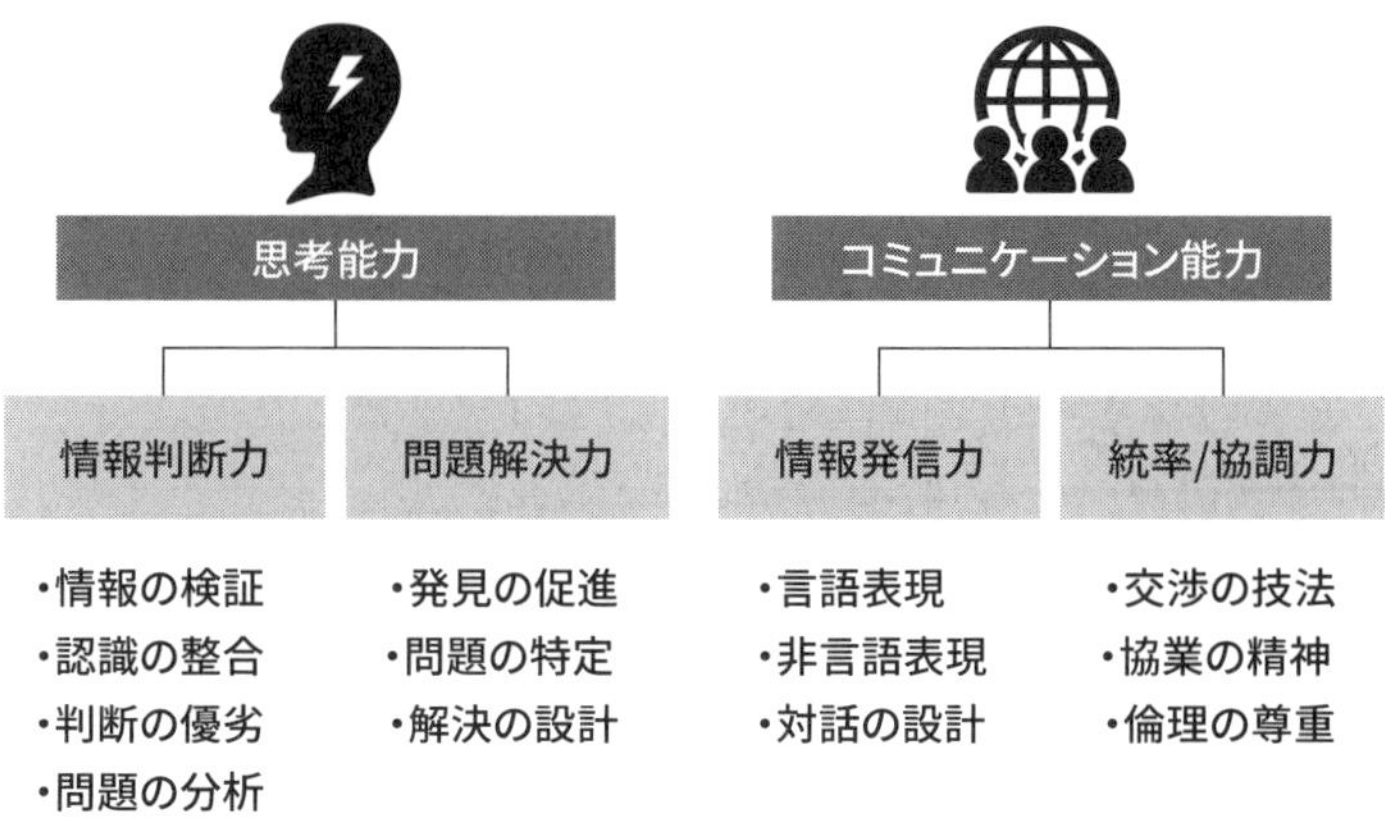

ト）が紐づいています。

例えば「情報判断力」は、ある情報を見たとき、まずその情報が実際に信用するに値するか、検証することを習慣的な思考動作としてチェックします。そのためには、情報を構成している主張と根拠を切り分け、その根拠に妥当性があるかを見極めます。この際、数学や論理学、心理学などで用いられているコンセプト利用します。

このミネルバ大学の実践的な知恵の興味深い点は、個別のコンセプトが互いに影響しあい、知識同士の構造を理解していくことにより、さらなる高次の思考力を身につけることができることです。例えば、情報判断力で用いるコンセプトの中に、情報の質（#sourcequality）というものがあります。これは情報を判断する際に、その情報の信頼性を満たすために必要な情報を確認する、というものです。

一方、統率／協調力の説得という思考動作に属する認知的説得（#cognitivepersuasion）は、自分が説得したい相手の属性や共感しやすい表現や事例を効果的に用いる、というコンセプトです。認知的説得を用いる際に、情報の質のコンセプトが頭に入っていると、いくら説得したい相手の共感を得たいと考えても、嘘はつけない（情報の質に配慮しなければいけない）という自制心が働きます。

また、非常に幅広い学問分野において有効活用されているコンセプトが網羅されているのも特徴です。経済学、医学、社会心理学といった分類だけではなく、学問のアプローチとして、複雑系行動経済学のような構成論的手法に基づくコンセプトも含まれています。

現象の原点回帰と拡張する未来の予測

複雑系という言葉が日本に紹介されたのは、もう数十年前ですが、まだ多くの人にとっては馴染みが薄いのではないでしょうか。

複雑系を理解するためには、これまでの科学の方法論である還元論的手法を理解しておく必要があります。

還元論的手法では、扱っている対象を要素に分けていくと最後には究極の要素に到達し、対象はそうした要素の集まりからできていると考えます。

つまり対象が、「構成する要素の線形な集まり」であることを仮定しているからです。(5)

還元論的手法というのは、こうした視点から、ある現象の原点を探るアプローチであると言えます。

しかし対象を構成する要素の間に、「動的で非線形な関係が存在する」場合（乱暴な表現をする

（5）特集「第11回 MPS シンポジウム：複雑系の科学とその応用」の発刊にあたって——北 英輔（栄輔）、情報処理学会論文誌：数理モデル化と応用 Feb. 2006' Vol.47 No. SIG 1 (TOM 14)

としたら、構成する要素同士の相互作用によって、今までは存在していなかった新たな要素が生まれるような状態)、還元論的手法では扱えません。

例えば、

「心とは何か？　わずか3ポンドの物質の塊はどのようにして感情、思考、目的、自覚といった言葉にし難い特質をもたらすのか？」

「ソビエト連邦による40年間に渡る東欧支配はなぜ1989年のほんのわずかな期間で崩壊してしまったのか？　それからたった2年でソビエト連邦自体が崩壊してしまった。共産主義体制がコントロールをかくも脆く、徹底的に破壊されたのはなぜか」

といった問題です。(6)

このような事例は生命科学、社会科学など、さまざまな分野に存在します。

そこで研究者達は、これまでの還元論的アプローチを脇に置きます。そして、コンピューターの中の仮想世界において、「仮想モデルをつくることによって、ある要素と別の要素の相互作用から生まれてくる新たな現象を理解する」という、構成論的手法を研究の方法論として、とり入れるようになったのです。

(6)「複雑系——科学革命の震源地サンタフェ研究所の天才たち」(M.M.ワールドロップ)

複雑系の研究が始まった1950−60年代は、まだコンピューターの情報処理能力と信頼性は低く、時間とコストがかかりました。そのため、こうした構成論的手法は科学の世界では、あまり真剣に取り扱われてきませんでした。

しかし、コンピューターの飛躍的な技術進歩によりアルゴリズムやヒューリスティクスの有効性を検証できる環境が急速に整ってきました。

モデル構築・分析コストが低下し、構成論的手法は還元論的手法と同時に「押さえておくべきコンセプト」になりました。

複雑系の考え方では、複数の要素は、要素と要素の関係や、要素と全体との関係の中でその機能が変化すると考えられています。そ

還元論的手法と構成論的手法のイメージ図

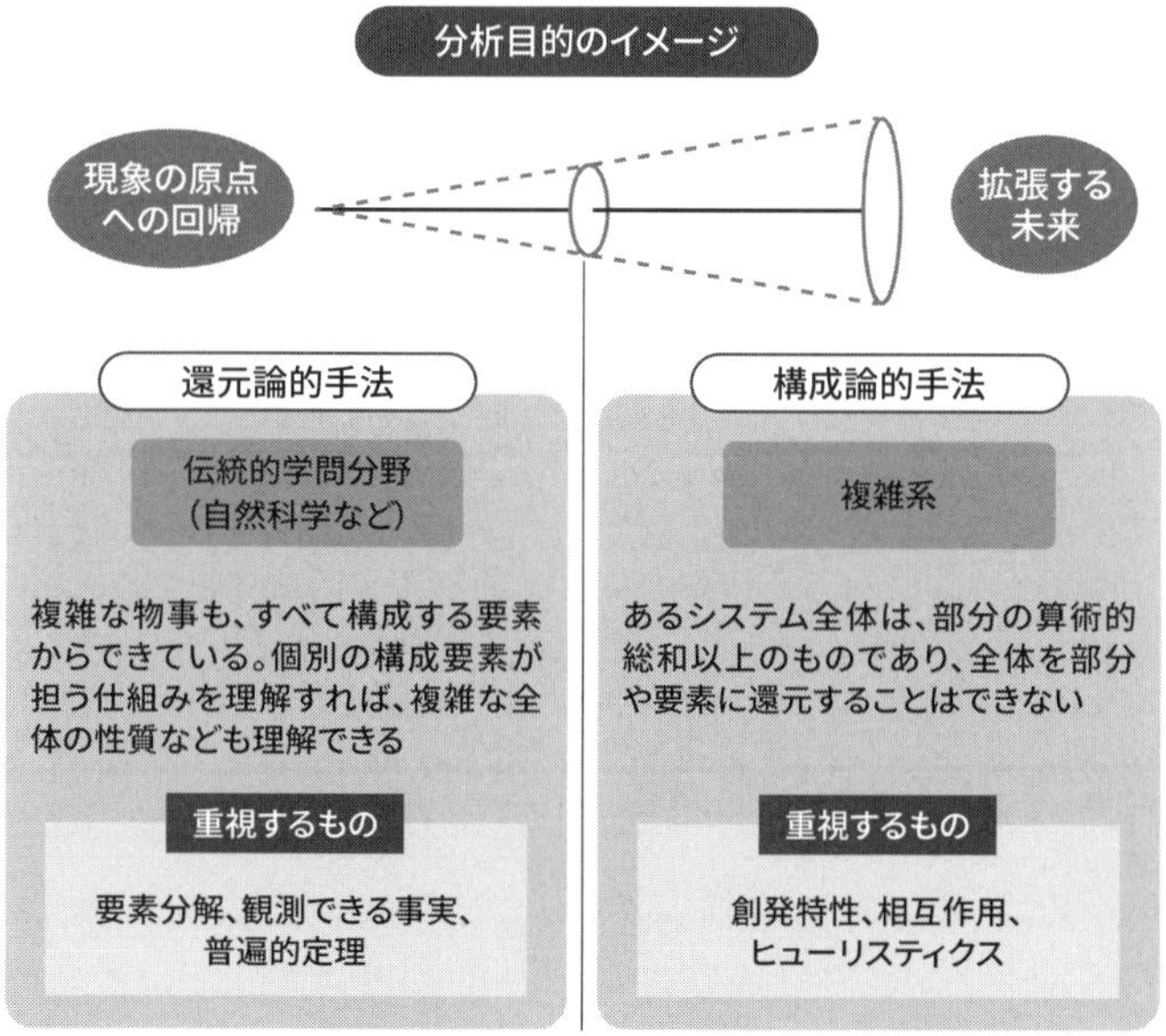

して、要素全体の総和は元々ある要素の数よりも多い（1＋1は2よりも大きい）という考え方には、要素間の相互作用によって新たな要素が生まれてくる、創発的特性という考え方に基づいています。

これが何を意味しているかというと、まだ出現していない未来を予測する上で、便利な考え方である、ということです。還元論的手法では説明できない現象も複雑系の創発的特性というコンセプトを用いれば、コンピューターを使ったモデルを構築し、自分達の仮説がシミュレーションできるからです。

しかし、前述したように、コンピューターというのは、膨大な数の演算を行うのには適していますが、不要なものまで演算に含みがちです。このため、どんなにコンピューターの性能が進化したとはいえ、ある社会現象をモデル化して分析しようとすると、数十年かかるというケースもあります。

そこで鍵となるのが「ヒューリスティック」といった概念です。日本語では「経験則」などとも訳されるものです。経験に基づいた「勘」と言っても良いかもしれません。

職人の仕事を想像して見てください。

職人は自らが長年仕事で培った「勘」と「技術」を頼りに精度の高い手仕事を行います。「おおよそこの辺りだろう」という見当をつけることから始め、技術と感覚でより精度を高めていきます。

こうした手法を応用し、コンピューターの演算方法に人が介入することで、スピードと一定の精度が両立でき、還元論的手法の分析だけでは今まで説明できなかったことを、モデルとして作り出すことで説明できるようになったのです。

しかし、こうした勘には、当然ながら、注意すべきこともあります。経験則だけに人の心理的な先入観に影響されやすい、という点です。ミネルバ大学で学ぶ、構成論的手法を用いる時に留意すべき点も押さえることで、より信頼性があるモデルを構築することが可能になっているのです。

幅広い分野で応用し、世界の変化に対応する

ミネルバ大学の「実践的な知恵」が、思考・コミュニケーションのコンピテンシーによって体系化されていること、幅広い学問分野におけるコンセプトで構成されていることを説明してきましたが、もう一つ、重要な要件があります。

それは、個々のコンセプトは、一つの専門領域ではなく、複数の分野で利用できるものであると

いうことです。

一見関係のないように思える分野にも習得した知識を応用することを「ファー・トランファー」(遠くに運ぶ、という意味)といいます。

簡単な例としては、損益分析(#costbenefit)というコンセプトがあります。損益分析はビジネスの世界では、売上から費用を差し引いた際に利益が残るかどうかを確認する、というコンセプトです。

しかし、我々は無意識か意識的かは別として、さまざまな場面で利害調整を考える時に「損益分析」というコンセプトを使っています。

例えば同じビジネスの世界でも、新たな取引関係を構築する際に、自分達がどれくらいの時間を投資すれば、相手からどんな見返りが得られるかを考えています。(これはあまり遠くないのでニアー・トランファーです)

では、あまり親しくない会社の同僚から飲み会に誘われた時、あなたは次のようなことを考えたことはありませんか。

「今月は何かと交際費が多いな。あまり親しくない人からの誘いだし、家では家族も待っているし、今回は有益な情報をくれるような感じでもなかった。適当な理由をつけて断ろう」
ここでも、意識的か、無意識かは人によるでしょうが、損益分析を使っています。

ミネルバ大学では、実践的な知恵を構成する要素は、最低でも二つ以上の学部として提供している専門分野（自然科学、コンピューター・サイエンス、社会科学、人文学、経営）で、ファー・トランスファーが可能なものとされています。

それを「意識した経験」の中で何度も使用することで習慣化し、無意識化してきます。

こうしたプロセスにより、有用な視点をどんな環境や場面でも使用できるようにして、世界の変化に対応できる思考習慣を身につけるのです。

新たな知恵を発見するための知恵

ミネルバ大学は実践的な知恵の習得を軸としたカリキュラムを設計しているのですが、その一方で、実践的な知恵を構成している要素の中には、まだ有効な評価方法が見出せないために提供できないものもある、と考えています。提供できていないコンセプトが必ずしも、重要性が低いという訳ではないので、そうした要素については学生が意識できるように共同生活やプロジェクト学習、ワークショップなどを通じて気づきの場を提供しています。

ミネルバ大学で提供されている実践的な知恵のコンセプトは、もともとは300項目近かった候補から2年間の開校の準備期間に、113項目まで絞り込んでいったといいます。

また現在の項目も、学期中はほぼ毎週行われている教員ミーティングで、どのような授業設計やアクティビティが、その要素を学ぶために最適か学生の習熟度に基づくデータを基に議論され、アップデートされていきます。最新の情報では、現在は81にまで絞り込まれているようです。

また、こうした編纂作業は今後継続的に続いていくものであり、確定することはありません。

これは思考・コミュニケーション能力が、特定の正解を求めるよりも、コンセプトを学んだ学生自身が、幅広い範囲での実践を通じてその有効性を認識していく方が、新たな創発に気づきやすく「今よりもより良いもの」を見つけていくべきだ、という未来志向に基づいているからです。


現代の不確実性の時代は、自らを変容させて成長をしていく必要性があります。

変化を自らに取り込みながら、新たな成長機会を得るための能力が「実践的な知恵」なのです。

実践的な知恵について初期コンセプトの設計を行ったコスリン教授は、次のように述べています。

「実践的な知恵は、一回覚えたら終わり、というものではなく、学習者がその後の自分自身の経験を基に独自に発展させていくことができる奥深く、幅広い分野に応用できる知識の連鎖なのです」(7)

(7) Building the Intentional University -Minerva and the future of higher education P.19

第3章

情報を検証する

—Evaluating Claims in Thinking Critically

情報判断力の4つの思考動作(Thinking Critically)

それでは、本章より、いよいよ実践的な知恵の解説に移ります。未知の世界で適切な意思決定を導くためのコンセプトを探究していきましょう。

情報判断力は実践的な知恵の4つの大きなコア・スキルの内、問題解決力と並ぶ個人の思考技能であり、最も多い56のコンセプトで構成されています。

情報判断力は次の4つの思考動作に分類されています。

①情報を検証する（Evaluating claims）

―ある情報に接した時、その情報が成り立つかをチェックします。主張が存在するのか、情報の質や科学的な根拠や数学的な根拠に基づくものかを検証します。

②認識の差を埋める（Analyzing inferences）

―主張内容を理解し、どんな背景と目的に基づいているか推定します。情報発信者の意図を完全

情報判断力の思考動作のイメージ例

〈情報〉
あと10年もすれば、AIによって当社の中核事業は無くなる
当社もオープン・イノベーションを使って
新しいことに挑戦しないと、競合に負けてしまう

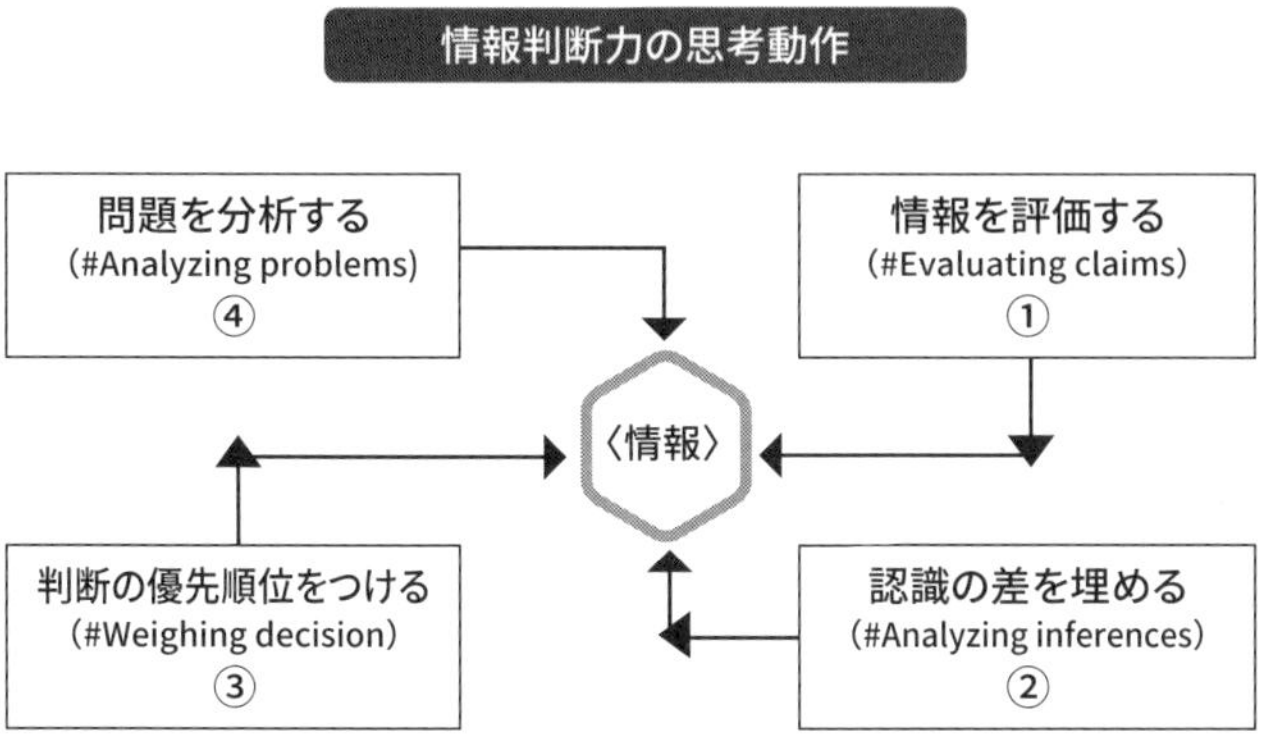

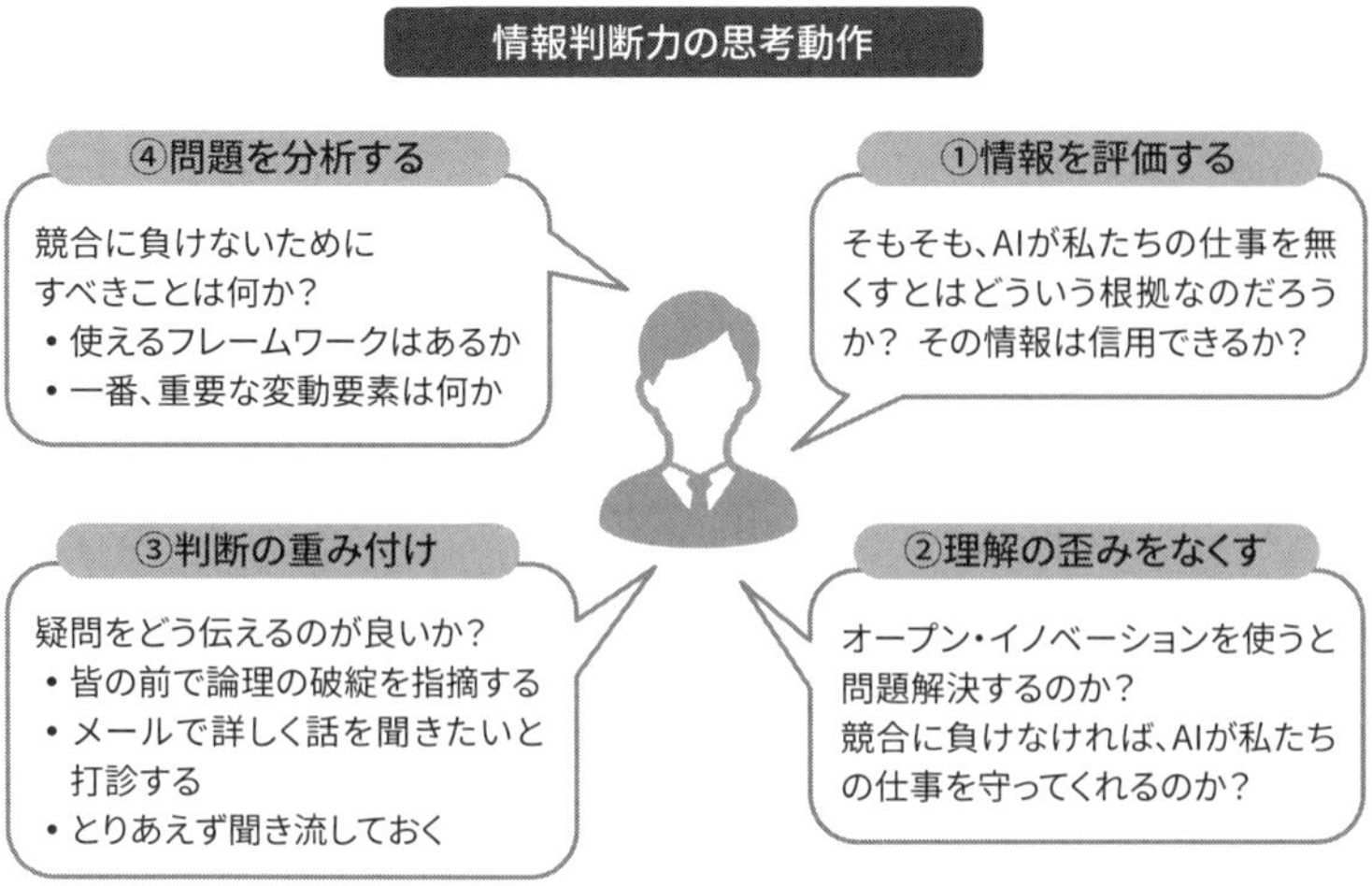

に読み切ることは難しいですが、論理構成や自分や情報を発信している人が陥っている可能性のある先入観に気づくためのコンセプトを幅広くカバーします。

③判断の優先順位をつける（Weighing decision）

—情報に対する自分の判断や反応を優先順位づけするために必要なことを確認します。自分の軸となっている行動指針を確認すること、そこから損得勘定などを考慮していきます。この分野は9章の統率／協調力にも応用できるコンセプトが多く含まれています。

④問題を分析する（Analyzing problems）

—情報を解釈することで導かれた問題を識別、整理し、行動に結びつけるための分析を行います。ビジネスにおける現状分析などに応用でき、7章の問題解決力とのコンセプトと合わせて使用するシーンが多いです。

それでは情報判断力の一つ目「情報を検証する」からみていきましょう。

「情報を検証する」（#claims）思考動作は大きく6つのパートに分類されています。

情報を検証するコンセプトの関係イメージ図

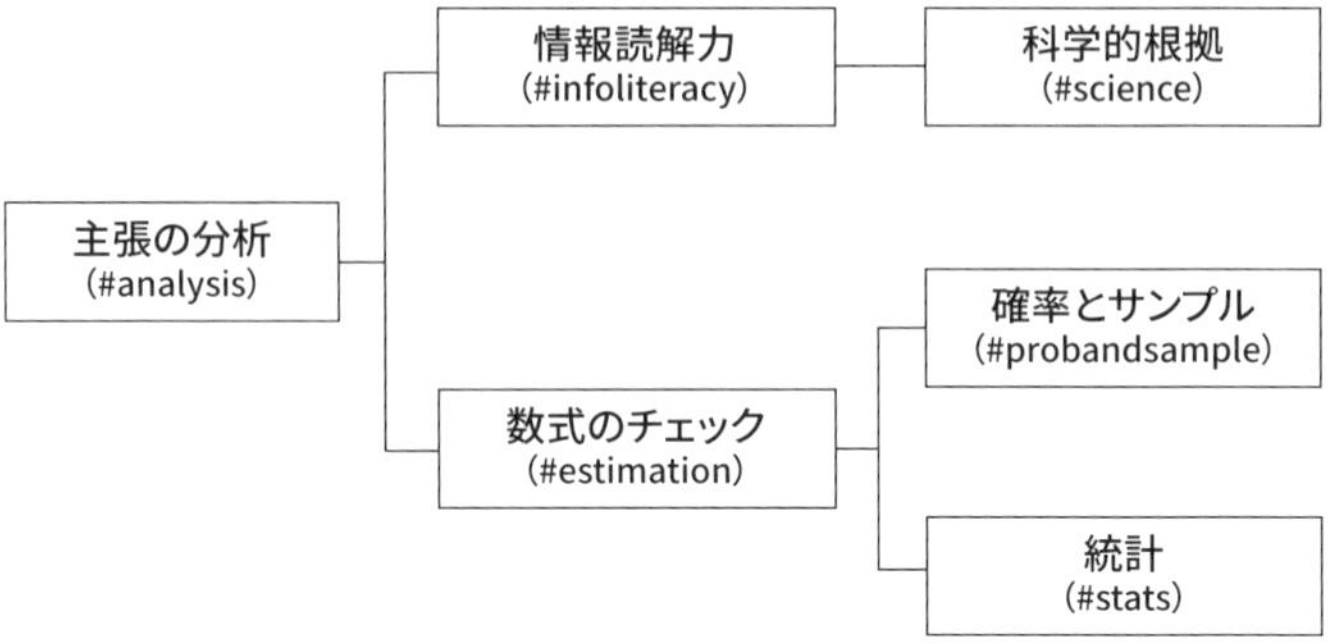

主張と根拠のつながりを確認する

主張の分析（#analysis）は、**議論の中から仮定や根拠を見つける力**（#assertions）と、手にした情報が論理的な整合性や確かな証拠、構成や内容を伴っているかを判断する力、**批判的思考力**（#critique）の二つで構成されています。

主張は何らかの仮定や根拠に基づいた結論であると言い換えられます。したがって、仮説や根拠の信頼性が低い場合、その時点でそれが真剣に吟味する必要のない情報であると判断できます。

長い文章の中で、何が主張で、何がその根拠なのか、その根拠によって自分の主張が裏付けられるとしているものを、一般的に仮定

（#assumption）と呼びますが、この仮定が本当に成り立つのか立ち止まってチェックするのが批判的思考力（#critique）になります。

ビジネスの世界にいるとこうした批判的思考力は日常的に使っているものなので、簡単すぎるかもしれませんが、念のために一つ例題をやってみましょう。

CASE-1

以下の文章における主張と仮定と根拠について考えてみてください。

A社は自動車に使われる部品を製造している米国の会社で日本市場への進出を検討している。

A社の自動車の車種別セグメントにはコンパクト、SUV、セダン、ミニバンであるが、ほぼ全ての分野で納入シェアは3位以内に入っている。A社のマーケティング担当は、市場参入を計画するにあたって、向こう5年間の利益見通しを作成している。A社では、将来の利益を予測するには、日本の立場における過去の車種別販売台数のデータを見るのが一番良い指標であると考えおり、最も台数の多い順にコンパクト、ミニバン、セダンの順で営業活動を行うのが適切だと報告してきた。

主張と根拠は文章から直接拾って来ることができます。

主張は情報の結論のようなもので、「A社の日本市場参入は、コンパクト、ミニバン、セダンの順で営業活動を行うのが適切だ」ということになります。

その主張を支える根拠として以下の二つがあげられています。
・将来の売上を予測するには、過去の車種別販売台数のデータを見るのが一番良い
・コンパクト、ミニバン、セダンは過去の車種別販売台数の多い順である

一つ目の根拠は、主張のように思えるかもしれませんが、文脈を解釈すると、「A社では……一番良い指標であると考えており」から「会社の慣例に従った分析法である」ということが読み取れると思います。そしてそれに基づいてカテゴリを選ぶと、コンパクト…という順になる、という二つ目の根拠があげられています。

さて、少し立ち止まって考える必要があります。

この二つの根拠が主張を問題なく支えるためには、この文章には直接書かれていない「仮定」を紐解く必要があります。

こんな仮定が存在しているのですが、気がつけたでしょうか。

・A社の車種別セグメントは日本でも問題なく適用できる
・向こう5年間、現在の車種別販売台数の傾向（構成比など）は変わらない
・製品の販売価格・利益率は車種別に変わらない

A社は米国の会社です。日本には軽自動車という独自のセグメントが存在するので、米国のセグメントをそのまま当てはめることができるのか、という疑問があります。

また、過去の傾向が今後も連続性がある、という点は会社の慣例であるかどうかよりも根拠の信頼性に重要な影響があるので確認しておくべきです。

最後に、利益の見通しを作成しているので、A社の製品の販売価格や利益率が車種別に異なるようだと、数量が少なくても利益率が確保できる車種から参入するのが適切になります。こういった変化がない、という前提を確認しておかないと根拠としては不十分です。

情報の検証の第一歩は、主張と根拠の関係、根拠の信頼性について一歩立ち止まって考える、という思考習慣です。また、主張の分析をより助けてくれる思考習慣として情報の質と根拠を支える必要条件を明らかにする**情報読解力**（#infoliteracy）と**数式のチェック**（#estimation）という二つの思考習慣があります。

根拠が妥当かを判断する

仮定や根拠の妥当性を判断するために有効なのは、どのような情報が主張や仮定、根拠を確実なものとして支えられるのか、という情報読解力（#infoliteracy）の視点です。
必要な情報（#infoneeded）、**情報の質**（#sourcequality）というコンセプトで構成されています。

まずはケースに取り組んでみましょう。

CASE-2

「機械が人間の仕事を奪う」という危機感を煽る文脈において、教育分野で多用されている有名な文です。実際、文部科学省が首相官邸の主催する産業競争力会議に2015年2月17日に提出した資料[1]の1頁目に引用されています。

「2011年度にアメリカの小学校に入学した子供たちの65%は、大学卒業時に今は存在していない職業に就くだろう」

—キャシー・デビッドソン氏（ニューヨーク市立大学教授）の予測

（1）https://www.kantei.go.jp/jp/singi/keizaisaisei/wg/koyou/dai4/siryou2.pdf

この文章の情報を、**必要な情報**（#infoneeded）と**情報の質**（#sourcequality）という観点から検証してみましょう。

「必要な情報」という観点からは、65％の算出根拠や大学卒業時までの12年間、という時間軸の根拠をみます。「情報の質」という意味では、信用できる情報源かという確認が必要です。

実は、この文章はデビッドソン教授の本の中で引用として紹介されており、教授本人が調査した内容ではありません。つまり、孫引きになります。

2017年5月にBBC（英国放送協会）の取材を受けたデビッドソン教授は以下のように答えています[2]。

「実は私は2012年以降、この『65％の…』という文章の引用をやめています。（中略）この数字は私が発言したものではありません。これを見つけたのはジム・キャロルの『Ready, Set, Done』（2007）という本の中で、そこからオーストラリアのウェブサイトで『65％』の数字がイラストとともに、まだ存在していない職業と一緒に紹介されているページにたどり着きました。『Genetic counseling』というサイトが引用元であると記憶してい

（2）https://www.hastac.org/blogs/cathy-davidson/2017/05/31/65-future-jobs-havent-been-invented-yet-cathy-davidson-responds)

ます。

（中略）

私の執筆した本『Now You See It』が出版されてから、この『65%』については繰り返し引用されるようになったので、実際の作者にコンタクトして、その根拠について確認しようと試みてきましたが、いまだにできていません。そして、新しいオーストラリア政府によって引用元のサイトも閉鎖されてしまいました。」

同教授がこのコメントを出したのは2017年の5月ですから、文部科学省に落ち度は無いのかもしれません。ただ、この文章を引用した多くの人と同様に、「どうやってその数字が導き出されたのか？」という確認をせずに、「権威ある人が書いていることだから間違ってはいないだろう」として引用してしまうケースは後を絶ちません。

擬似科学を見破る科学的根拠の確認

情報を検証する際には、その根拠が科学的な考え方に裏付けられているか否かを確認することが有効です。

科学的根拠を確認するには、次のコンセプトを把握しておくことが役立ちます。

主張や仮説に妥当性があるか（#plausibility）、

検証できるか（#testability）、

疑似科学の確認（#pseudoscience）、

科学的仮説、理論と事実、法則の違いを確認する**認識論**（#epistemology）、

適切な科学的検証法が用いられているか確認する**科学的問題分解**（#scibreakdown）

さて、情報の質（#sourcequality）での事例で紹介した文部科学省が作成した資料にはもう一つ、権威ある大学に所属している教授の研究から引用した文章があります。

CASE 3-1

「今後10〜20年程度で、アメリカの総雇用者の約47%の仕事が自動化されるリスクが高い」

—マイケル・A・オズボーン氏（オックスフォード大学准教授）

どのように検証したら良いでしょうか。

この文章はマイケル・オズボーン博士が同僚のカール・ベネディクト・フレイ博士と共著で執筆した「THE FUTURE OF EMPLOYMENT: HOW SUSCEPTIBLE ARE JOBS TO COMPUTERISATION?」（2013）という論文からの引用です[3]。

この約70ページある論文の中には、複雑な数式がいくつも登場します。

ここでは詳しくこの論文の計算が正しいかについての見解は述べませんが、大事なことはマイケル・オズボーン博士の主張には検証可能な根拠（#testability）が存在するのに対して、情報の質（#sourcequality）で紹介したキャシー・デビッドソン教授が引用した主張にはそれが確認できない、という事実です。

デビッドソン教授が引用した情報は厳しい言い方をすれば、「エイリアンによって地球の仕事は大きく変えられてしまう」「占星術の結果、人の仕事は機械に置き換えられてしまう」という根も葉もない疑似科学（#pseudoscience）レベルの主張と差がない、と取られても致し方無いのです。

疑似科学とは科学的根拠がないにも関わらず「通説」として広まっているものです。癌治療の民間療法や健康関連商品（サプリメント、ミネラルウォーター、ダイエットなど）に代表されるように、曖昧な法規制などを都合よく解釈して、商品販促に用いられています。

(3) https://www.oxfordmartin.ox.ac.uk/downloads/academic/The_Future_of_Employment.pdf

問題解決法の発見の促進（#discovery）でご紹介する、さまざまな実験方法（#experimentaldesign）と、その信頼性についての考え方を知ることで、こうした疑似科学を見破ることが容易になります。

ここでは、疑似科学の販売促進に利用される体験談や試験管レベルでの実験は容易に作れ、再現性も信頼性も低いこと、またその一方、ランダム化比較試験やメタアナリシスはデータとしての信頼性は高いのですが、実験には長い期間と費用が必要であることを述べておきます。

検証可能な根拠（#testability）のポイントは、研究者本人でなくても、主張の根拠となっている証拠（この場合は計算に用いた諸条件）を実行することができる、ということです。この論文の場合、算出に用いた条件について、オズボーン教授とは異なる意見を持つ人はいても、それはその条件を変更すれば良いので、「検証可能である」と言えます。

実際の算出条件をどのように変化させるかは、問題解決力のセクションで紹介する変数（#variables）などのコンセプトが活用できます。

では、次の文章はどのように検証したら良いでしょうか。

CASE 3-2

「70億人の地球の人口のうち、60億人は携帯電話を持っているが、衛生的なトイレへのアクセスできるのは45億人しかいない。」

——国連（2013）[4]

出典は国連で信用度は高いですが、詳細な調査方法は公開されていませんから、そのまま鵜呑みにはできません。

そこで、どのような関連情報があるか探してみます。

すると、インドのHindustan Timesという新聞がマハラストラ州（世界で4番目に人口が多い都市ムンバイを含む）の人口約1億人のうち、70%は携帯電話を所有しており、60%が自宅にテレビがあるが、50%近い世帯にはトイレが無い、と報じていることを発見できます[5]。

このような確認をしていくと、どうやらこの情報は確信を持って信用できるものとは言い切れないが、一方でそれなりに信用できる第三者機関の論理的な算出に近い結果であり、信用できないと結論づけることも難しい、という判断ができます。

また、主張の根拠について自分で仮定を立てて、調査することもできそうです。こうした確認を行う際に、自分の立てた仮定が検証可能であるかどうかを確認する思考習慣を**妥当性の確認**（#plausibility）と呼びます。

（4）http://www.un.org/millenniumgoals/pdf/DSG%20sanitation%20two-pager%20FINAL.pdf

（5）https://www.npr.org/sections/health-shots/2013/03/22/175032839/talk-globally-go-locally-cellphones-versus-clean-toiletsshots/2013/03/22/175032839/talk-globally-go-locally-cellphones-versus-clean-toilets

さて、**認識論**（#epistemology）と**科学的問題分解**（#scibreakdown）については、あまり一般的には知られていないことですので、解説します。

皆さんは、議論や対話の中で「それは、単なる理論にすぎない。法則として認識されていないじゃないか。」というやり取りを聞いたり、話した経験がありませんか。

また、科学者が自らの「仮説」を支える証拠を見つけたら、その「仮説」は「理論」に格上げされ、その「理論」が正しいことが確認されたら「法則」に格上げされるように思っていませんか。

しかし、科学的根拠における「事実」、「仮説」、「法則」と「理論」はそれぞれ別の構成要素であり、それぞれが個別に進化することはあっても、別のものに格上げされることはありません。

科学における「法則」は「ある自然現象を描写したもの」で、しばしば数式で表されます。

ニュートンの万有引力の法則はその典型例です。こうした法則は観察結果を描いたもので、どうして万有引力が働くのか、どのように働くのかについては特に示していません。ニュートンの万有引力の法則は、この数式によって宇宙において二つの異なる個体がどのように相互に影響し合うのか示していますが、引力とは何か、どうやって働くのかということについては、アインシュタインが相対性理論を発展させるまでは科学者達は理解していませんでした。

科学における「理論」は「ある現象に対する説明」です。

科学における「仮説」「事実」「法則」「理論」の関係

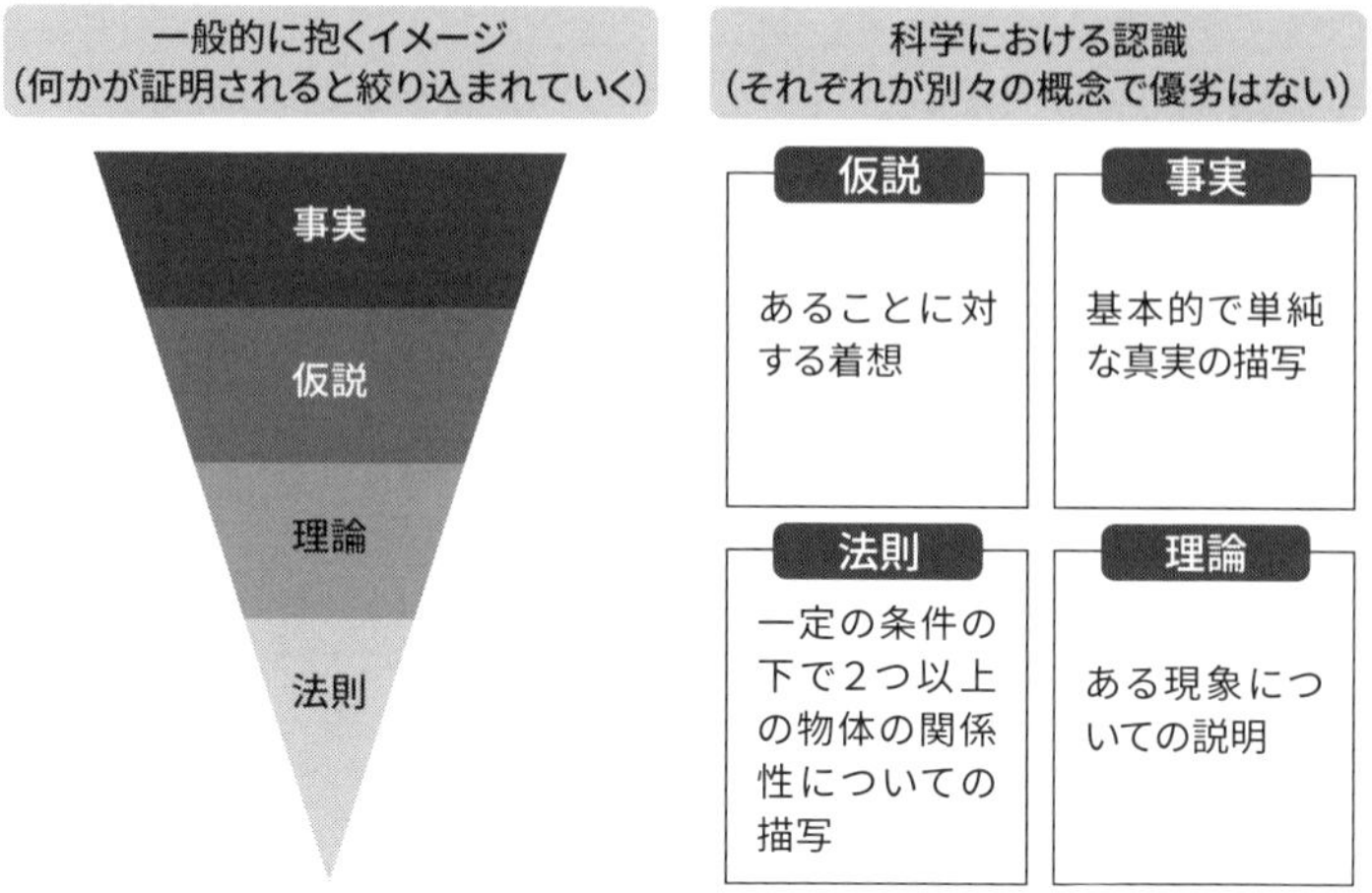

「事実」と「法則」の違いは、前者が「単純な真実」を描写しているのに対して、後者は「物体の関係性」について描写している点です。

例えば、「私の家の庭にりんごの木が3本あった」は「事実」で、「りんごが木から落ちて再び浮かび上がらなかった」は「法則」です。もし「無重力状態にある」いう条件に変更されたら、りんごは必ずしも下に落ちず、空間を漂うことになるので、「一定の条件の下で」という文言が必要です。

擬似科学を見破るためには、こうした科学的根拠の認識を整理しておくことが有効です。

科学的問題分解（#scibreakdown）は、科学的な手法を用いて分析が行われていてもサンプルが偏っていたり、実験の手法や結果の解釈が不適切でないかなどの、適切な科学的アプローチが行われているかを確認する、という考え方です。

このコンセプトはこの後に続く確率、統計系のコンセプトを有効活用するためにも重要な思考習慣です。

科学的アプローチの基本的な手順は以下の通りです。

1. 解決を必要とする問題を特定する
2. 問題の事象についての説明（理論）を着想する
3. 理論に基づいた予測を導く
4. 実験によって理論が有効か確認する
5. 論文を作成し、理論の有効性について第三者の見解を確認する

実際には、こうした科学的なアプローチの体裁を取っていても、データの偽造やサンプルの偏り、結果の意図的な解釈などによって、偽りの主張がまことしやかに流布されることがあるので注意が必要です。

記憶に新しいのはＳＴＡＰ細胞の事例ですが、ネイチャーやハーバード大学でさえ外部の専門家

からの指摘を受けるまで、問題に気がつくことができませんでした。

数字の根拠をチェックする

情報読解力と並んで主張の分析をより効果的に実施するもう一つの思考習慣が**数式のチェック**(#estimation)です。

それは、数字を含んだ情報を検証する際には、その数字の根拠がきちんと成り立っているか確認することです。

CASE 4-1

次の文章の情報を検証してみてください。

米国のオレゴン州では28g以下の大麻の個人所有が認められ、公共の場を除けば大麻を吸っても良いと解釈できる法律が施行されている。2012年にワシントン州でも同様の法律が施行されたのを発端に、現在では米国のいくつかの州やカナダなどの先進国の一部でも大麻の吸引は合法化されている。

しかし、1973年に法改正を実施したオレゴン州ではこの法律が施行されて以来、大麻が原因とみられる死者数は2018年まで年々倍増してきた。よって、オレゴン州での大麻

――の所持は全面的に禁止されるべきである。


実は、この文章には決定的な誤りが存在しています。

その誤りを発見できれば、この文章の主張である「大麻の所持は全面的に禁止されるべきである」は決定的に弱まります。

すぐに気づけなかった方は以下の文章を確認してみてください。

CASE 4-2

通信衛星会社の設立によって、電話料金は1万2000%減少した。[6]

最初のケースで文章の中の「数字」に目が止まらなかった方も、二つ目の文章では数字がおかしいと気づかれたのではないでしょうか。

文章の中で主張を支える根拠であるはずの数式が成り立っていないのです。

最初のケースでは、2018年から1973年までの45年間に大麻による死者が年々倍増しているので、仮に1973年に大麻が原因とみられる死者が1名だったとしても、45年後には17兆人の

(6) Louis Pollack and H. Weiss, Communication satellites: countdown for Intelsat VI, Science, 223 (4636):553 (1984).

死者がいることになります。地球の総人口は約70億人ですし、オレゴン州は約414万人なので、明らかに間違いです。

また、二つ目の文章は『サイエンス』という米国でも権威ある科学雑誌に掲載された論文ですが、そもそもコストが100%下がっている段階で燃料費は0になっていますので、1万2000%下がっているということは、少なくとも通信衛星会社ができる前に払っていた料金の120倍以上を、払うのではなく、逆にいただけることになります。

文章に数字が出てきたら、数式をチェックする習慣を身につけましょう。(7)

確率とサンプリングの確認と統計学の注意事項

多くの主張はその根拠として、ある事象が起きる確率や統計による調査結果をあげます。新製品の成功確率、マーケティング調査、医療診断、気象変動や犯罪者の訴追に使われる状況証拠など多くの事例があります。こうした主張の有効性を検証するには、確率や統計の知識が正しく用いられているか検証できることが重要です。

(7) こんな単純なミスを犯すのは……と思う人はこちらもご参考：「(アクション・ラーニングプロジェクトは新たな顧客ケア戦略を成功裏に導入することに成功し、顧客苦情を200%減少させ、部門横断的な取り組みを持続可能な形で改善することに成功した)」Catherine Bailey and Martin Clarke, Aligning business leadership development with business needs: the value of discrimination,Journal of Management Development, 2008, Volume 27, Issue 9, Pages 912-934

ミネルバ大学には確率・統計系のコンセプトが全部で10個あります。確率では、**一般的な頻度論とベイズ式の違いを理解すること**（#probability）、ベイズ式を用いる時に必要な**条件付き確率**（#conditionprob）、および適切な**サンプル**（#sampling）について確認するコンセプトがあります。統計では、得られたデータの特徴や傾向を把握する記述式統計と、一握りのデータから全体像を予測する推計統計の二つを取り扱います。特に第2章でご紹介した構成論的手法を支えるモデル構築には、推計統計の知識が必須なため、多くのコンセプトが割り当てられています。

実は、ミネルバ大学では確率や統計に関する基礎知識を提供する授業はありません。この二つの科目とPythonの基礎コーディング力に関しては、入学前までに独学で習得することが求められています。また、本書も統計学の知識を解説することを目的としておりませんので、統計用語や統計学の詳細な解説は省略します。この分野の基礎知識が必要だと感じられた方は、巻末の参考文献をご参照ください。また、統計学の基礎知識に関しては、滋賀大学の中川雅央先生が作られているウエブサイト[8]がわかりやすいのでお勧めです。

確率に関するコンセプトの確認事項

確率（#Probability）は、頻度論とベイズ式の違いを理解でき、適切に用いる、というコンセプ

(8) https://www.biwako.shiga-u.ac.jp/sensei/mnaka/ut/statdist.html

トです。

頻度論は確率を、「サイコロを1回振った時に1の目が出る確率は1／6」のように、**「何回中の何回」という頻度で確率を示そう、**という考え方です。

頻度論は計算が単純であるというメリットがある一方、データ数が膨大な数になるため、正確性が要求される新薬の有効性を確認するような用途に用いられる傾向があります。

一方、ベイズ論は事前に仮定した確率（事前確率）を設定し、一定の条件が起こる可能性（条件付き確率）を掛け合わせて、求める確率（事後確率）を算出しよう、という考え方です。

これを式で表すと次のようになります。

ベイズ式の考え方は一見するとややこしく感じられるか

事後確率を求める式

$$\text{事後確率} = \text{事前確率} \times \frac{\text{ある場合において、そのデータが得られる確率}}{\text{そのデータが得られる確率}}$$

もしれません。しかし、毎回、膨大なデータを収集、計算しないと結果がわからない頻度論に比べて、ベイズ式は事前確率に条件付き確率を調整していくことで求める確率を得られる、という点で算出速度が速く、正確性は頻度論に及ばなくても実用的には問題ないレベルで運用できるケースも多いのです。

ベイズ式に基づいた確率は「来年の失業率が改善する見込みは何%か」、「明日の雨の確率は？」といった計量経済学や気象予報や、迷惑メールの検出などに活かされています。

条件付確率（#conditionalprob）とは、ある事象が起きた時に別の事象が起きる確率のことです。ベイズ式確率を算出する時に使う基礎知識なので、実際に例題をやってみましょう。

条件付き確率で有名なケースが、数十万人に一人という珍しい難病にかかったと診断された時に、実際に本当にその病気にかかっている確率を算出する事例があります。

CASE-5

あなたの友人が、ある病気にかかっているかを判定する検査について考えてみましょう。

この病気は10万人に1人がかかっています。「病気なのに陰性と判定してしまう確率」「病

——気でないのに陽性と判定してしまう確率」はともに0・01であるとします。あなたの友人が陽性と判定されたとき、本当に病気にかかっている確率は？

この場合、求めるべき確率は、（A）友人が陽性と判定される場合の中で、（B）友人が病気にかかっている、ケースとなります。

（A）は実際に病気で且つ検査が正しい場合と病気だけれど、検査が正しくない場合の合計になりますから、0.00001×0.99＋0.99999×0.01＝0.0100098

（B）は、実際に病気で且つ検査が正しい場合、なので0.00001×0.99＝0.0000099

よって求める確率は、0.0000099／0.0100098＝約0.001

あなたの友人が本当に病気である確率は仮に陽性であったとしてもわずか0・1％に過ぎない、ということが分かります。

珍しい病気の検査で陽性反応が出たからといって慌ててはいけませんね。

条件付き確率を用いる際に注意すべき点は、Aという事象がBという事象を引き起こしているのではなく、Bという事象がAを引き起こしている場合を見間違えないようにすることです。

偏りを確認し、対象を揃える

サンプリング（#sampling）は、統計調査におけるサンプル（標本）の情報を見る際には、そのサンプルがどのような偏りがあるかを確認し、主張の根拠として用いるのに適切か考えるコンセプトです。

こちらもケースをやってみましょう。

CASE-6

世界銀行の統計によれば、1990年の米国の1000人あたりの死亡者数は8・6人である。一方、DMDC（Defense Manpower Data Center）によれば、湾岸戦争が始まった1990年に現役の米国軍人数は204万6806人で同年の戦死者は1507人である。1000人あたりの死者数は0・7人である。同様にアフガニスタンでの戦闘が始まった2010年では現役の米国軍人数は143万985人で同年の戦死者は1485人で1000人あたりの死亡者数1・0人である。こうした事実から、米国内で生活するよりも

——米軍に所属している方が死亡する確率は低いと言える。(9)

右の文章は、1000人あたりの死亡者数という死亡率の比較で、揃っているように見えますが、もともと比較されている人の特徴を考えてみましょう。

軍人になる人は18歳以上の健康な人で、定常的に訓練などをしていて健康状態も良好な人です。一方、米国全体の数字には幼児や老人も、不健康な中年や薬物中毒者や病気の人達も含まれています。

比較対象を揃える（サンプルが同じ条件で抽出されたものか確認する）際は、単純に数字を合わせるだけでなく、サンプルの特徴までさかのぼって考える必要があります。

詳細を確認されたい方は、滋賀大学の中川先生のウェブサイトをご参考ください
(https://www.biwako.shiga-u.ac.jp/sensei/mnaka/ut/statdist.html)

統計から特徴や傾向を把握する

次に、統計に関するコンセプトについてご紹介します。まずは記述式統計についてみていきましょう。

（9）https://fas.org/sgp/crs/natsec/RL32492.pdf
https://data.worldbank.org/indicator/SP.DYN.CDRT.IN?locations=US&view=chart

記述式統計（#descriptivestats）は平均、中央値、最頻値、標準偏差など記述統計学の基礎指標を正しく理解し、活用する、というコンセプトです。

これもケースを用いて説明します。

CASE 7-1

ある地区（A、B）の平均世帯所得が共に600万円だった時、日本全体で見たときの平均世帯所得が560・2万円[10]なので、この二つの地区は日本でも一般的な中流階級が住んでいると判断しがちです。

しかし、平均の算出方法は調査対象サンプルの合計値をサンプル数で割る、というものなので実際には以下のようなケースも考えられます。ここでは単純化するために両地区の住民数を共に20世帯としています。

A地区、B地区における所得分布の比較

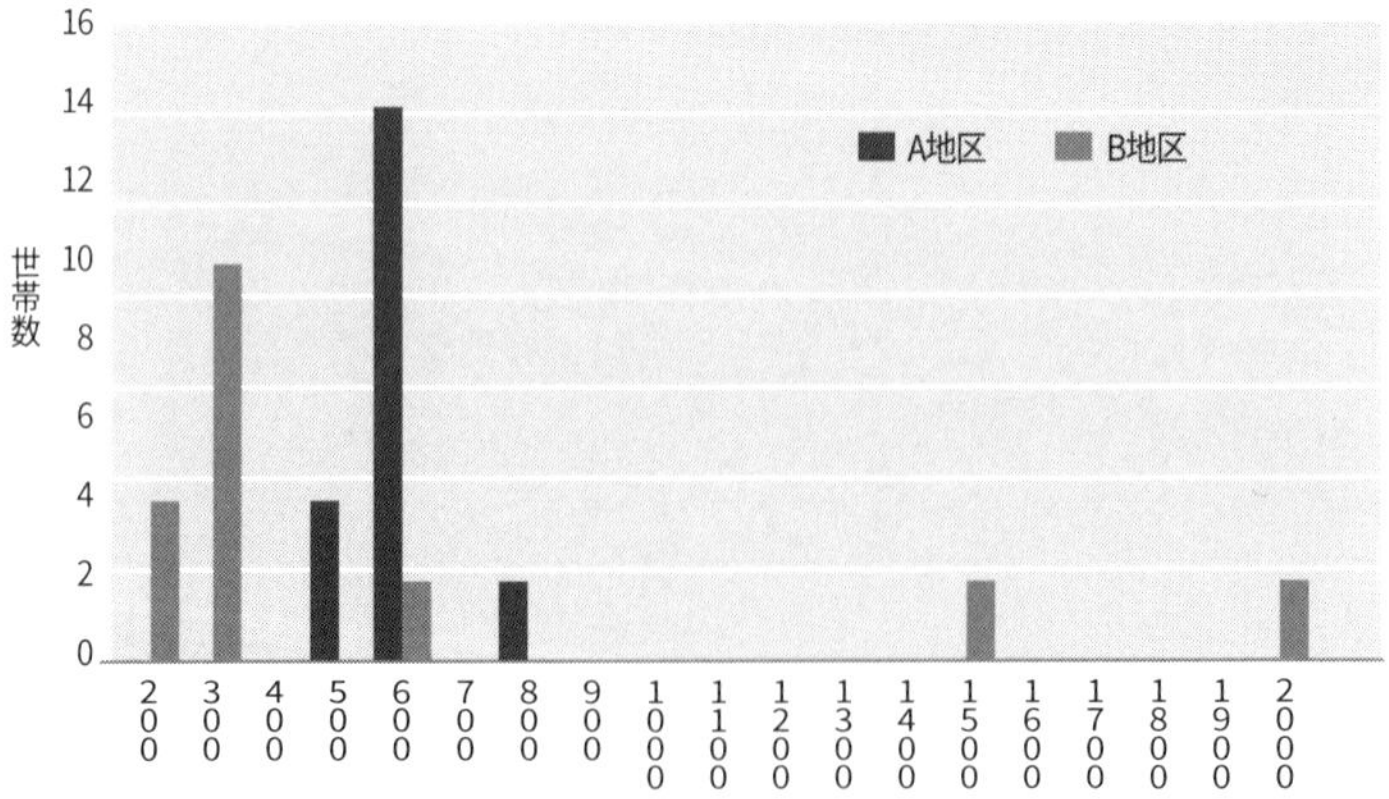

(10) 出典：平成29年 国民生活基礎調査の概況 厚生労働省

Ａの場合は確かに全国平均とあまり変わらない、と判断しても差し支えないです。しかしＢを見ていただくと、実際にはこの地区に住んでいるのは４人のお金持ちと14人の全国平均を下回る人がいることになり、最初の印象とは大きく異なります。平均で数値を見るときは「サンプルの分散によっては、平均は必ずしも実態を反映したデータにならない」ということを頭に入れておくことが大切です。

平均で数値を見るときに合わせて参考にしたいのが「中央値」です。これはサンプルの幅を見て、全体のちょうど半分にあるデータの数値のことです。

Ａで見ると20人の半分は10人ですから、一番高い所得である８００万円の人と一番低い所得である５００万円の人から、それぞれ９人ずつサンプルの中心に向けてデータを追っていくと、６００万円の人に当たります。Ｂでは、３００万円の人になります。

これがそれぞれの中央値です。平均値より実態を把握しやすいですね。

また「最頻値」というのは、ある階層を分けたときに最もサンプル数が集中するサンプルの値を示すものです。

Ａですと６００万円、Ｂですと３００万円になります。同じ平均値の二つのサンプルでも実際には2倍の差がありますね。

これらの両地区に対して、保険などの金融商品を販売する際、皆さんならどんな商品を用意しますか。

記述式統計を見る際の二つ目のポイントは「視覚的なテクニックでごまかしていないか」を確認することです。

CASE 7-2

下の図は2014年の大阪維新の会が大阪都構想に関するタウンミーティングで使用したパネルです[11]。右下の棒グラフ、何かがおかしいのですが、解りますか。

2013年度と2014年度の伸びが実際の数値よりも大きく伸びたように見えます。よく見ると、Y軸の目盛りの幅が倍になっているのがわかります。

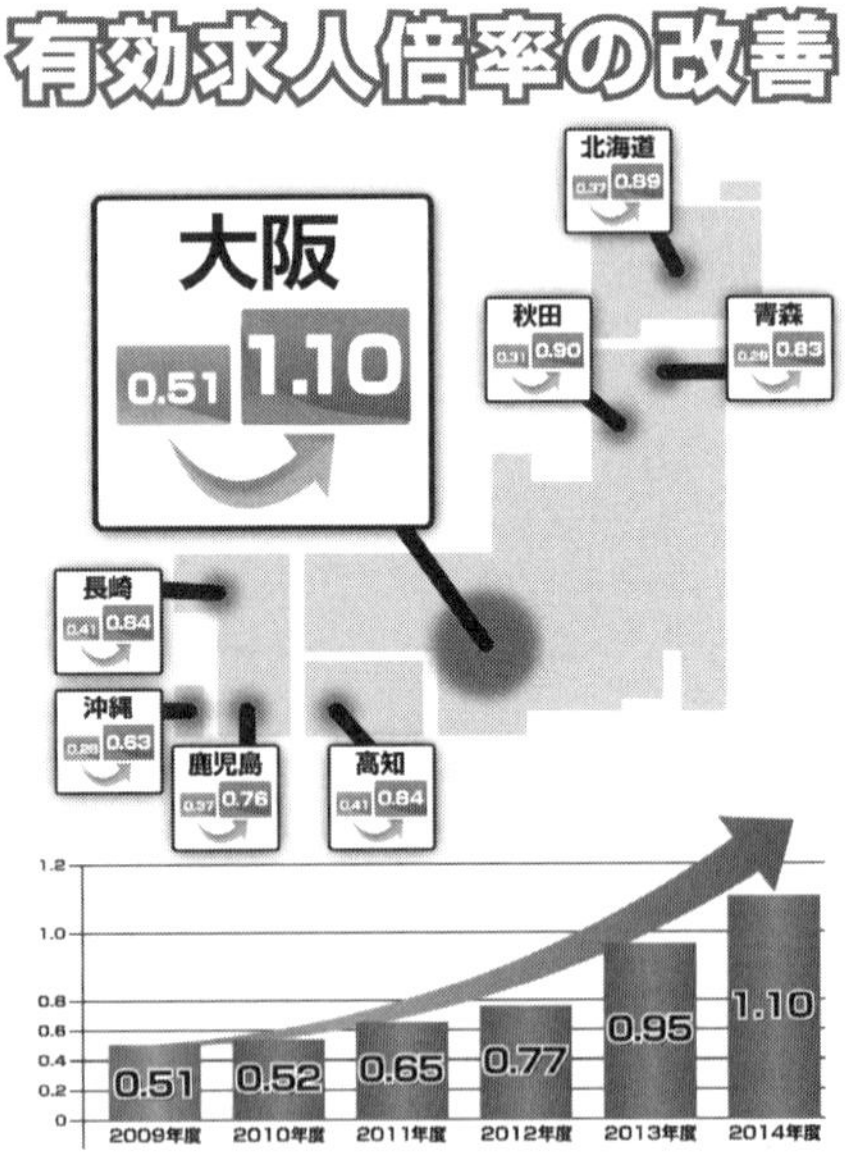

(11) https://www.businessinsider.com.au/here-are-the-countries-with-the-most-public-holidays-2015-1

これは街頭演説のパネルとして用いられたようです。実際に政治家の街頭演説を見た方はわかると思いますが、こうしたグラフの数字を細かく見る人はほとんどいないでしょう。実際には、2010年度から2011年度の有効求人倍率は0・15ポイント改善しており、2012年度から2013年度は0・18ポイントの改善ですから、その差は0・03ポイントなのですが、グラフを見ると3倍以上は改善しているように見えます。

ちなみに筆者は特定の政党を揶揄したいわけではありません。それぞれの政党には賛同できる方針もそうでない方針もあります。競争が厳しい地区において、少しでも自分達の業績をよく見せたい、という気持ちもよく分かります。しかし、こういうテクニックを使わなくても市民の支持は得られるのではないか、と思います。

目盛の幅を広げる、というような解りやすいもの以外にも、自分にとって都合が悪い数字を報告するときに、次のようなグラフを使ってうまく逃れる方法があります。

図-1はある製品の4半期毎の売上高のグラフです。2018年の第四四半期が大きく落ち込んでしまったのですが、あなたはまだこの製品の可能性を捨て切れません。そこで、図-2のようなグラフに差し替えます。

こうやって見せると、この製品の売上はまだまだ伸びそうですね。

売上高グラフ

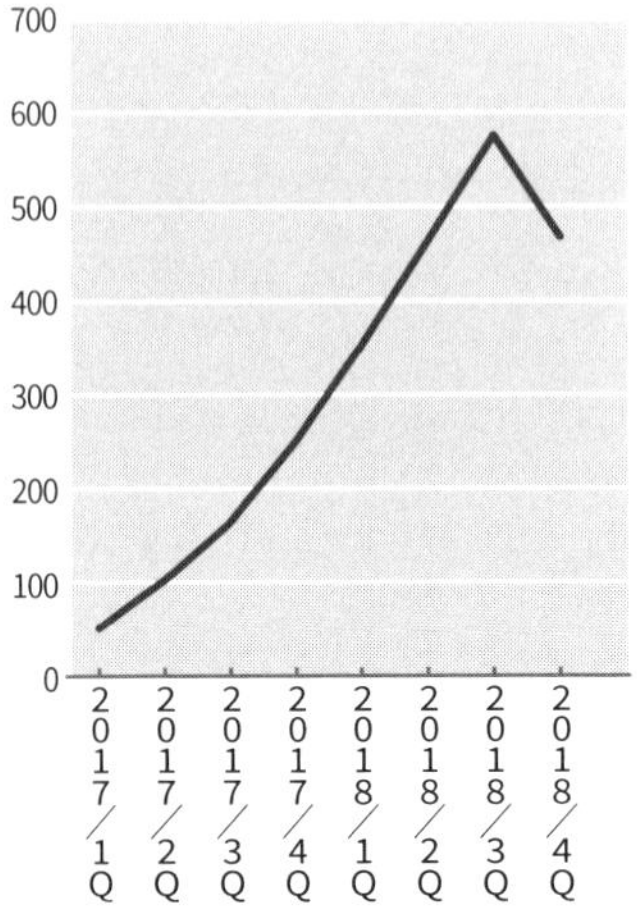

図-1：ある製品の売上高
—四半期別

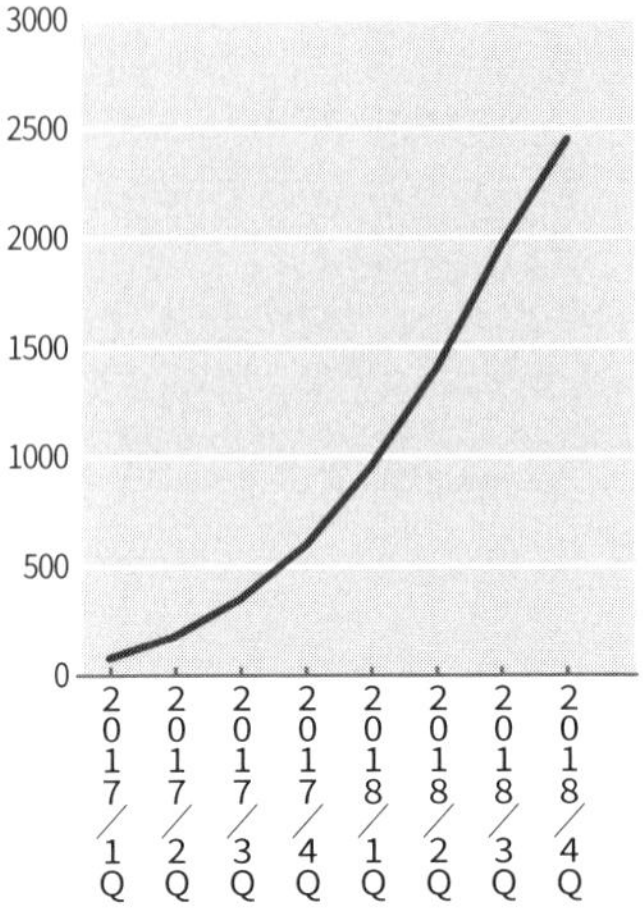

図-2：ある製品の四半期別売上高
—累計ベース

ある期間内の売上高を報告するべきところを、販売当初からその期間まで売れてきた金額に置き換えることで、見事に難局を乗り切ってしまえそうです。

記述式統計は理解するのはそれほど難しくないと思いますが、騙しのテクニックや因果関係にあまり意味の無い統計解析が存在するので、注意してください。

相関図や因果関係を発見・検証する推計統計

さて、次は推計統計に関するコンセプトをご紹介します。

記述式統計が、集められた過去のデータを表示して主張の根拠を支える統計であるのに対し、推計統計を用いる主な目的は、ある仮説を証明するために、膨大なデータの中から適切なサンプルを抽出し、特定の実験を行い、相関関係や因果関係を見つけていくことにあります。限られたサンプルから全体の傾向を予測するため、観察から得られる傾向が、実際の全体の傾向と一致するのか、その信頼性を検証するための考え方を理解する必要があります。

推計統計に関する解釈の誤りは学会誌に掲載される論文でも正確に用いられていないケースが多いことがわかっています。2019年の3月には800人の科学者が「ネイチャー」誌に「5つの論文誌に掲載された791文献を調査したところ、51%の論文で帰無仮説が棄却され無かった際に対立仮説を否定する、といった初歩的な謝りなどを含む統計の間違った解釈が行われている」という調査結果を報告し、正しい統計的有意性の概念を用いるよう、警告しています。[12]

推計統計に分類されているコンセプトは次の六つですが、ベイズ統計（#bayes）に関しては確率（#probability）のところでご紹介した内容と重なりますので省略します。また、解説には統計学の専門用語が出てきます。基礎知識が無い人は、統計学の基礎解説書や脚注に明記したリンク先のウェブサイトなどを適時、ご参考ください。ここでは、各コンセプトの押さえるべきポイントに絞って解説します。

(12) http://www.igienistionline.it/docs/2019/10nature.pdf

統計的有意性（#significance）
効果量（#effectsize）
信頼区間（#confidenceintervals）
相関関係（#correlation）
回帰分析（#regression）
ベイズ統計（#bayes）

では、統計的有意性（#significance）から紹介していきます。まず、前提となる、統計的有意性を検証する背景です。

推計統計の手順では、分析したい、ある集団について仮説を設定し、その集団から抽出されたサンプルの観察にもとづいて、その仮説が正しいのか間違っているのかを検証することにあります。このとき、理論上の仮説と実際の観察は厳密に一致しません。例えば、一般的な立方体のサイコロを一回振って1の目が出る確率は理論上（計算上）は1／6ですが、実際に1、2回の実験では、その通りになるとは限りません。そこで、知りたいのは、理論と観察結果のズレが偶然による誤差の範囲内なのか、それとも誤差では済まされない、「何か意味のあるものか」ということになります。後者であると考えられる場合、仮説からのズレは「有意である」と表現します。

医薬の効果実験の事例を用いて考えていきましょう。[13]

(13) ケース題材は、こちら事例を利用させて頂きました。「実験医学 online」https://www.yodosha.co.jp/jikkenigaku/statistics/q1.html

CASE 8

ある患者グループ（A）には実薬を、別の患者グループ（B）には偽薬を投与し、症状の改善が見られたか否かを評価します。グループAとグループBでそれぞれに改善した患者としなかった患者の数を比較したとき、グループAは13人中10人の症状が改善し、グループBでは14人中4人しか改善しませんでした。この差は単なる偶然による誤差であるといえるでしょうか？

このケースでは、偽薬を投与した人たちと実薬を投与した人たちとの間で症状が改善された人数を比較し、その差が偶然得られる確率を計算します。この確率が十分に低ければ偶然では無い可能性が高いので、「有意である」といえます。有意であるかどうかの基準（有意水準）は目的によって異なり、統計的解析を行う前に設定します。(14)

ちなみに推計統計でこうした仮説を立てるときは、自分が証明したいこと（このケースの場合では実薬の治療効果はある）とは反対のもの（治療効果は実薬の投与とは無関係であるという仮説）を用意します。この用意した仮説は否定することを目指すので、「帰無仮説」と呼びます。少しややこしいのですが、自分の証明したい方の仮説は、帰無仮説とは対立する仮説なので、「対立仮説」と呼ばれます。(15)

(14) 一般的な有意水準は0.05が用いられますが、人命に関わる医療など、誤りによる影響が大きいものほど厳しく設定される傾向があります。

(15) なぜ、このようなややこしい方法を用いるかは、一般的に科学的根拠の証明方法が、反証主義に基づいているから、と説明できます。例えば、「全てのカラスは黒い」という仮説の証明には、黒いカラスを100匹見つけるだけでは不十分ですが、白いカラスを一匹見つけることで解決できます。

さて、統計的有意性を確認する際には意識しておかなければいけないことが三点あります。

一点目は、こうした統計的有意性を検証する際に、二種類の誤りを犯す可能性があることです。**帰無仮説が正しいのに、「誤差ではない意味がある」「有意である」として、棄却してしまう**（ケースの場合、実際には実薬の効果が無いのに、あると判断する）ことを**タイプⅠの誤り**と呼びます。逆に、**帰無仮説が正しくないのに棄却しない**（ケースの場合、実際には実薬の投与の効果があるのに、偽薬との差は無いと判断する）ことを、タイプⅡの誤りと呼びます。**タイプⅡの誤り**は、自分の証明したいことが正しいのに見逃してしまう、という残念さがありますが、特に医薬などではタイプⅠの誤りの方が、深刻な事態を招くことにつながるので、より注意が必要です。

二点目に気をつけなければいけないのは、**帰無仮説が棄却されなかったときは、対立仮説が否定されるのではなく、「どちらの仮説が成立するのかわからない」という解釈になる**ことです。やや極端な例ですが、「馬は人の話を理解できない」という、仮説を立てたとします。そこで、帰無仮説を「馬は人の話を理解できる」と設定します。ここで、実験の結果をもとに、ある有意水準で、帰無仮説が棄却されない場合、「馬は人間の話を理解できる、ということが、誤っているとは言えない」と導かれたとします。

しかし、だからといって、「馬は人間の話を理解できる」と示されたわけではありません。

このように、統計的な検証作業は、帰無仮説が棄却されないときに、結論が冗長となりやすいので、情報発信者は、結論をわかりやすくしようとするあまり、話を短縮してしまい、短縮された結論は、聞き手に聞き心地がよく、誤ったまま理解されてしまいやすい、ということが起きるのです。

三つ目は、統計的有意性はサンプル数を増やすと有意性が得やすくなる、という性質です。「サンプル数という、研究者が任意に決められる要因によって結果が左右されてしまう」ため、という根本的な問題があることです。[16] 膨大な費用をかけた研究活動では、研究者に結果を求める圧力が働きます。このため、研究者が自らの研究結果の価値を実験結果が「有意である」と主張するためにサンプル数を増やして対応した結果、タイプⅠの誤りに陥る可能性があることに、注意しなければいけません。

こうした統計的有意性の課題に対して、サンプル数に左右されずに二つのデータを比較した時の差や関係を示す指標として役立つのが**効果量**（#effectsize）というコンセプトです。

効果量は、**例えば、ある課題に対して事前学習をしたときとしなかったときで、課題の成績に対してどのような影響があるか、ある薬が症状をやわらげるのにどの程度貢献しているのか、といった「効果の大きさ」を調べるときに有効**です。

効果量という呼び方は総称で、実際には対象とするサンプによってさまざまな計算方法や基準となる効果量の目安があります。ここでは詳細な説明は省きますが、詳しい内容をお知りになりた

(16)
『本当にわかりやすいすごく大切なことが書いてあるごく初歩の統計の本』吉田寿夫 (1998). 北大路書房 P.232

い方は、「伝えるための心理統計」（大久保街亜・岡田謙介著）や北海学園大学の浦野先生の資料がお勧めです。[17]

次に**信頼区間**（#confidenceintervals）について説明します。

データ分析を行う際、その対象とする全ての要素が含まれる集合のことを「母集団」といいます。この母集団から抽出された一部分のサンプルデータのことを「標本」といいます。

無作為抽出、すなわちランダムに得られる標本から計算された統計量は、偶然に大きな値に偏ったり小さな値に偏ったりすることがあります。

例えば、複数個の標本が得られたとして、そこから母集団の平均（母平均）を推定したい場合に、標本平均を推定値とします。推計値を一点に決める方法もありますが、標本の統計量はバラつきますので、その推定値が母集団の真の平均にどれだけ近いのかが問題となります。標本は偶然に得られたものなので、真の平均に極めて近い推定値なのか、かなりズレている値なのかわからないからです。

そこで、推定値にある一定の幅を持たせることで、この幅の間隔を見れば推定値のズレの度合い

(17) https://www.urano-ken.com/research/let2016-workshop/

を知ることができるようにします。このように幅を待たせる推定方法を「区間推定」といい、幅の間隔のことを「信頼区間（confidence interval）」といいます。

なお、信頼区間の設定は任意なのですが、実際にはほとんどの場合95％が用いられます。

注意すべき点は、「母集団から標本を取ってきて、その平均から95％信頼区間を求める、という作業を100回やったときに、95回はその区間の中に母平均が含まれる」。

つまり、「95％信頼区間」とは「1つの信頼区間に母平均（母集団の平均値）の含まれる確率が95％」ではなく、「複数の信頼区間の中で母平均の含まれる信頼区間は95％」である、ということになります。逆に言えば、5％の確率で、真値が含まれない、ということを意味しています。信頼区間はデータの信

95%信頼区間を理解するためイメージ

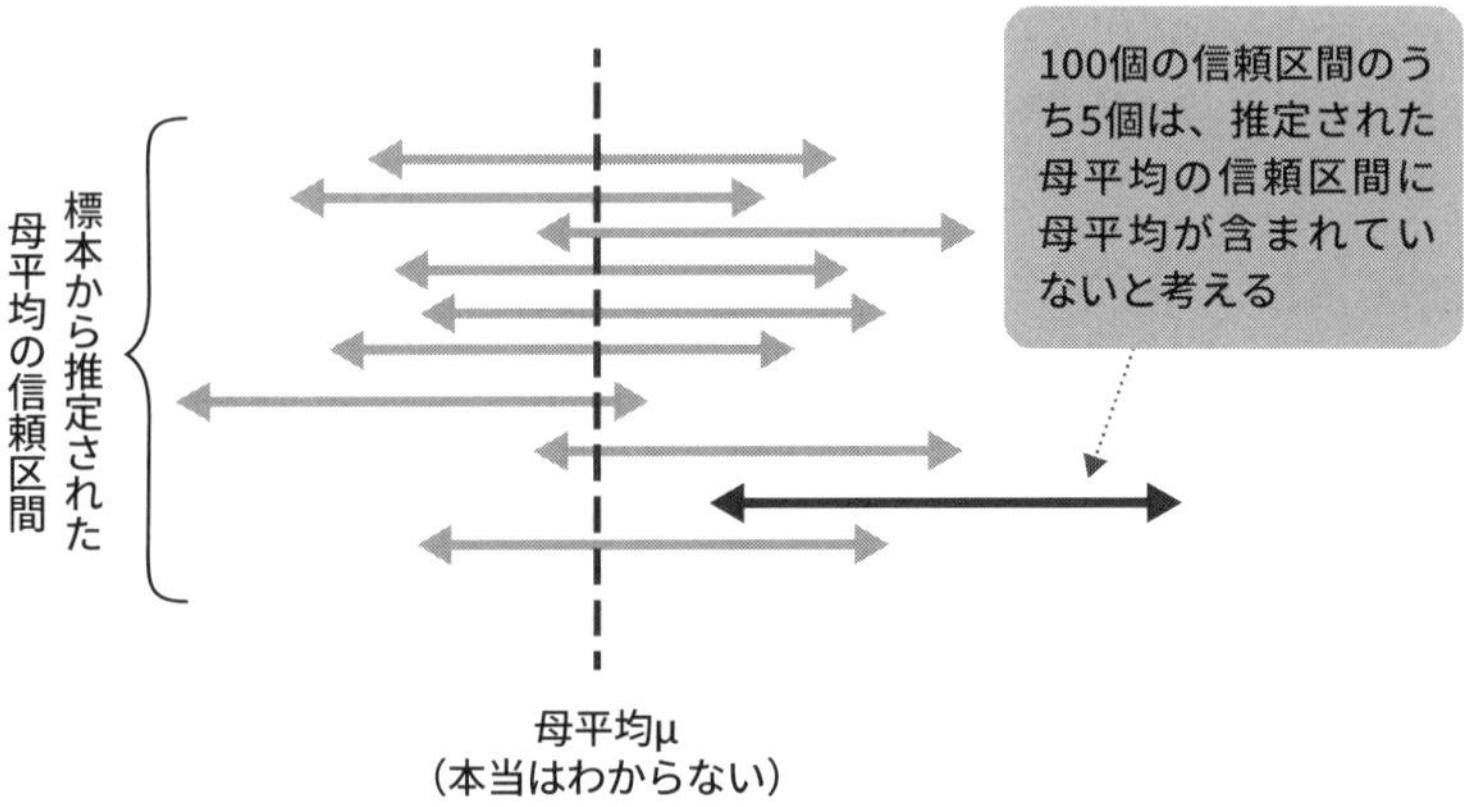

頼度を示す目安で、**同じことを20回やったら1回ぐらいは間違った答えを出してしまうという程度を示している、**と理解していただければ大丈夫です[18]。

相関関係（#correlation）は二つの事象がどのように同時に起きる度合いについて示すものです。正の相関関係は、ある事象が起きるとき、もう一つの事象が同時に起きることの傾向、負の相関関係はある事象が起きる時に、もう一つの事象が起きないことの傾向を示します。

次のようなケースは因果関係があると言えるでしょうか。

「交番の数が多いところは、犯罪件数が少ない」

これは、相関関係にあるかもしれませんが因果関係ではありません。

交番は犯罪抑止に一定の役割を果たすので、実際に犯罪件数は減るかもしれません。でも、そもそもなぜ、交番の数が多いのかというと、もともと犯罪件数が多い地域だから、という逆の因果関係があるかもしれないためです。

(18) 信頼区間の解説は滋賀大学の中川先生のウェブサイトを参考にさせていただきました。
https://www.biwako.shiga-u.ac.jp/sensei/mnaka/ut/confidenceinterval.html

押さえておくべき点は、**相関関係は、ある事象がもう一つの事象を引き起こすこと（因果関係）を示すものではありません。二つの事象が第三の事象によって同時に起きることや偶然に同時に起きることもありえます。**

統計のコンセプトの最後は**回帰分析**（#regression）です。

ある事象が別の事象によって起きる可能性（因果関係）を予測する時に使います。これは、ある変数（y）の変動を別の変数（x）の変動により説明・予測・影響関係を検討するための手法と言い換えることもできます。

この時、説明したい変数yを目的変数（あるいは従属変数）、それを予測するための変数xを説明変数（独立変数）と呼びます。

説明変数が二つ以上あるものを重回帰分析と呼びます。

重回帰分析は、「利益の改善（目的）に最も効果的なのは値上げ（説明変数1）か、コストカット（説明変数2）か」、という判断したい時など、**「どの打ち手が一番効くか」という確認をしたい時**に便利です。

ここまで、「情報の検証」についてのコンセプトを「主張の分析」、「情報読解力」、「数式のチェック」、「科学的根拠」、「確率」、「統計」の6つの分類で20個紹介しました。当たり前のようなコンセプトも体系的に分類することで、頭の整理に繋がったのではないでしょうか。

また、統計のコンセプトには、専門用語も多くて、嫌になった方もおられるかもしれません。しかし、統計のコンセプトはこの後に出てくる問題解決力のコンセプトを理解する上でも役に立つ、応用範囲の広いものです。太字にしたポイントを頭に入れて、興味や必要に応じて深掘りしてみてください。

第4章

認識の差を埋める

——Analyzing Inferences in Thinking Critically

認識の差を埋める(Analyzing inferences)

情報の検証を終えると、次は「この主張は情報の受け手に、どのような展開を導きたいのか?」という、情報提供者の意図を抽出する思考動作に移ります。

具体的には、情報の発信者がどのような論理、背景、表現テクニック、立ち位置で主張を展開しているかを確認して認識の差を埋めることです。

情報を判断する際には、たとえ主張に妥当性があったとしても、その論理展開が破綻していたり、特定の先入観に影響されているものであったりすることを見抜くことが有効です。

さらに、主張の背景にある脈略や表現方法の特徴を知っておくことは意図を理解する手がかりになります。

また、主張している内容が関連する分野にどのような影響を与えるのかを推定する上で、さまざまな学問分野における分析レベルについて把握しておくこと、さまざまな要素が相互に関連していることを理解するための複雑系のコンセプトについて修得することも有益です。

認識の差を埋める思考動作に関するコンセプトは図のように分類できます。

**認識の差を埋める
コンセプトの関係イメージ図**

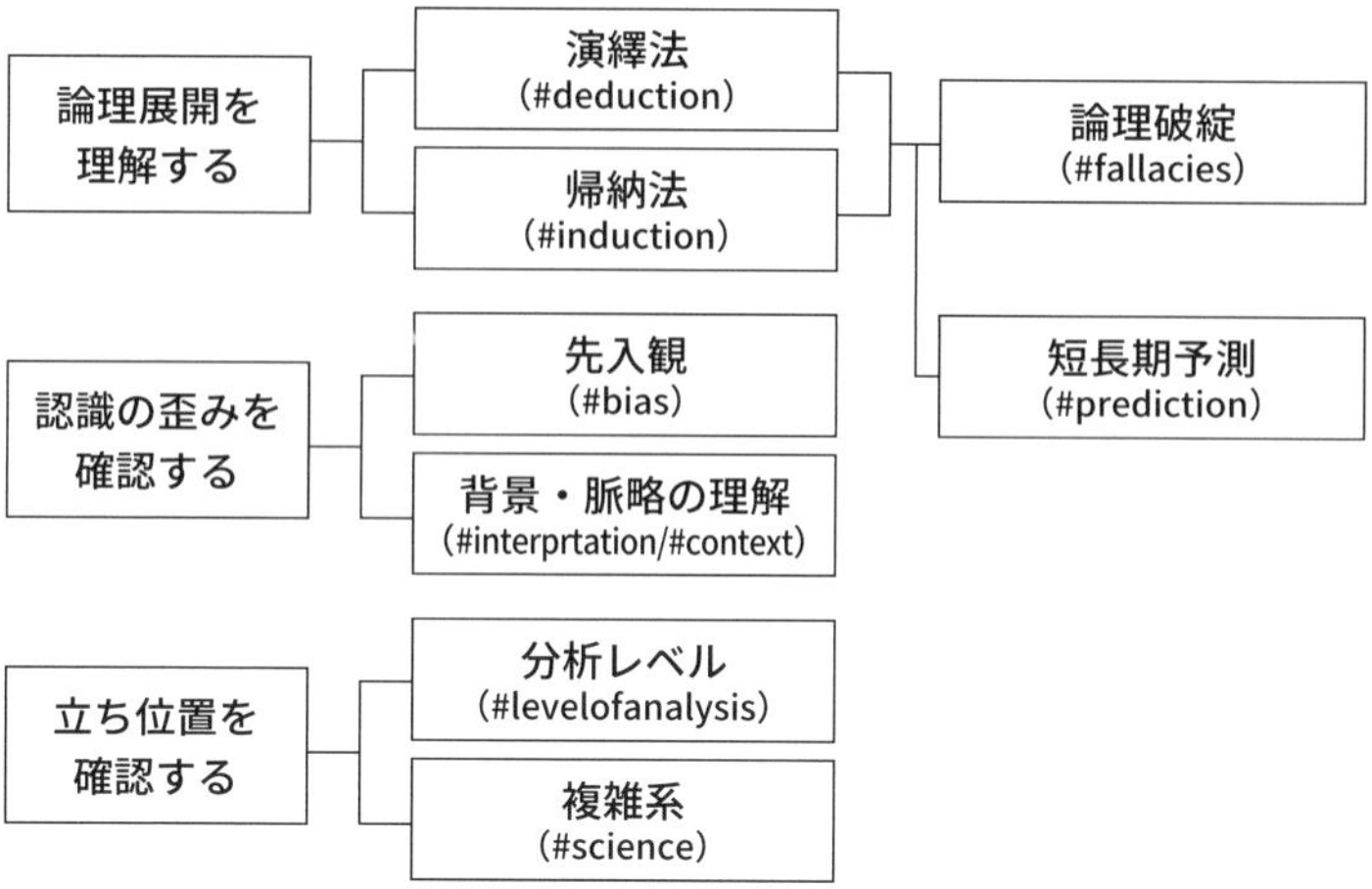

論理展開を理解する

認識の差を埋めるには、どんな情報提供の技法（論理展開）が用いられているのか判別することが基本動作になります。論理展開の代表的な例は**演繹法**（#deduction）と**帰納法**（#induction）です。こうした論理展開が仮に正しく用いられていても、**論理破綻**（#fallacies）のパターンや**短期と長期で異なる結果が導かれること**（#prediction）についても紹介します。

演繹法（#deduction）とは新たに得られた情報をすでに知られた法則（前提）の中に当てはめて、論じる方法です。演繹法ではその前提を認めるなら、「絶対的」「必然的」に正しくなります。したがって理論上は、前提が間違っていたり適切でない前提が用いられたりした場合には、誤った結論が導き出されることになります。
演繹法にはさまざまな論理展開パターンがあります[1]。こうしたパターンは条件式として記号で表すことができ、問題解決力で取り扱うアルゴリズム（#algorithms）というコンセプトを学ぶときの基本的な情報となります。

演繹法の論理の成立パターンで最も有名なもので三段論法というもので、

人間は死ぬ
ソクラテスは人間である
よってソクラテスもいつかは死ぬ

という例文があります。
条件式で表すと、次のようになります。

PならばQである。
Pである。

(1) これらのパターンを学習するには、香港大学の Joe Lau 教授の資料が分かり易くておすすめです。https://philosophy.hku.hk/think/arg/valid2.php

　したがって、Qである。
(肯定によって肯定する様式)

他にも代表的な条件式をご紹介すると

　PならばQである。
　Qは偽である。
　したがって、Pは偽である。
(否定によって肯定する様式)

さらに掘り下げてみたい人は「仮言三段論法」や「選言三段論法」、「背理法」、「ジレンマ」といったものを学んでおくと便利です。

CASE-9

次の文章について、演繹法が成り立つか確認してください。

　すべてのチューリップは花である
　一部の花はすぐにしおれてしまう

――したがって、一部のチューリップはすぐにしおれる

「演繹法が成り立つ」と答えてしまった方は、図を参考にしていただき、実際には、すぐにしおれる花にの中にチューリップが含まれないケースがあることを確認してください。

演繹法を検証する際には、成立パターンに当てはまるか確認する、不安であれば、ケースのように図を描いて見ると判断しやすくなります。

帰納法（#induction）は、さまざまな経験則から共通点を見出し、その傾向を論じる際によく用いられる方法です。例えば、

――日系製造業X社は新規事業開発に外部から転職者を積極的に採用することで知られている。

チューリップ問題の解説

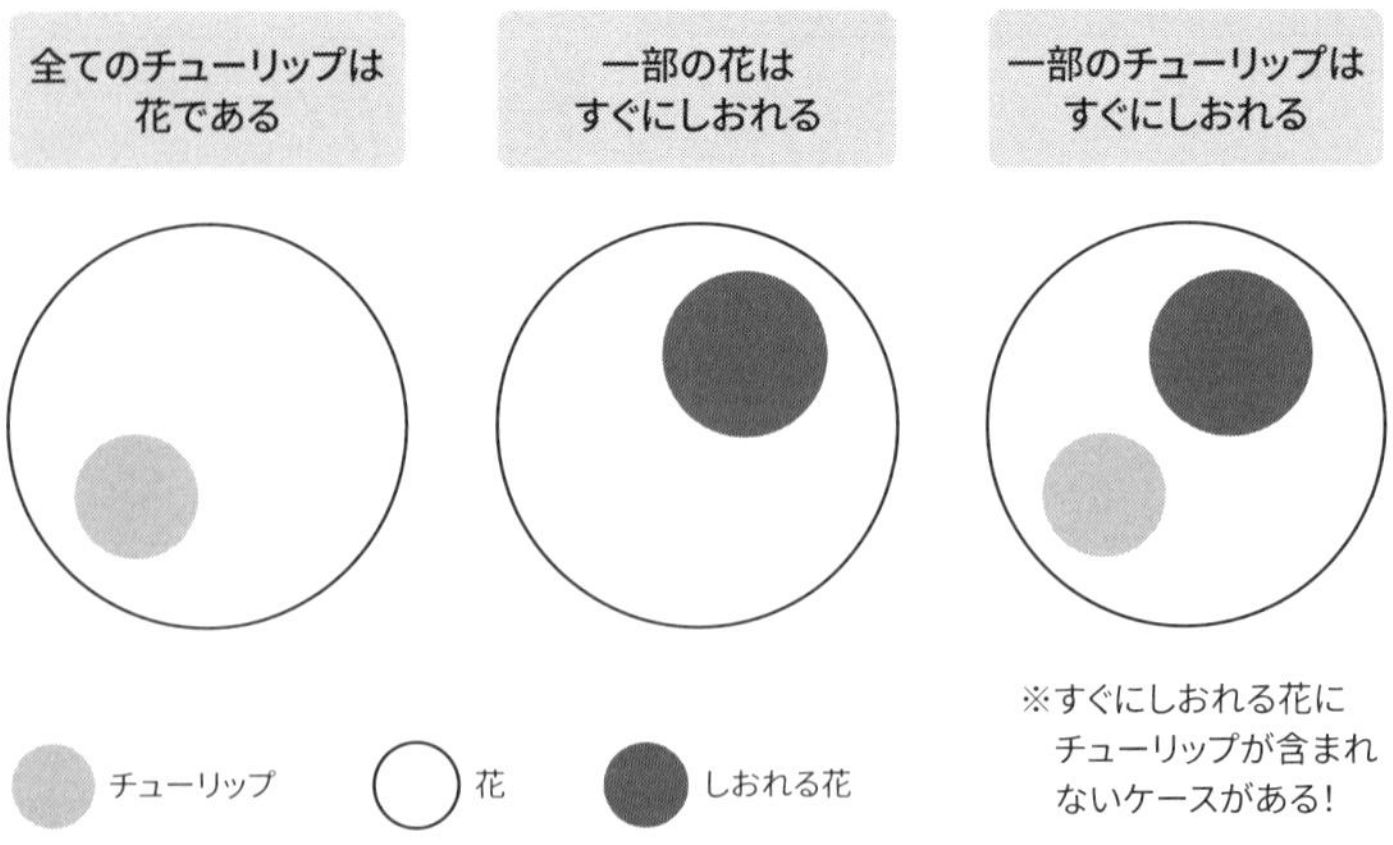

外資系製造業にいたA氏はX社のマーケティング職に転職して年収が10%アップした。
外資系銀行にいたB氏はX社のマーケティング職に転職して年収が10%アップした。
外資系SEにいたC氏はX社のマーケティング職に転職して年収が10%アップした。
よって外資系コンサルティング会社にいたD氏がX社に転職した場合、10%程度の年収アップが期待できるだろう。

といったものです。

ちなみにこの例で導かれた結論が成立するには、「X社の転職者に対する給与アップのオファー条件は以前働いていた業界や得ていた給与に関係なく、10%としている」という仮定が必要です。

帰納法は演繹法に比べると、結論の精度が低い（論理的な説得力には欠ける）のですが、未来を予測する際の統計、シミュレーションやプログラミングを設計する際に使える考え方です。帰納法による説得は、情報発信者と情報受信者双方の想像力や推察力に依存しているため、より難易度が高くなります。

マッキンゼーでコンサルタントが顧客に提出する報告書の編集責任者を務めたバーバラ・ミント

氏は著書である『考える技術・書く技術』（ダイヤモンド社）の中で効果的な帰納法による主張の展開には、二つのスキルが必要であると指摘しています。

一つは、いくつかの異なるもの（考え、出来事、事実など）に類似点を見つけ、一つのグループにした上で、その意味を導き出すスキルです。もう一つはグループ化したものの中で「仲間外れ」に気がつくスキルです。[2]

(2)「考える技術・書く技術」バーバラ・ミント著 p.91

CASE-10

帰納法を用いて、次の情報を整理し、主張を作成してみてください

情報：京都の衰退には、数多くの複合した原因がある。そのうちのいくつかは次のとおりだ。

1. 高い賃金
2. 高いエネルギー料金、オフィス賃料、土地代
3. 慢性的な渋滞と遅延する鉄道
4. 近代的な工場を建設できるスペースが無い
5. 高い税金
6. 伝統的な老舗の意思決定が遅く、技術変化への対応速度が遅い
7. 滋賀、奈良における新しい経済センターの発展
8. 日本の国際競争力の低下

9. 生活者の近隣県への移動

まずは、類似点を見つけていくことから始めましょう。およそ、以下のように整理できたら、帰納法は理解できている、と言えるでしょう。

京都は以下の3点の課題によって衰退している。

1. 高いコスト
・高い賃
・高いエネルギー、オフィス賃料、土地代
・慢性的な渋滞と遅延する鉄道（＝移動コストが高い）
・高い税金

2. 事業環境が悪い
・近代的な工場を建設できるスペースが無い
・伝統的な老舗の意思決定が遅く、技術変化への対応速度が遅い
・生活者の近隣県への移動

3. 魅力的な選択肢になっていない
・滋賀、奈良における新しい経済センターの発展

「8．日本の国際競争力の低下」は京都を軸に問題提起する際には後述する分析レベル（#levelofanalysis）が異なるので、ここでは主張の根拠としては使いません。

論理破綻（#fallacies）は論理展開に整合性がなく、説得力に欠ける主張を見抜く、という思考習慣になります。人はいつも完璧な論理を展開できる訳ではありませんが、意図的に論理のすり替えを行う事もあります。次の事例を見てみましょう。

CASE-11

2017年8月25日にトランプ大統領はアリゾナ州マリコパ（Maricopa）郡で保安官を24年間務め、期間中に人種差別的な行為を含め、複数の案件で被告となっていたジョー・アルパイオ氏に恩赦を与える、という決定をしました。この恩赦に関する記者会見で、恩赦を決定した背景と支持政党である共和党関係者からも非難が出ていることについて、記者からコメントを求められた大統領の答えは次のように答えました。[3]

「ジョー・アルパイオ氏は愛国者で、アリゾナ州民を長年に渡り犯罪者達から守ってきた。不法移民に対して厳しく監視を行い、アリゾナ州民からも愛されてきた。裁判で彼は極めて不当に扱われてきた。

（中略）

(3) https://www.youtube.com/watch?v=5tW-_7zDip0&index=43&list=

ちなみに、こうした質問が出ることを想定し、私は他の大統領達がどのような人物に恩赦を与えてきたか調べてみた。

クリントン大統領はマーク・リッチに恩赦を与えた。マークは不正に入手した石油を、米国の敵国であるイランに数十年に渡り密売した罪で訴えられていたが、クリントン夫妻に多額の献金を行った後に恩赦を受けている。

(中略)

オバマ大統領はアメリカの機密情報を、ウィキリークスやもしかしたら他の組織に流した罪を問われていたチェルシー・マニングの裁判に口利きを行い、無罪にするように働きかけた…

(中略)

…アルパイオ保安官は愛国者で、アリゾナ州民を長年に渡り犯罪者達から守ってきた。不法移民に対して厳しく監視を行い、アリゾナ州民からも愛されてきた。裁判で彼は極めて不当に扱われてきた。」

トランプ大統領は、「なぜアルパイオ氏に恩赦を与えたのか」という問いに対する根拠については答えていません。そして意思決定には、本来は無関係である過去の大統領の恩赦の事例を複数並べることで、視聴者に「他の大統領は酷い犯罪者達に恩赦を与えている」という印象を与え、記者の質問をかわそうとしています。

こうした印象操作は、論理展開についてのルールを知らない人達には有効ですが、論理としては破綻しています。

ちなみにトランプ大統領は共和党出身の大統領の恩赦については一切触れていません。こうした他人をターゲットにして自分の主張を通そうとする技法は「藁人形論法」と呼ばれています。

論理破綻の事例は他にもあります。代表的なものを表にまとめてみたので参考にしてください[4]。

論理展開の中で最後に注意しておきたいコンセプトが**短期と長期の両方の視点を持つ**（#prediction）です。

景気対策や産業力強化のように自国の産業を保護する政策は、一時的には保護対象となっている産業の育成には役立ちますが、ある程度、基礎的な競争力が身についてきたところで、規制緩和によって自力で競争する環境に送り出さなければ、補助金や規制そのものに頼った弱い産業を国民全体の負担で支えるといった状況が発生します。

また、日本の企業に見られる年功序列の雇用体系は太平洋戦争後の日本において、圧倒的に不足している技能労働者を自社につなぎとめ、社内に蓄積された学習効果による生産性改善、そして企業の競争力向上を実現する上で非常に有効な打ち手でした。

しかし、機械化と情報化が進み既存事業の生産性を向上させるよりも、新しい事業を創出するこ

（4）https://thebestschools.org/magazine/15-logical-fallacies-know/ より山本作成

論理破綻の事例(4)

論理破綻パターン	概　要
人身攻撃	主張の内容ではなく、主張している人の信念や属性を卑しめ、印象操作を狙う
藁人形論法	主張とは直接関係無い、他人の類似ケースを列挙して、自分の主張の根拠の弱さを和らげる
無知に訴える	「誰も正しいことを知らない」のだから自分の主張には一理ある、という主張
誤った二分法	実際には2つ以上の選択肢があるのに、2つしか無いように見せること
滑りやすい坂	一つの例外を認めると、全てがそうなってしまうだろう、という論調
循環論法	ある事柄を証明する時、その事柄自体を仮定した議論を用いること（証明における循環論法） 例）「神の言葉であるものは真である」「聖書は神の言葉である、と聖書に書かれている」「よって聖書は真である」 ある事柄の定義を与える文や表現の中に、その事柄自体が本質的に登場していること（定義における循環論法） 例）西の定義：東とは反対の方角である 東の定義：西とは反対の方角である どちらの場合も、ある事柄に対する説明を別の事柄に依存していて、絶対的な説明が得られない
早まった一般化	証拠が十分でないにも関わらず、一般的にそうであると決めつけること
偽の情報	本題から注意をそらすために意図的に偽の情報を入れること
同調に訴える	「君だってそうする（していた）だろう？」と問いかけ、根拠をはぐらかす
誤った因果関係	ある事象が別の事象の後に起きたことを捉えて、前の事象が原因となって後の事象が起きたと判断する誤り 迷信や呪術的思考の多くはこれに分類される（前後関係の因果関係の誤り） 同時に発生した2つの事象に因果関係を主張するもの一相関関係はあるが因果関係はない（虚偽の因果関係） （例：金曜ロードショーで「天空の城ラピュタ」が放映されると翌週の株価は下がる）
権威に訴える	主張に関連する分野の権威ある人がその主張が正しいと考えていることを根拠とすること
二枚舌	曖昧な表現を利用して、本来の主張をぼやかして相手を欺く論法
情に訴える	相手の感情に訴えることで非論理的な展開に持ち込む
ポピュリズム	大多数の民衆が合意しそうなことを（たとえそれが根拠として正しくなくとも）利用する

とが求められる時代に入ってくると、年功序列型の雇用体系は、過去の成功体験に縛られ、変化に弱い人達が組織の上層に停滞し、その場しのぎの経営選択を優先してしまうという性質から、むしろ成長を阻害する要因になりました。

経済学の有名なコンセプトに「合成の誤謬」というものがあります。これは、個人の行動としては成り立つことが、集団で同じ行動を取ると逆の結果をもたらす結果が導かれる、というものです。一つの家計において、「節約する」という行動は同じ所得であれば、貯蓄が増えることを意味していますが、これを多くの家庭が同時に実施してしまうと、人々の購買活動が収縮することにつながり、経済活動が縮小し、給与が下がるため、結果として所得が減り、貯蓄の減少につながる、という流れになります。

短期と長期の両方の視点を持つ（#prediction）は主張に対する意識の差を埋める上で「過去に上手くいったから、これからも上手くいく」という論理展開の誤りに気がつく、有益なコンセプトです。

認識の歪みを確認する

認識の差を埋めるには、情報発信者や情報受信者に偏った考え方があることを意識して、これを調整する作業が有効です。ここでは、**先入観**（#bias）というコンセプトについてご紹介します。

先入観にはいくつかの種類があり、他のコンピテンシーで取り上げるものもありますが、ここでは「意識の差を埋める」ために有効な先入観のコンセプトを四つ紹介します。

視覚や感覚のパターンによって、人の判断（憶測や認知）が影響を受けることが知られています。これを**視覚・感覚的バイアス**（#attentionperceptionbias）といいます。

人の脳には、直感で判断を下す場合と、論理的に考えて判断を下す二つの働きがあることが分かっています。この脳の働きを認識する最も簡単な方法は次のような「体感1の図」を見て実際に脳の働きを体験することです。真ん中の横線は同じ長さですが、パッと見たときは上の方が長く見えます。これは目の錯覚が働いているからなのですが、あらかじめ、「真ん中の横線の長さは同じ」という情報を与えておき、錯

脳の直感と論理的判断の体感1

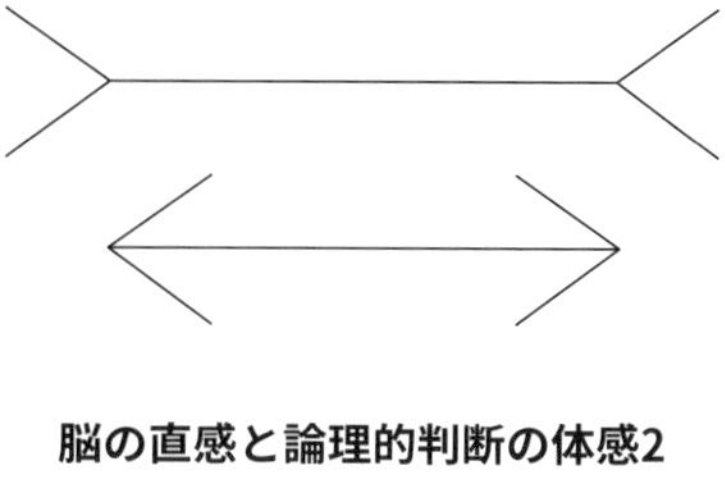

脳の直感と論理的判断の体感2

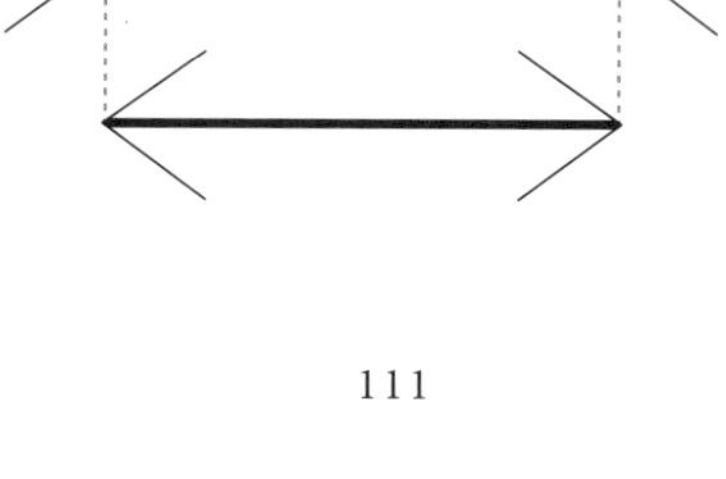

覚が働くことを考慮させておくと、次の図のように真ん中の線の太さを変えたり、補助線を引くことで、この錯覚を矯正することができます。

ただ、このような図形を見た場合に錯覚が起こる、という知識を持っていること、「どうすれば、この錯覚から脳の働きを解放できるか」という一歩立ち止まって考える行為は、視覚・感覚バイアスというコンセプトを理解していないと、なかなか発動できないでしょう。

感覚に関する先入観の例も考えてみましょう。

例えば、あなたが20代で東京の大企業に勤めているサラリーマンで、日常接している人も大企業に勤めているサラリーマンである場合、あなたがイメージする同年代の生活・行動スタイルは、実際の日本の平均的な同世代の生活・行動スタイルよりも、偏ったものになる可能性が強いのです。なぜなら、20代で働いている人の数は東京よりも地方に多く、大企業で働いていない方がより多いからです。

その他にも、ある分野で評価の高い人が、その評価の高さから他の分野でも高い評価を得てしまう「ハロー効果」という事例があります。メディアなどで特定の分野で素晴らしい研究成果を出している人が自分の研究分野以外の政治番組にコメンテーターとして登場したりするのは、「あの人なら良い意見が言えるだろう」という期待を利用したものと言えます。

人は情報から示唆を引き出そうとする際、過去に自分が経験した記憶の影響を受けます。これは**記憶バイアス**（#memorybias）といいます。

例えば、ある人から好ましくない案件の仕事を依頼された場合、次に同じ人から仕事を受ける際には、その人が説明している内容が論理的には筋が通っていても、その内容を「なんとなく嫌な感じがする」として、割り引いて受けとめる傾向があります。その逆も然りで、過去に良い思いをした人からの依頼は、多少、論理的に筋が通っていなくても、「なんとなく大丈夫そう」と受け止めがちです。記憶バイアスに気づければ、情報はその都度、根拠の確からしさを確認する思考動作に移れます。

また、**確証バイアス**（#confirmationbias）という先入観は、自分が導きたい結論にとって都合の良い情報だけを集めてしまい、逆に自分の導きたい結論に対して不利な情報を排除する傾向があります。

経営陣に意思決定を促すことを最優先する経営コンサルタントや社内の企画職、管理職の中には、自分の提言に不利な情報の影響を小さくするために、この確証バイアスを用いた報告書を作成する人達もいます。実際に、細かいリスクまで全てを網羅してしまうと、意思決定ができなくなってしまうので「ある程度は仕方がない」という認識を「資料を依頼した人」が持ち、報告書を受け取る際に確証バイアスに流されすぎないように注意できると、より精度の高い意思決定が導けるでしょう。

先入観に関する最後のコンセプトは**解釈バイアス**（#interpretivebias）です。これは情報発信者のコミュニケーション形態によって、主張そのものが真面目に受け取られなかったりするような事例です。解釈という行為は、メッセージ自体が象徴するものや私達自身の固有の経験、私達が属する社会階層において共有されている感覚などによって構成されているために、意識していないと、自分達の解釈が世間一般の大多数のものであるという誤解に気づけない、という視点を与えてくれます。

トランプ大統領が誕生するまでの大統領選挙の報道や英国の欧州離脱（Brexit）について、酷いジョークだと感じた人々（私も例外ではありません）は、この解釈バイアスをよく確認しておくべきでしょう。

トランプ氏が共和党の予備選を勝ち抜き、民主党のヒラリー・クリントン候補との選挙中にも、多くのメディアや学歴の高い有権者達は彼が用いる英語表現や事実に基づかない言動、数々のあまりにも分かりやすいスキャンダルに、とてもこんな候補が選ばれるはずはない、彼はこの政治イベントの引き立て役に過ぎないだろう、と感じていた筈です。

しかし、トランプ氏は、オバマ政権下で冷遇されてきた白人低所得者、国際競争の負け組とされてきた米国の国内産業に従事していた労働者の共感を得るために、あえて粗野な英語で、非論理的な技法を使い続け、ポリティカル・コレクトネス（政治的に正しい言動）を強調しながら、実際には社会格差の是正を実現できなかった既存の政治家を攻撃しました。その結果、多くの米国人が彼の主張にも一理ある、と感じ、メディアにクリントン氏を支持している、と言いながら実際には、トランプ氏に票を投じた有権者も少なくなかったのです。

同じことは英国の欧州連合（ＥＵ）離脱に関する国民投票についても言えます。キャメロン首相はスコットランドの分離・独立に関する国民投票を僅差とは言え、自分の思惑通りの結果（独立反対）を得ることができたので、英国にとって経済的損失が大きいことが明確に指摘されていたＥＵからの離脱に関して、国民が支持することは無いだろう、と信じて国民投票を実施しました。しかし、結果は予想を覆し、離脱支持でした。メディアや首相を支持している人達は、英国の離脱により、自分達のビジネスが被る影響は大きいと感じていましたが、有権者の多くが、増え続ける移民との就職競争に疲れ、既に悪化している生活環境がさらに悪くなっても、ＥＵの指図を受けたくない、という考えを持っていたのです。ただ、こうした不満を素直に口にすると、ポリティカル・コレクトネスの立場から、「人種差別主義者」「怠け者」などのレッテルをメディアに貼られて非難を受けるため、表向きは中道を装っている人が多かったのです。

先入観に関するコンセプトは相互に関連する概念も多いのですが、それぞれの切り口から「我々は常に偏った主張をしている」という自戒の念を持って情報提供者の意図を読み取る大切さを認識させてくれます。

バックグラウンドと解釈のデザイン

認識の差を埋めるには、主張している人の信条や信念、文化的な背景や過去に経験してきたことなどを考慮に入れることが重要です。

ここでは**脈略**（#Context）と**解釈**（#interpretation）というコンセプトをご紹介します。

次のページのケースを見てください。

同じ場面を描いた絵でも写実的な絵と浮世絵では印象が変わりますね。

これらの絵の作者は見る人にどのようなことを伝えたくて描いたのでしょうか？

写実的な絵は第一に歴史的な事件について、その時の様子を伝えることを第一目的として書かれていることが多いですが、浮世絵などは、作者の表現に主点が置かれていて、ここでは厳密な歴史的な事実はあまり重視されません。むしろ、下の絵の作者のRoger Shimomura氏のインタビュー

CASE-12

2枚の絵を比較して、そこから導かれることを考えてみて下さい

Washington Crossing th Delaware by Emanuel Leutze（1851）

Crossing th Delaware by Roger Shimomura（2010）

からは、作者の意図としては、日系アメリカ人として生きる自分が、愛国心を考える際、米国建国者の一人であるジョージ・ワシントンに自らを置いてみることで、何が感じられるかを試す、という挑戦的な意味合いがあったと言います[5]。

意識の差を埋めるにはさまざまな表現の性質を考慮に入れることで、有益な示唆を引き出せます。解釈（#interpretation）というコンセプトはノンフィクションのドキュメンタリーに用いられる表現、物語や詩のような創作物、絵画や彫刻のような芸術や、音楽のような聴覚を活用した表現が、情報を受け取る人にどのような影響与えるのか、また同じ分野でも表現方法の特徴を見比べ、作者の意図を探ることで有益な示唆を引き出すことを目的としています。

こうした芸術関係の表現を学び、視覚・聴覚の効果について理解することは、プレゼンテーションなどを聴く際の情報発信者による印象操作に気づき、適切な示唆を導くためにも役立ちます。

例えば、もし皆さんが、効果音に関して冷静に分析できる思考習慣を持っていれば、政治家が自分のプレゼンテーションで対立候補を紹介するときの効果音として、特定の音楽を使用したとき、明らかに対立候補の政策以外の要素で聴衆に対して「よくない印象」を与えようとしている意図を感じることができます。また、テレビなどで差別的な発言を行ったタレントがいたとしても、笑い

(5) https://learninglab.si.edu/collections/shimomura-crossing-the-delaware-by-roger-shimomura/w7BXvwnEeKe1gdEc#r/206761

解釈(#Interpretation)を構成する基盤コンセプト一覧

コンセプト	内　容
ノンフィクション (#nonfiction)	**ノンフィクションについて分析、理解し、効果的な文章表現を実践する** 例)新聞記事などの事実を報道する文章においては、担当記者が明記されているか、どのような出典から情報が得られているか、特定の文言の使用により、記事内容について読者の反応が誘導がなされていないか、を確認する必要があります。
小説・詩 (# fictionpoetry)	**小説・詩について分析、理解し、効果的な表現を実践する** 例)小説や詩を創作する際、どのような言葉の組み合わせや話の構成が、読者のイメージを膨らませる上で有効か考慮する必要があります
視覚芸術 (#visualart)	**視覚芸術について分析、理解し、効果的な表現を実践する** 例)絵画や彫刻などの芸術創作においては、どのような形状、材質、色、などが自分の表現に適切か、鑑賞者が創造性を喚起する上で有効か考慮する必要があります
音楽 (#music)	**音響効果について分析、理解し、効果的にプレゼンテーションに用いる方法を実践する** 例)コマーシャル動画のバックに流れる音楽は、プレゼンテーションの印象に影響を与えます。 巨大サメが人を襲うパニック映画の「ジョーズ」では見えない深海からサメが迫ってくる際のイメージに独特の効果音を用いて効果的に視聴者の不安を助長させています。
マルチメディア (#multimedia)	**ノンフィクション、小説・詩、視覚芸術、音楽などの要素を組み合わせたマルチメディアにより表現方法について分析、理解し、効果的に用いる方法を実践する** 例)複数の表現方法が組み合わさったプレゼンテーションを解釈する際には、それぞれの要素がどのように効果を演出しているのか分析し、視聴者の理解をより促進するのか、混乱を生み出すのか判断する必要があります。

声の効果音を入れたりすることで、「これは冗談なのだ」という印象操作を行って誤魔化そうとしているることにも気がつけるでしょう。

解釈（#Interpretation）を構成するコンセプトを表にしてみたので参考にして下さい。

情報の関連性を分析する

認識の差を埋めるには、その情報を俯瞰的に見たときに、どの立ち位置で発信されたものかを確認することが役に立ちます。この思考動作を助けるコンセプトが**分析レベル**（#levelofanalysis）と**複雑系**（#complexity）です。

ある現象を解釈には、その背景にある個別の事象の関連性を紐解くために、複数の異なる階層や段階に分けて解釈を試行する必要があります。

この思考習慣を「分析レベル」（#levelsofanalysis）といいます。

例えば社会科学における階層分析では、ミクロレベル、メソレベル、マクロレベル、認知科学を切り口にした分析では計算論レベル、アルゴリズムレベル、実現レベルなどの階層があります。いずれの分類でも、一つだけでなく、それぞれの階層において、ある情報はどのような関連性を持っているのか分析することが必要です。

社会科学における階層分類[6]

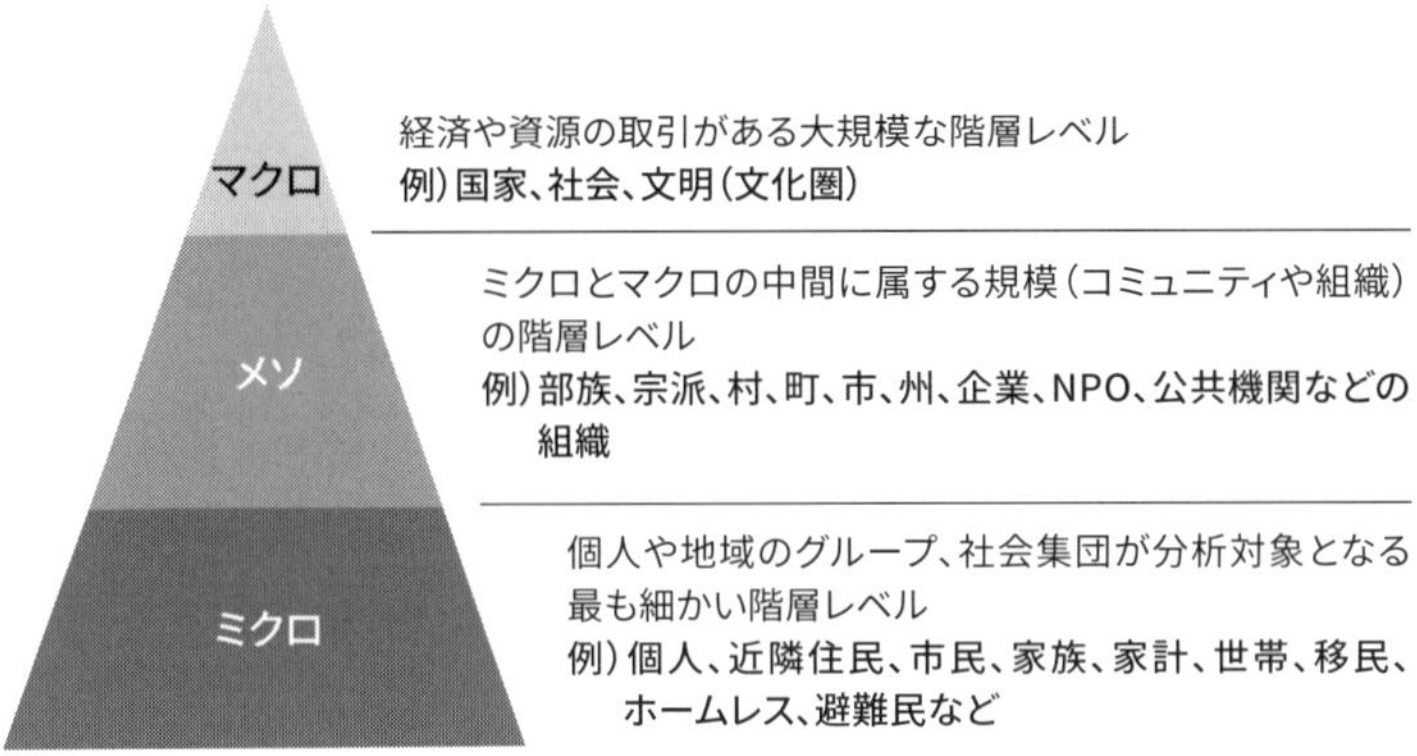

認知科学におけるMarrの分類[7]

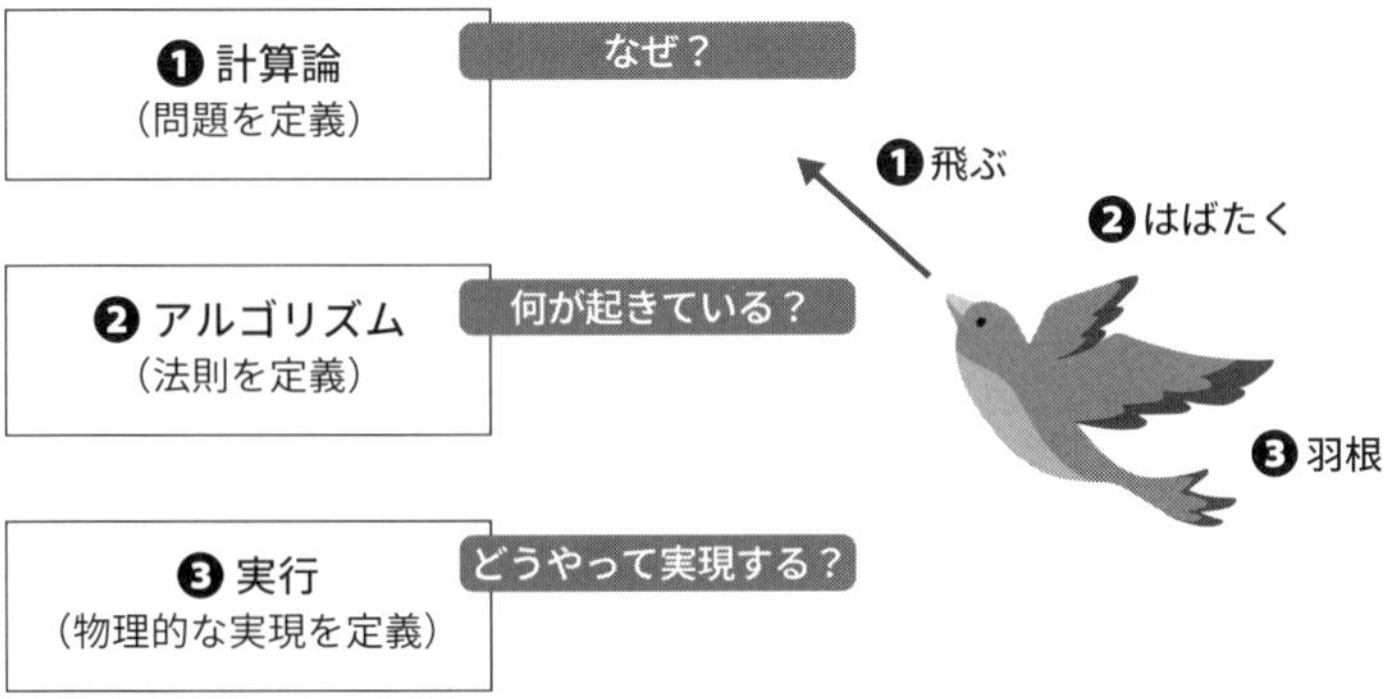

出典："Neuroscience Needs Behavior: Correcting a Reductionist Bias", J. W. Krakauer at el.

（6）https://en.wikipedia.org/wiki/Level_of_analysis

（7）"Neuroscience Needs Behavior: Correcting a Reductionist Bias", J. W. Krakauer at el.

複雑系（#complexity）とは、複数の独立した個体が相互に関係しながらそれぞれの作業を行い、あたかも一つの生命体のように行動している様（例えば、蟻やミツバチの巣や鳥の群れの動き、さまざまな神経細胞が情報処理を行う動物の脳のような組織）を表すものです。

原因と結果が1対1の因果関係をもつ単純化されたものではなく、個別の要素が相互に関係しながら組織の影響を受けつつ、自らも組織の動きに影響を及ぼすため、外部からはその組織の行動が予測しにくい特徴があります。

こうした現象を読み解くためのコンセプトを理解することで、一見わかりにくい事象を読み解くヒントが得られます。

複雑系は、個別の要素や主体同士の相互作用によって生み出される事前予測が難しい行動特性を分析する視点です。よって精密な時計のように、多くの部品を利用した複雑な機構は、その動き自体は予測できるものなので、ここで扱う「複雑性」とは別のものです。

複雑系の研究は現在進行形で発展しており、全体を網羅することはできないのですが、ご興味のある方は英国のダーラム大学がその発展の経緯を年表にして公開しているので、ご参考ください。(8)

ミネルバ大学で取り扱う複雑系は次の五つのコンセプトで構成されています。

(8) https://www.art-sciencefactory.com/complexity-map_feb09.html

マルチプルエージェント（#multipleagent）、
創発的特性（#emergingproperties）、
複数要因（#multipulecauses）、
ネットワーク効果（#networks）、
システム・ダイナミクス（#systemdynamics）

マルチプルエージェント（#multipleagents）とは、ある事象について理解する際に有効な、その事象を構成している個別の要素のことを指します。マルチプルエージェントはこの意味で分析レベル（#levelofanalysis）や問題の分解（#breakitdown）と似たコンセプトです。違いは、マルチプルエージェントは分析レベルや問題の分解のように階層化されている必要はなく、各要素間の関係性を理解するための分解となっていれば良い、という考え方です。

例えば、ある組織を理解する際に、「組織文化がどのように浸透するか」という視点で分解するのであれば、どんな部署があるか、どんな人達が働いているのか、どんな規則があるのか、などという要素分解が適切でしょう。一方で、ある組織を経営戦略の視点で理解する際には、どんな顧客、どんな競合、どんな協業パートナー、自社といった要素が各エージェントとして適切でしょう。

複雑性のコンセプトのイメージ図

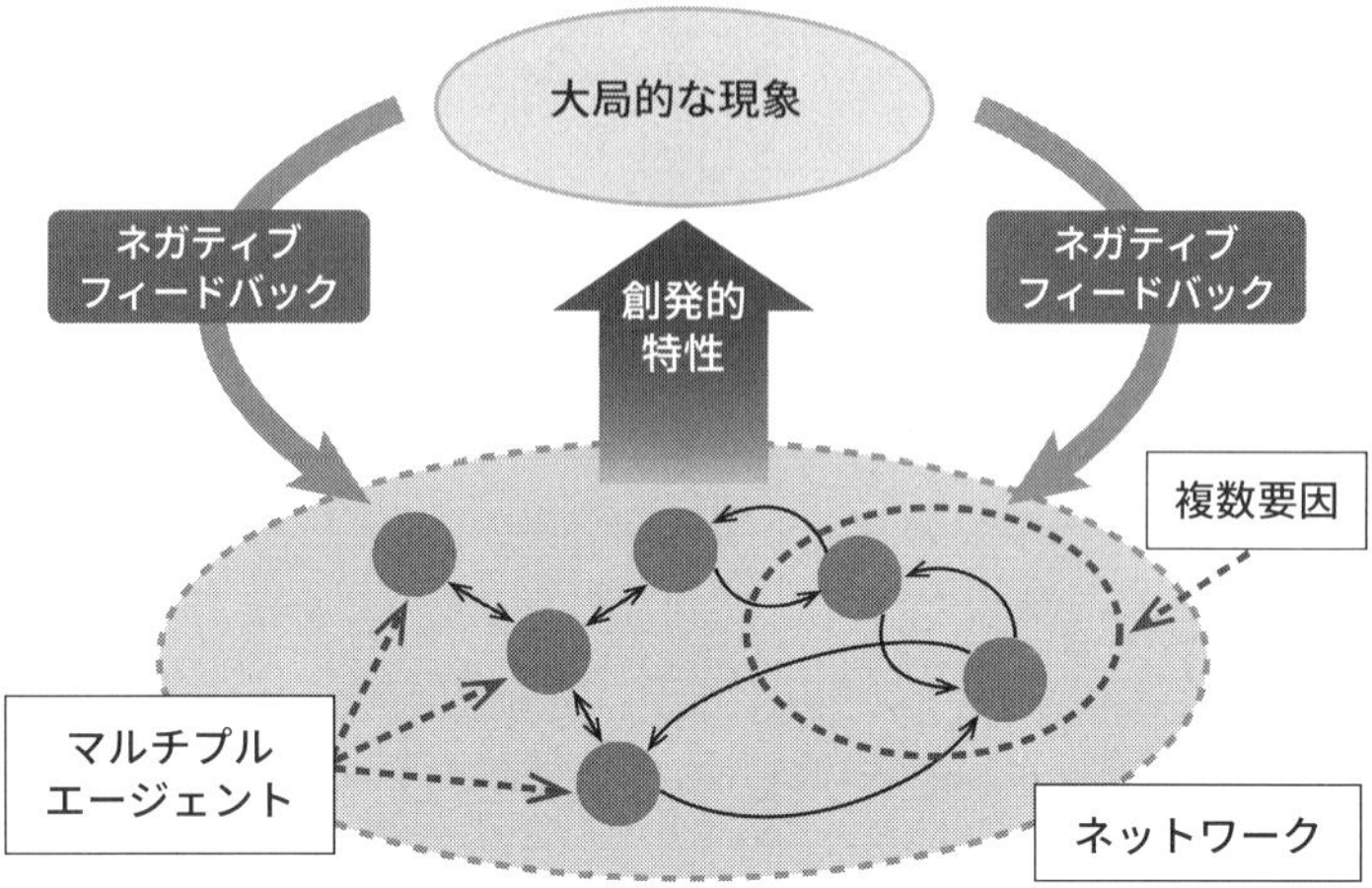

マルチプルエージェントの考え方は、ビジネス組織の分析に応用されています。トム・ピータースとロバート・ウォーターマンが提唱した「組織分析の7S」（組織を、Skills（組織に備わっている営業力などの能力）、Staff（人材）、Style（社風・組織文化）、Shared Value（共有されている価値観）、Strategy（事業戦略）、Structure（組織構造）、System（評価制度・情報の流れなどの組織の仕組み）の7つの軸から分析するフレームワークで前半の4つをソフトの4S、後半の3つをハードの3Sと分類して説明されます[9]）は、いずれの要素も相互に関係しており、一つの要素が変わると他の要素に直接、間接的影響があり、ある施策を実行した際の他の要素への影響について予測することは容易ではないことを理解する上で、役立ちます。

（9）"In Search of Excellence: Lessons from America's Best-Run Companies", Thomas J. Peters and Robert H. Waterman, Jr.

7Sフレームワークが世に提唱されたのは1982年ですが、複雑な組織においてどのように組織の改革や行動スピードを速めることができるか、という経営課題が活発に研究、実行されるようになりました。階層構造に基づいたコミュニケーションの部門間の壁に横串を通すクロス・ファンクショナルチーム（あるプロジェクトに、営業、マーケティング、財務、製造、技術など、さまざまな部門から選抜チームを形成し、部門とは切り離して職務を実行する方法）などが実行されるようになっています。

また、市場環境の変化が速く、成長速度が著しい情報産業におけるAirbnbのようなベンチャー企業では、仕事はプロジェクト単位で行うことが増え、ホラクラシー[10]といった役職を廃止し、プロジェクト毎に参加者が規則を設計・合意して運用する方法や生命科学の概念を応用したティール組織のように高い個人能力を持った人達による自律分散系のネットワークが生産性の高い仕事を遂行する、という主張まで発展してきました[11]。

複数要因（#multipulecauses）はその名のとおり、ある事象を引き起こしている原因は一つではなく、複数の要因が組み合わせって起きる、という考え方です。

当たり前すぎるように聞こえるかもしれませんが、実際には、私達は一つの原因に囚われて適切な判断を得ることができないことがよくあります。

(10) "Holacracy: The Revolutionary Management System that Abolishes Hierarchy", Brian J. Robertson

(11) "Teal", Frederic Laloux

ピーター・センゲ教授は「学習する組織」という著書の中で、「システム思考」という考え方を紹介しています。

これは、原因と結果を自分の行動によって影響を受ける主体（マルチプル・エージェント）との関係性に注目し、一方通行のアクションで終わらない、循環型の因果関係を描き出すものです。

センゲが取り上げた事例を一つご紹介します。

あるトレーニング・サービスを提供する組織において、「燃え尽き症候群」を減らす目的で勤務時間を短縮する通達を行いましたが、問題は解決しませんでした。その理由は、「直接、見えていない原因」に注目していなかったことでした。

センゲ教授は、複数要因を考慮した原因分析を行った結果、社員達には、「本気で会社のことを考え、組織の中で真に抜きん出た社員になるには、週70時間労働をこなす、という不文律」のような社員のモチベーションが存在していたのです。(12)

複数要因についての感度を上げるには、物事の因果関係を1対1の関係ではなく、関連する分野との相互関係や、ある主体の変化がもたらす他の主体への影響を示す関係図（フィードバック・ループと呼ばれます）を描くことが有効です。

複数要因というコンセプトを理解していても実際に、それらを特定することは容易ではありませ

(12)「最強組織の法則―新時代のチームワークとは何か」p.110

ん。ミネルバ大学で紹介されている、実践的な知恵を日々の活動の中で実践を繰り返すことが、気づきの感度と精度を磨く近道になります。

創発的特性（#emergingproperties）は、各要素自体にはないけれど、各要素の相互反応によって生み出されるものを指しています。

創発的特性を発見するヒントとなるのは、分析レベルである階層に存在しているけれど、その下の階層には存在していないものを発見する習慣です。

創発的特性のコンセプトでは「1＋1は2よりも多い」と考えます。分かりやすい例は「意識」です。意識は神経細胞同士の相互作用によって発生し

単純な因果関係と複数要因の考え方―燃えつき症候群の例

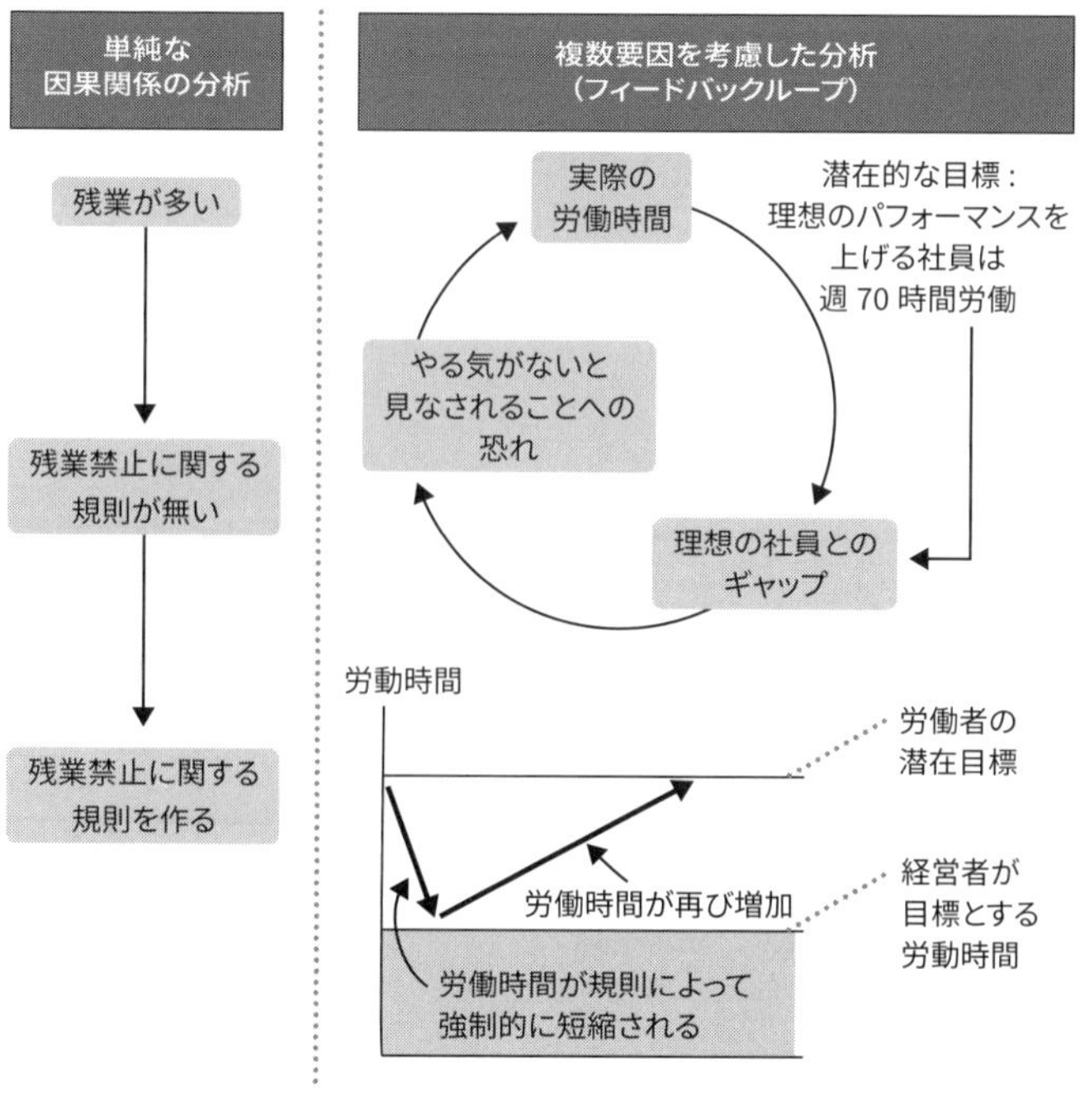

ますが、各神経細胞が意識を持っているわけではありません。

ビジネスの世界で、ブレインストーミングなどのアクティビティを通じて個々の人のアイデアが組み合わさることで、それぞれの個々人には発想できなかった構想が生まれるようなものです。創発的特性の優れた使い手は、ブレインストーミングによって生まれてきた新しいアイデアは、どのようなエージェント同士の作用によって発生したのか、理解できるのではないでしょうか。

企業が異業種交流会やさまざまなスタート・アップにオフィスを解放して、オープン・イノベーションなどのイベントを開催する背景には、創発的特性の発生を期待しているから、とも言えます。

ネットワーク効果（#networks）とはある情報や行為が同質性をもつ集団の中で拡散し、伝播していく効果のことです。

ネットワーク効果を確認するためには、ある現象が拡大しているときに、その現象が起きている対象同士にどのような繋がりが存在するのか見極めることと、繋がりによって強化されている現象の拡大の鍵となっている要素は何かを見極めることです。

ＳＮＳの利用が浸透し、自分と異なる意見を見ないような設定が可能になると、同質性の高い集団の形成が容易になり、すでにご紹介した確証バイアスや疑似科学について、自分の信じたいもののを趣向し、異なる意見には敵対的な対応を取りやすくなる傾向があります。

集団において「空気を読んで相手の喜びそうなことを発言させられたり、行動させられたりする」ことを「同調圧力」と表現します。ネットワーク効果の概念を用いて考えると、こうした同調圧力が発生するメカニズムは、一定の方向性を強要される組織に所属し、自分の自由な発想を共有すると迫害される可能性を感じた実体験などが積み重なることで、強化されていくことが推定されます。

こうした負の効果が拡散されていると個人の創造性は奪われて、同調することで自分の立ち位置を守ろうとする心理が働き、組織の活気が失われます。

システム・ダイナミクス（#systemdynamics）はシステム全体が時間軸によってどのように変化するのか、動的な分析することです。

このコンセプトを習得するには、複雑系の他のコンセプトを理解しているだけでなく、時間によって変化していく要素（エージェント）を特定し、どのように変化するか変数（#variables）を設定して、シミュレーションを行う考え方です。1950年にマサチューセッツ工科大学（MIT）のジェイ・フォレスター博士によって提唱されました。

複雑系の研究が進むまで、組織分析や戦略分析は定点観測が主流でしたが、コンピューターの高性能化と共に、さまざまなマルチプルエージェントが起こす相互のやりとりを動的に分析し、未来を予測したい、というニーズが強まっています。変化の速い現代社会では単に分析フレームワークを知っているだけでなく、それを用いて複数の成長シナリオ、コンテンジェンシー計画（事業が予期せぬ外部要因なので、下降局面に入ったときの事前準備）を立案できることが、将来のリーダーには求められています。

システム・ダイナミクスを分析するためのソフトウェアはシステム・ダイナミクス学会[13]に一覧があります。また、こうした分析ツールを用いて、実際にさまざまな企業や行政機関で実施されたケースも公開されていますので、参考にしてください。

また、システム・ダイナミクスを疑似体験するためのツールとしては「ビール・ゲーム」というケースがあります。これはＭＩＴの経営管理学修士コースで開発されたもので、小売業者、卸売業者、ビール会社の3者に別れて、ロールプレイ形式で、あるビールのサプライチェーンについてのシミュレーションを体験しながら、物流システム全体がどのように変化していくかを分析するものです。こちらは、システム・ダイナミクス学会から入手できます。

これで「認識の差を埋める」思考動作に関するコンセプトはおしまいです。次は情報に対して自分がどのように対応するか、「判断の優先順位をつける」思考動作に有効なコンセプトをご紹介します。

(13) https://www.systemdynamics.org

第5章

判断の優先順位をつける

――Weighing Decision in Thinking Critically

判断の優先順位をつける(Weighing Decision)

情報を検証し、認識の差を埋めて、情報発信者の意図を見極めた後にくる思考動作が「判断の優先順位をつける」です。

判断の優先順位をつける思考動作は、リアクション（返答・行動など）を選ぶ際に、導かれた「言わんとしていること」に対し、複数の考えられる反応を描き、自分が置かれている状況を加味しながら、それぞれのメリット・デメリットを比較する作業です。図のようなコンセプトで構成されています。

譲れない判断軸を意識する

判断をする上で、最初に確認するべきことは、自分達の価値観や譲れないものを意識することです。そのために**目的**（#purpose）と**最優先事項**（#firstprinciple）というコンセプ

判断の優先順位をつけるコンセプトの関係イメージ図

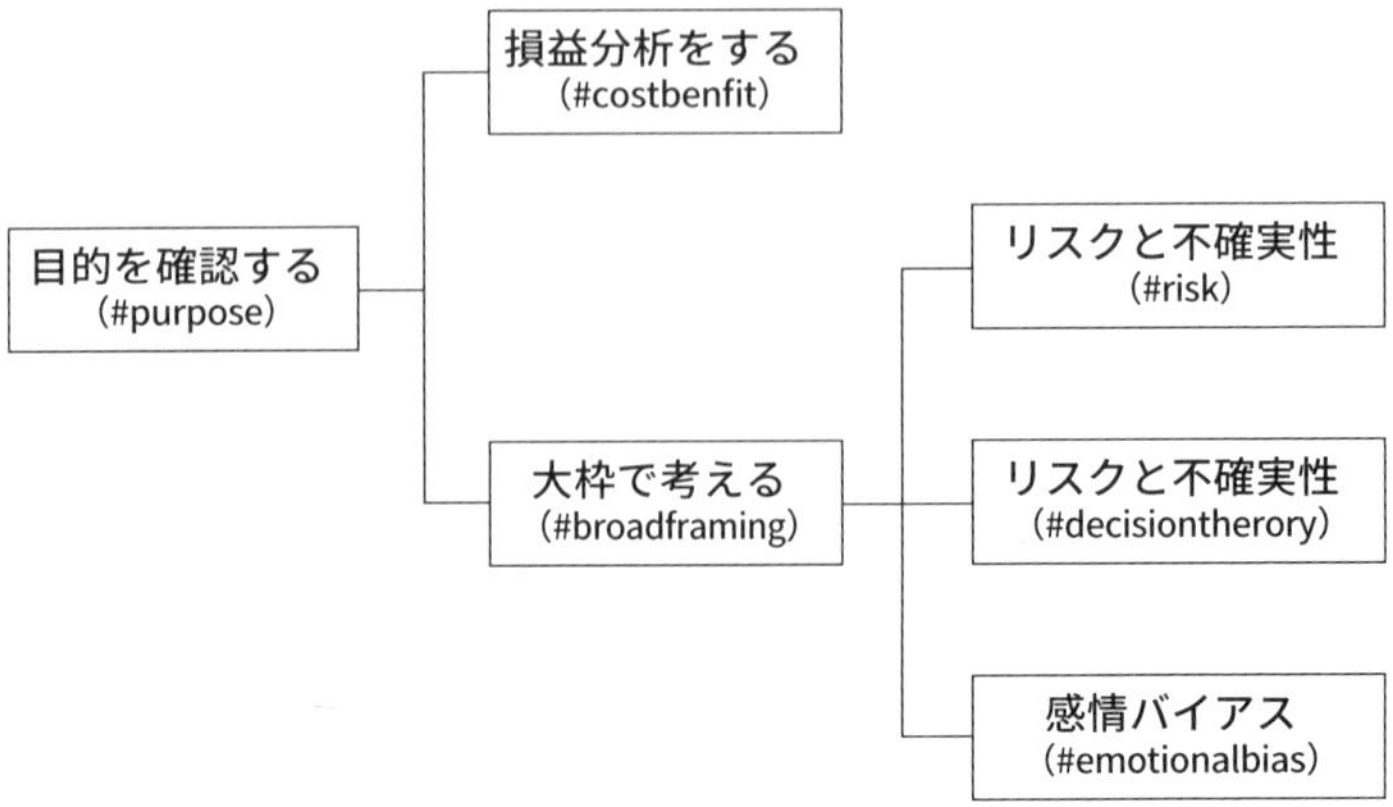

トがあります。

自分達が目指している到達目標や前提としている価値観は何か。自分の判断が価値観に照らして、どのような影響を与えるか特定、評価します。

その上で、自分がこれから行う主張が個人またはグループの目的に対してどのような効果が期待できるか立ち止まって考える思考習慣が目的（#purpose）です。

多くの組織がビジョン、ミッション、目標、といったものを掲げていますが、その意図は、組織の存在目的を定め共通の認識を持って仕事を進めるためです。

目的を明確にもつことの重要性についてよく紹介される事例があります。ケネディ大統領がNASA（米国航空宇宙局）訪問した際に、入り口にいた清掃員に対して「あなたは、何をされているのですか?」と訊ねたところ、「大統領、私は人類を月に送り出す仕事をしているのです」と答えたという逸話です。

目的（#puropose）が「何のために（for What）」行動するか、という判断軸であるのに対し、**最優先事項**（#firstprinciple）は「どのように（How?）」行動するか、という判断軸です。自分達が譲るべきではないこと、どのような手段を用いるかという考え方です。行動指針や規範といったほうが分かりやすいかもしれません。

こうしたものを設定する能力を備えていないと、極端な場合、目的を達成するためには手段を選ばずといったことが起こります。かつて「世界一の品質」を自他共に認識していた日本の製造業で、多くの品質偽造が起きている背景には「最優先事項を確認する」という思考習慣が、いつの間にか達成すべき数値目標よりも下がってしまっているからです。

米国のフロリダ州にある「スチューデント・メイド」という清掃会社は業界平均約75%の離職率で低賃金の仕事にも関わらず、業界をリードする低い離職率と才能ある若者が就職を希望する「奇跡の会社」として注目されています[1]。この会社は優秀な成績の学生を雇い、時として劣悪な環境でも優れた品質での清掃業務を請け負うことで急成長したのですが、その秘密は徹底した従業員エンゲージメントにあります。

同社は、厳しい行動指針を設定しています。採用の際には、行動指針を守れる人かをもっとも重視しているそうです。しかし、採用後は、独自の業務評価をフィードバックする仕組みを設け、従業員が行動指針を守れるように、リーダーシップ研修などを行い、エンゲージメントを高めています。

組織が大きく複雑になってくると、個人の目的と所属している組織の目的は、必ずしも一致しないことが多くなります。皆さんは、仕事で意思決定を行う時、所属する組織での存在目的、行動規範などを意識していますか。

(1)「離職率75%、低賃金の仕事なのに若者が殺到する!奇跡の会社」(クリステン・ハディード)

実は、世論調査や人材コンサルティングを手掛ける米ギャラップ社が2017年に報告した「世界各国の企業を対象に実施した従業員のエンゲージメント（仕事への熱意度）調査」によると、日本は「熱意あふれる社員」の割合が6%しかないことが分かっています。これは、米国の32%と比べて大幅に低く、調査した139か国中132位と最下位クラスでした。

目的や最優先事項はコンセプトとしては目新しくはありませんが、リーダーとしては逃げてはいけないものであり、これにしたがった意思決定を行うのは、「言うは易し、行うは難し」なのものです。

スチューデント・メイド社の表

行動指針	内　容
道徳心を忘れない	有言実行、常に真実を語ること
パンチをかわす	計画どおりにいかないときは、柔軟に対応する
火の輪をくぐる	決められたことをやるだけでなく、それ以上の行動を起こす。クライアントのためだけでなく、常にチームメイトのために
責任を全うする	自分の行動が周囲に与える影響を理解する。個人の欲求よりチームの利益を優先させる
礼を重んじる	相手に敬意を払い、分別を持って言葉を選び、元気のあるポジティブな意識を持ち続ける
当事者になる	自分の仕事と判断に責任を持つ。スチューデント・メイドを自分が経営しているつもりで考える
創造性のドラゴンを解き放つ	既存の考えにとらわれずに問題解決に取り組み、新しいアイディアを育てる
ペイ・イット・フォワード	情けは人のためならず。コミュニティに恩返しするのは、義務ではなく、コミュニティのことを心から思うからだ。世界をよりよくしよう
今声を上げるか、一生黙っているか	チーム内で常にオープンなコミュニケーションを取る。あらゆる不安や疑問、意見、批判、称賛を、常に言葉で伝える
志を高く	スチューデント・メイドで働くのは、スチューデント・メイドを愛し、信じているからだ。会社の成長と繁栄のために、最善を尽くそう

どんな実益があるか考える

自分の判断が自分や関係者にどのような利益／不利益を与えるのかを分析するのが**損益分析**（#costbenefit）というコンセプトです。一般に損益分析は経営や会計学の世界で売値から費用を差し引いて利益が残るか、損失が発生するかを判断する際に用いられますが、経営分野以外にも応用できます。損益分析を考える際に押さえておくべき構成概念は次の４つです。

効用（#utility）
基準利益（#payoff）
埋没費用（#sunkcost）
割引（#discounting）

効用（#utility）とは経済学の世界では各消費者が財やサービスを消費することで得られる主観的な満足の度合いのことを指します。

一方、ミネルバ大学では、判断の優先順位をつける上で、判断によって影響を被るすべての関係者の利益／不利益を現在と将来を含めて分析すること、という意味でこのコンセプトを用います。

実際にケースを用いて感覚を掴んでいただきたいと思います。

CASE 13-1

次のような状況で、関係者の効用を把握してみてください

あなたは、卒業した大学の同窓会イベントの幹事を務めることになりました。イベントは過去10年近く大学の近くにある社交クラブを会場に行われてきました。

ところが、開催2週間前になって、この社交クラブの担当者からあなたに、同窓会イベントの会場費を2倍に値上げしないといけなくなった、という連絡がきました。どうやら、今までは、その社交クラブの社長が同窓生で、便宜を図っていたのですが、不祥事で会社を追放され、新しく社長に就任した人からは、「そんな安い費用では受けられない」という指示があったそうです。

同窓会のイベント案内は既に発送済みで、いまさら会場を変更するのは不可能です。それに200名近い参加予定者に大幅な値上げを要請するのは、気が引けます。参加者の中にはあなたの会社の大口取引先の重役もいて、「毎年、あのイベントに参加するのは数少ない楽しみの一つ」と聞かされています。

あなたは、この担当者の対応に大いに憤慨していますが、彼女を叱責したところで問題が解決しないことも理解しています。

ここは、関係者の効用を整理して、解決の糸口を図ってみよう、と考えることにしました

この問題で効用を理解すべき関係者は以下の3つの主体です

1. 同窓会の幹事（あなた）
2. 社交クラブの新しい経営者
3. 同窓会の参加予定者

まず、あなたにとっての効用は次のようなものが考えられます

・追加分の費用（不利益）
・使い慣れた施設を利用できる（利益）
・別の施設を探し、交渉・手配する手間が省ける（利益）

次に社交クラブの新しい経営者にとっての効用を考えます

・10年来の利用客を失うこと（不利益）

・急な値上げで利用客の不満が広まり、評判が下がること（不利益）
・値上げによる収益増（利益）

最後に同窓会の参加予定者にはどんな効用があるでしょうか
・追加分の参加費用（不利益）
・使い慣れた施設を利用できる（利益）

このように、関係者の利益／不利益を洗い出した上で、社交クラブの担当者と再度打ち合わせをしてみたらどのような結果が得られるでしょうか。

効用（#utility）は、他の思考習慣の精度を高める重要なコンセプトでもあります。例えば、「統率／協調力―交渉・仲裁・説得」の思考習慣と関連性では、利害調整を行う際に、誰がどのような時（場合）に、どのような利益を得る／不利益を被るかを予測した上で総合的な判断を導くことためのの基礎的な能力となります。

また、効用を上手く用いるためには、複雑性のコンセプトである、マルチプルエージェントや複数要因について理解していることが有効です。各エージェントがどのように作用するのか（ゼロサムゲームのような、勝者総取り系の状況なのか、あるいは特定の結果によって、一部のエージェントの効用が向上する可能性があるのかなど）、といった視野を持つことで効用の探索精度を向上できます。

損益分岐点（#payoff）は会計の世界で費用と収益がイコールになる点を意味しますが、判断の優先順位をつけるコンセプトとしては、「自分の判断が、それを伝える相手が満足できる意思決定にどのような影響を与えるか考慮すること」となります。自分がある結果を導きたい時、どのような動機付けが可能になるのか、ということを判断する際に利用できるコンセプトです。

効用の際に利用したケースを引き続き利用して、考えてみましょう。

CASE 13-2

各関係者（あなた、社交クラブの経営者、同窓会の参加予定者）にとって受け入れられる内容を考えてみましょう。

あなたにとって、2倍の費用増加は受け入れられません。自分の懐を炒めるのは本末転倒ですから、参加者に事情を説明して、参加費用の増額を要請することになります。その際、幹事としての管理責任はあるものの、直近の連絡など、社交クラブの対応のまずさの方が要因としては大きいので、この点を強調して、社交クラブの経営者からの譲歩を引き出すのが良さそうです。

一方、社交クラブの経営者からすれば、前の社長が赤字のイベントを受注していたわけですから、なんとかして費用増加は受け入れてもらわなければいけません。

しかし、あなたが出してきた社交クラブが憂慮する不利益として、今回のイベントが中止になったり、他の会場に移ったりした時に、今回だけでなく他のイベントを含めた将来の顧客獲得に影響する可能性を考えます。200人を収容できるスペースを2週間以内に手配するのは、幹事に大きな負担をかけますし、参加者の中には有力な政治家や企業経営者がいます。ここは一気に赤字を補填するよりもサービス内容を調整してコストを下げながら、値上げ幅を圧縮した方が良さそうです。さっと調査してみたところ、1・5倍程度の値上げであれば、競合するイベントスペースを提供業者と同程度の価格帯であることがわかりました。この程度の値上げであれば、なんとかコストを吸収しつつ、幹事であるあなたにも理解が得られそうです……。

いかがでしょうか。あてずっぽうに交渉するよりも、損益分析というコンセプトを意識しながら準備するメリットをご理解いただけたでしょうか。

埋没費用（#sunkcost）も経済学では「回収することができない費用」を意味し、あるプロジェクトの継続是非を決める際の意思決定はこれから発生する費用と収益の比較で行うべき、という脈略で用いられるものです（ただし、行動経済学者が埋没費用という言葉を用いる際には、「人は回収できないとわかっていても過去の投資を失敗として確定させたくないために、投資を打ち切ることができない」、という意味で用いられることがあるので注意が必要です）。

このコンセプトを理解する最も分かり易い事例は、株の売買における損切り行為の意思決定でしょう。

順調に上昇してきた株価がある時、大きく値下がりした際、売るか、持ち続けるかの判断において、冷静に対象企業の状況分析を行うことを避け、「また上昇するかもしれない」という願望に基づいて同じ株を持ち続けることは、株運用では最も避けるべきこととされています。

一旦、損失を確定させた上で、別の株価上昇が期待できる銘柄を購入することが望ましいと考えられています。

ただ、実際に自分が購入した株に思い入れがある場合、冷静な判断ができなくなって、売るタイミングを逃したまま損失額が大きくなる事例は初心者の個人投資家の間ではよく聞かれる話です。

さて、効用のコンセプトで利用したケースで埋没費用のコンセプトを利用できる場面を考えてみましょう。

CASE 13-3

今回も、関係者それぞれの効用は同じです。

ただ、違うのは、社交クラブの経営者はあなたの考える損益分析に同調しないケースです。

社交クラブの担当者によれば、新しい社長は、前社長が便宜を図っていた事実と、それに甘えて安価な費用で10年に渡って施設を利用してきた同窓会組織に対しても嫌悪感を抱いています。2週間前に値上げの通達をしたとしても、他の施設を探せない可能性はゼロではないし、自分達の対応が悪いという噂がたっても、それは前社長の便宜とそれに甘えてきた同窓会組織による攻撃だ、と主張する、とのことでした。新社長としては、本来であれば、過去の赤字分も請求したいぐらいだ、という剣幕だったそうです。

あなたは、交渉を考え直す必要がありそうです。

明らかに、新社長は埋没費用のコンセプトを理解していません。

過去10年分の価格は、前社長の便宜だったかもしれませんが、会計上も既に赤字が確定していることで、取り戻せないので、今回のイベントを受けるか、将来の利益はどうなるか、という視点で交渉を考えなければなりませんが、その視点が欠けています。

さて、あなたはこのような相手と交渉を続けるべきでしょうか。

さしあたり、今年はサービス内容をダウングレードするなりして、値上げ分を圧縮してもらうか、参加者に参加費用の値上げを通知することで対応するほかなさそうです。そして（担当者が嘘でも付いていない限り）、新社長に心地よいサービスの提供を期待することは難しそうなので、10年間続けてきたとはいえ、新しい場所を探すほうが賢明です。ここでも埋没費用という考えが、社交クラブの社長とは、別の意味ではありますが、利用できます。10年間続けてきた蜜月関係ですが、状況が変わったので、翌年以降もこの場所を使わず、新たな場所で、新しい企画を実行していく機会を得た、と考えを切り替えるのです。

いかがでしょうか。埋没費用とコンセプトを情報判断力に応用すると、交渉のプロセスをどう進めるべきか自分の中で整理しやすくなる感覚がつかめましたか。

割引（#discounting）という概念は主に投資の世界で「将来の価値を現在の価値に割り引いて考える必要がある─同じ1円でも現在の1円は将来の1円よりも価値がある」という割引現在価値の考え方に近いです。

投資の世界では、今日100万円受け取るのと1年後に110万円受け取ることが同じ価値があると考えるなら、割引現在価値の割引率は年率10%ということになります。

企業買収の世界では買収する会社が将来生み出すであろう利益額を一定の割引率で算出して、買収価格を決めます。

「判断の優先順位を決める思考動作」において、割引の概念を用いる時は、自分がどれくらい初期投資する価値があるのか、という脈略で使えると良いでしょう。

行動経済学の世界では、人の習性は放射能の半減期のように一定の割引ではなく、「遠い将来なら待てるが、近い将来ならば待てない」という考えが支持されています。

今日と明日の違いは、明日と明後日の違いよりも大きいのです。

もし学校で気の合いそうな面白くて聡明な人がいたら、少々自分の時間を犠牲にしてでも友人になっておきたい、という人間の心理は割引という概念を無意識に発動しているのかもしれませんね。

不確実性とリスクを使い分ける

ミネルバ大学は**リスク**（#risk）というコンセプトを「リスクと不確実性の影響を特定、分析できること」定義しています。

不確実性というものが未知の結果について考察するものであるのに対し、リスクは確率で表すことのできる（好ましいことも好ましくないことも含めた）、予測される事態のことを示しています。不確実性はコントロールすることが難しい一方で、リスクについて備えることで、その影響を緩和することができます。

例えば、化学産業では一つの製品の開発期間が10年以上かかることも珍しくないので、新製品の需要予測にはリスクや不確実性を考慮した計画値を設計することが求められます。

リスクについては関連する市場調査や需要に影響を与えそうな要素を選び、いくつかのシナリオに基づいて数値を設定していきます。こうしてできあがった将来予測の内、ディスカッションなどを経て、最も確からしいシナリオを決めます。優れたシナリオ・プランニングを実践する会社は通常ならそこで需要予測の作業は終わりになりますが、そこから不確実性に対する備えを考慮する計画の策定作業を行います。これは、リスクを含んだシナリオから強制的に各パラメーターを上下に数%ずつ振ります。

ここに計画者の主観（「さすがに、ここまで振れることはないだろう」という思い）を入れることは許されません。強制的に設定された上下に振れた計画に対しても、どのように人・モノ・カネを配賦するのか計画を立てるのです。

こうすることで、不確実性に対しても備えようという配慮がなされていたのです。

大枠で考える（#broadframing）というコンセプトは、物事を分析する際に一つの事象、一つの解釈ではなく、複数の事象の中の複数の解釈として捉える考え方です。

株式投資の格言に「全ての卵を一つのバスケットに入れるな」というものがあります。同じ金額でも分散投資することで、一つの銘柄や業界への投資がうまくいかなくても、他の銘柄や業界に幅広く投資しておくことでその損失を回避できる、という考え方です。

人は、物事を分析する際に、ひとつひとつの要素を細かくみて心配する傾向がありますが、株式のトレーダーのように損失が発生しても、それは全体の運用ポートフォリオの一部に過ぎない、という意識を持つことで、一つの株の失敗をその株の運用で取り戻そう、という狭い枠に囚われた考えから解放されます。

　こうした考え方は、株式の運用だけでなく、多くの部門から成り立つ大企業のマネジメントにも応用されています。ダニエル・カーネマン教授は「Thinking, Fast and Slow」という本で、ある大企業の25部門の部長と意思決定についての討論をしたケースについて紹介しています[2]。

　「現在、自分に裁量権のある金額を失う可能性と倍になる可能性が等しい選択肢があるとしたら、どうするか」と部長たちに質問したところ、全員が「そのような危険なギャンブルはできない」と答えた。そこで、同席していたその会社のＣＥＯに対し、「あなたならどうす

(2)「ファスト&スロー——あなたの意思はどのように決まるか　下巻」（ダニエル・カーネマン）P.161

――るか」とたずねた。するとCEOは躊躇なく、「全部のリスクなら喜んで引き受ける」と答えた。

これは、一つひとつの個別事業の責任者が損失回避的な行動を取るのは合理的に見えますが、全体を統括する立場であるCEOから見れば、成長のチャンスと捉えることができるからです。

全ての事業部において等しい確率でリスクがあるなら、大きく赤字になる部門もあれば、黒字になる部門もあります。これはCEOにとっては「全体としてのリスクは緩和される」と考えられるため、よりリスクを取って成長のチャンスに賭けよう、という判断をするのです。

意思決定の理論を活用する

判断の優先順位を決める上で、有効な意思決定支援のツール（#decisiontheory）について**デシジョン・ツリー**（#decisiontrees）と**効果的なヒューリスティクス**（#efficientheuristics）という2つのツールを紹介します。

意思決定支援のフレームワークにはデシジョン・ツリーの他にも統計データやアルゴリズムを利用したオペレーション・リサーチ理論、階層分析法（Analytic Hierarchy Process）やゲーム理論がありますので興味を持った方は調べてみてください。

ある製品開発におけるデシジョン・ツリーの例

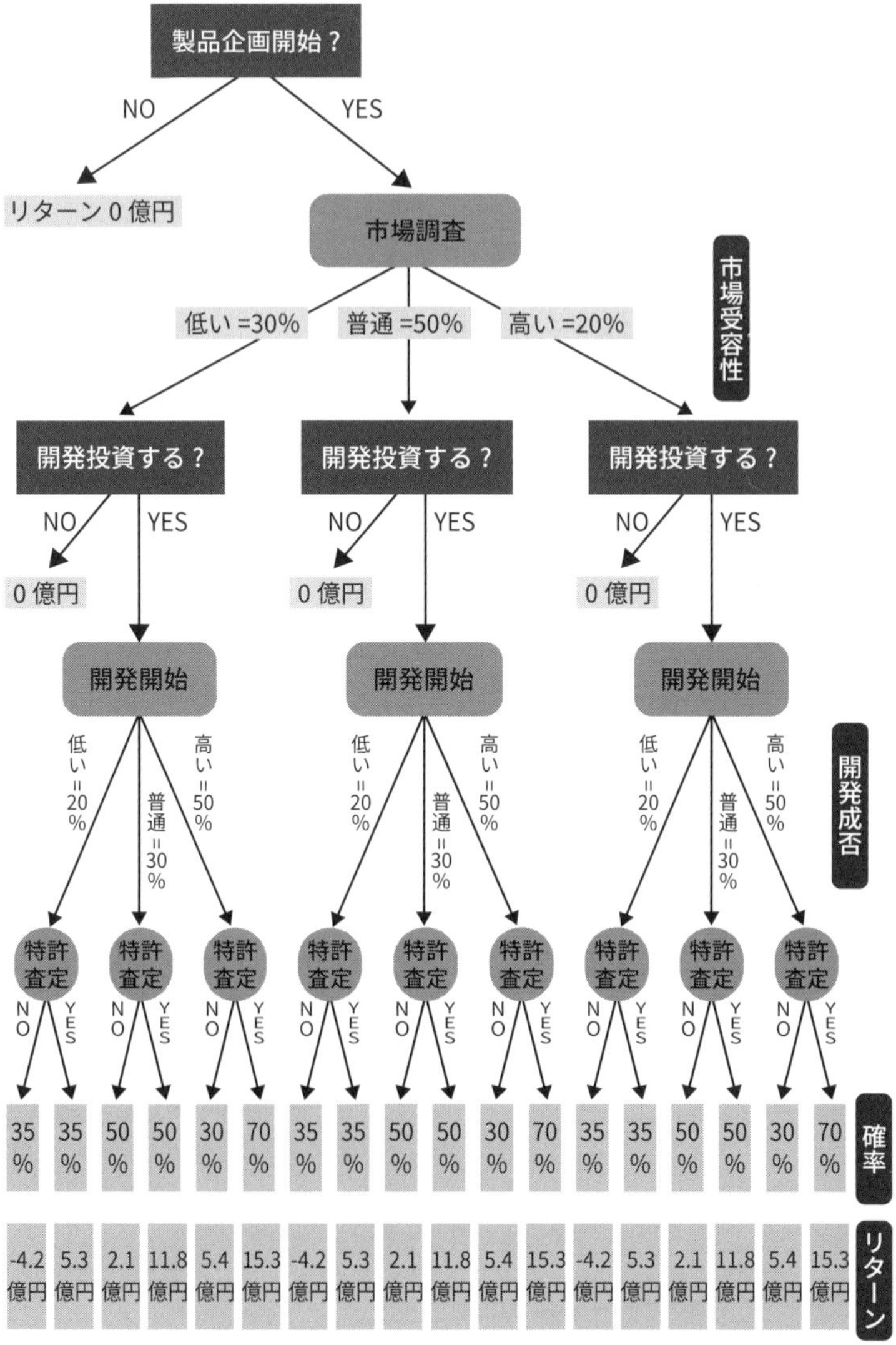

デシジョン・ツリー（#decisiontrees）とは意思決定を行う際に取り得る選択肢を書き出していく作業です。こうした作業を通じて、判断を行う際に必要な要件の抜け漏れがないか確認したり、それぞれの選択肢がどのような結果をもたらすのか、ディスカッションしたり、整理したりすることができます。

一般的に意思決定と不確実性に関する事象を全て描いていく樹形図のような形となるのでこのような名称がついています。（図のようなイメージになります[3]）

意思決定と不確実性事象のパターンを作成し、それぞれの選択肢の起こり得る確率をベイズ確率で計算し、期待収益を算出、比較するのが一般的なデシジョン・ツリーの作り方です。無料の作成ツールなどもインターネット上で入手できるので、試してみることもお勧めします。

デシジョン・ツリーは応用範囲が広く、問題解決の際に利用するアルゴリズムやシミュレーションの考え方を整理する際に使用できます。

次に、**効果的なヒューリスティクス**（#efficientheuristics）というコンセプトをご紹介します。判断をする際にヒューリスティクスを適切に用いることで意思決定の時間を短縮する、というコンセプトです。

ヒューリスティクスという言葉は、論理学の分野では「仮設形成法」と呼ばれるもので、「必ず正しい答えを導けるわけではないが、ある程度のレベルで正解に近い解を得ることができる方法」

（3）ミノル国際特許事務所「ベインジアン決定理論を用いた新製品開発のデシジョンツリー」を参考に筆者作 http://minorutokkyo.com/service/management/analysis.html

です。ヒューリスティックスでは、答えの精度が保証されない代わりに、回答に至るまでの時間が少ないという特徴があります。主にコンピューター・サイエンスと心理学の分野で利用されます。

コンピューター・サイエンスの分野では、プログラミングにおいて計算の優先順位を指示する際の方法であり、心理学では陥りやすい人間の思考法を指すものとして使用されています。ミネルバ大学でもヒューリスティクスに関するコンセプトはいくつか出てきますが、コンピューター・サイエンスで利用される時と心理学で利用される時のニュアンスが異なることに注意してください。

効果的なヒューリスティクス（#efficientheuristics）は、コンピュータ・サイエンスにおける解釈に近く、ある課題に対する判断をする際、これ以上深掘りするよりも時間を優先する場合に用いられます。

問題の分析のコンセプトに「問題の分解（#breakitdown）」というコンセプトがありますが、どこまでも細かく分類していくよりも、ある程度の分解と重要度が決まったら、重要度の高い課題に集中した方が良い、という考え方です。

ビジネスの現場でヒューリスティクスを効果的に使っている事例は、「20／80の法則」があげられます。

これは経験則でだいたいどのような商売でも2割の顧客が売上の8割を占めているので、販売促進策を立案する際には、この2割の顧客に効く施策を立案するのが手っ取り早く効果を上げる方法と考えられています。

効果的なヒューリスティクスの例は、意思決定のチェックリストを作成しておき、それを共有する、といった形でも利用されています。抜け漏れはあっても、全体の流れに大きな影響がないのであれば、見逃しても構わない、というスタンスを共有しておくことで、迅速な意思決定を導けます。緊急事態の際の対応チェックリストなどはその有効活用事例です。

デシジョン・ツリーや効果的なヒューリスティクスのようなコンセプトが注目されるようになってきた背景には、より変化が速く、不確実性が増している世界で、どのような意思決定を導いていけば良いか、という時代の要請があります。

複雑系のような、今起きている現象からどのような創発的現象が起こり得るかを探求するには、厳密な科学的根拠が求められる還元論的なアプローチよりも、ネットワークや複数のエージェント、要因の相互作用を分析する構成論的なアプローチを支えるための思考ツールが必要です。

従来であれば、複雑系のような複数のエージェント、要因の相互作用を分析するには膨大な時間と労力が必要でしたが、コンピューターの処理能力が高速化してきたこと、アルゴリズムやプログラミングのビジネスや研究での利用が浸透・蓄積してきたことから、デシジョン・ツリーや効果的なヒューリスティクスのようなコンセプトは、より多くの現場で実践されるようになっているのです。

心理的影響を考慮する

さて、「判断の優先順位をつける」の最後のコンセプトは、**感情バイアス**（#emotionalbias）は、判断をする際に、自分の心理状況が判断に影響することに留意することです。

自分のソーシャルメディアでの投稿に対して、見ず知らずの誰から揚げ足を取られたようなコメントをされたりしてイライラしている時に、自分を小馬鹿にするようなコメントが届くと、我を忘れて、怒りに任せた返答をしてしまった経験はありませんか。

また、最近は百貨店でも押しの強い接客は少なくなったように思いますが、それでも店員に褒められて、つい購入する予定ではなかったものを買った経験は誰にもあるのではないでしょうか。

このように人の判断は感情に影響されやすいことがわかれば、感情が高ぶっている時には一旦、その状況から離れて、冷静になってから判断するという、行動を習慣化するきっかけになります。

感情バイアスの種類について表にまとめていますので参考にしてください。

主な感情バイアスの例

感情バイアスの種類	内　容
喜怒哀楽	怒りや哀しみ、喜びや楽しい時につい挑発や誘導に乗せられてしまう
損失回避	10%の売上上昇よりも10%の損失の方が心理的ダメージが大きいと感じる
自信過剰	自分にはその分野の知見があると思い込み、客観的なデータや状況分析を軽視する
現状維持	現在の状況よりも別の状況に移ることで起きる混乱を回避したい。変わりたくないと考える
自己所有	自分の所有しているもの、所属している組織への強いこだわり、帰属意識に従う
同調	他の人と同じことをしたいという群集心理

「判断の優先順位をつける」という思考動作に関連するコンセプトはこれでおしまいです。

第6章

問題を分析する

——Analyzing Problems in Thinking Critically

問題を分析する(Analyzing Problems)

情報判断力の最後の思考動作は、「問題を分析する」です。

これまで、「情報を検証する」、「認識の差を埋める」、「判断の優先順位をつける」という一連の思考動作を紹介してきましたが、問題を分析する力は、情報判断力と問題発見力（#Thinking Creatively）の間にあるようなコンセプトです。情報判断力が分析を主に行うコンセプトで構成されているのに対して、問題解決力は、実際に課題を解決するための実践に役立つコンセプトで構成されています。

実際、**問題を分析する**（#analyzingproblem）思考動作は、問題発見力（#Thinking Creatively）にある発見の促進（#discovery）と似ています。違いは、前者が既存の問題を分析しながら新しい課題に気づく、というコンセプトで構成されているのに対し、後者はより幅広い新しい課題を発見する上で有効なコンセプトであるといえます。

問題を分析するためのコンセプトは図の5つです。

問題を分析する
コンセプトの関係イメージ図

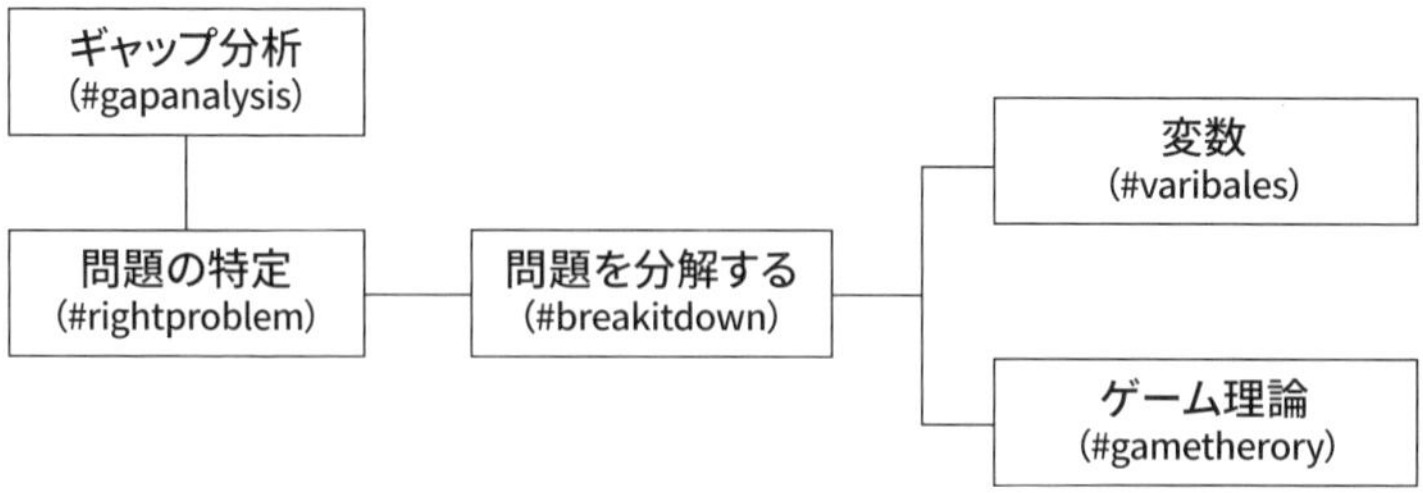

理想と現状の差を分析する

ギャップ分析（#gapanalysis）とは「あるべき姿」と「現状」を比較し、創造的な問題解決を必要とする状況が存在するか特定することです。この際、ポイントとなるのは以下の2点です。

1. 「あるべき姿」を明確に設定すること
2. 「あるべき姿」と「現状」差を分析し、「既に知られた方法で解決できること」と「あらたに解決法を創造する必要があること」を区別することができること

一つ目のポイントは、あいまいな「あるべき姿」を設定すると、「現状」との間に多くのギャップ（解決すべきこと）が存在することになり、解決に向けたアクションがぼやけてしまう状況を避けるために重要です。

では、明確な「あるべき姿」を設計するには、どのような方法があるでしょうか。「イシューからはじめよ」の著者で、データサイエンティストの安宅和人さんは、「『何に答えを出す必要があるのか』と『そのために何を明らかにする必要があるのか』という議論に時間をかけることだ[1]」と説明しています。この考え方は、問題解決のコンピテンシーにおける仮説に基づいた調査（#hypothesisdriven）というコンセプトにおけるアプローチと共通点があります。

ビジネスやキャリアにおける意思決定で目的と手段が逆転してしまっている事例が発生するのは、あるべき姿を描く前に、目の前の作業を達成することを優先している、間違った段取りを選択しているからです。

二つ目のポイントは、「Not Invented Here syndrome（自前主義症候群）」に陥らず、「まだ知られていないものを創造することに注力する」、という価値観です。すでに知られている方法をわざわざ自分達で時間をかけて再発見するよりも、「使えるものは使ってしまう」という考え方は、ミネルバ大学が生まれた米国西海岸に共通する文化とも言えます。

本質的な問題に気づく

問題の特定（#rightproblem）は問題を分析する上で、より本質的な問題を特定することです。

(1)「イシューからはじめよ――知的生産の「シンプルな本質」」（安宅和人）P.45

本質的な問題を特定するために必要なのは、

誰にとって
どのような目的を達成する上で
どんな壁が
どの程度存在しているのか

を明らかにすることです。

また、「壁」は議論や話し合い、現実的な努力によって解消できるもので、問題の当事者が合意することができない「制約」とは分けて考えることが必要です。

異なる組織に属する人達の交渉で議論が噛み合わない原因の一つは、共通の問題について話し合っているつもりでも、双方が問題の特定について共通の認識を持てていないことにあります。ケースを使って、本質的な問題を特定するプロセスを体験してみましょう。

CASE-14

あなたの部門はここ数年間、主要な国内市場の規模縮小と競合の新製品投入によってシェアも奪われています。売上が過去3年間、下がり続けており、このままでは、創業以来、社内で維持してきた売上高1位の座を別の部門に明け渡してしまいそうです。

あなたは上司から減少している売上を回復させるように指示を受けました。

さて、あなたはこの問題に取り組むために、何を始めますか？

問題の特定のフレームワーク（誰にとって／なんの目的のために／どんな壁が／どれくらい）を使って考えられることを洗い出してみてください。

さて、誰にとっての問題かという点ですが、上司やあなたにとって、「売上を回復させる」目的は何でしょうか。

目的が「縮小する市場で競合との競争に打ち勝つ」といったものであるなら、競合に対して売上シェアを回復すること、あるいは、社内の他部署に対する地位の保全でしょうか。もし、こうした目的であれば、既存の顧客に販売促進キャンペーンを展開したり、競合の製品を利用している潜在顧客に乗り換えキャンペーンを実施したりすることが有効かもしれません。この場合、壁と規模は「どれだけコスト競争力のある製品を展開できるか」「どの地域で重点的にキャンペーンを展開するか」といった企画力になるでしょう。

しかし、もう一つ別の視点から見てみましょう。

会社にとって「売上を回復させる」目的は何でしょうか。

目的が「まだ顧客が気づいていないサービスを開発し、驚きを提供する」といったものであれば、新しい製品の開発、あるいは今まで対象としていなかった市場の開拓、といったことが有効でしょう。この場合の壁と規模は、「どれだけ短い期間に、新しい魅力的な新製品と潜在顧客を開拓できるか」という開発力になります。


このように、問題の特定というコンセプトを活用すると、分析の軸がはっきりしてきます。

問題の特定は、ギャップ分析とは「目的の明確化」という点で、問題の分解（#breakitdown）とは「壁」に対してどのようにアプローチするかという点で、相互に重なる点があるコンセプトです。

要素へ分解する

問題の分解（#breakitdown）はある問題の原因を検証していく際に、問題の対象を構成している要素に分解し、それぞれについて実際の行動を評価・検証できるレベルまで分解していく作業です。例えば、ミネルバ大学の構想を練る際、「既存の大学が抱えている課題」はあまりにも広すぎて、そのまま分析するのは不可能でした。そこで創業者のベン・ネルソンは学校を構成している要素を表のように定義して、それぞれについて現状の問題を洗い出しました。

問題を分解する際のコツは、構成要素に分解するだけでなく、具体的なアクションが効果を図れるレベル感まで落とし込むことです。経営コンサルタントの山崎康司氏は、「オブジェクティブ&ゴール」という本の中で、ギャップを解決するための個別のアクションの設定が適切に行われているかを検証する一つの方法として、「そのアクションが完了したら、問題は解決するか」という問いを持つことだ、と指摘しています(2)。

ところで、問題を分解する際に、MECE

ミネルバ大学が考えた「学校の構成要素と課題」

学校の構成要素	課題(例)
教授法	すでにさまざまな研究によって効果が低いと立証されている教授(1名)対学生(数百人)の一方通行で行われる知識伝達(講義)と確認テスト
教職員	終身雇用権を持った、教育改革に後ろ向きな教授や時代遅れの事務処理方法を改善する意欲に欠ける職員
キャンパス	社会から隔離された広大な敷地で地域との繋がりが希薄な立地 学生の学びに直結しない豪華施設の建設
カリキュラム	時代の要請を反映していない一般教養課程 (実社会との接続性が考慮されていない)ハリネズミの毛先のような専門教育
入試・学生支援	富裕層に有利な共通テスト、優先枠、財務支援制度

(2) 『オブジェクティブ&ゴール――行動の思考法・行動の組織術』講談社、山崎康司 P.41

（Mutually Exclusive and Collectively Exhaustive—「モレなくダブりなく」—）という分類手法を覚えておくと便利です。これは問題を要素分解していく際の心構えで、分解したものが全体を網羅しており、各要素にかさならないような軸（視点）で整理する、というフレームワークです。イメージで表すと図のようになります。

ただ、完璧にMECEな分類というのは、「A、B、それ以外」という分析なので、あまり面白い分析軸にはなりません。MECEにこだわりすぎると「それ以外」の細かい例外事項を探していき、いつまでも分析が終わらないという悪循環に陥ります。結局AとBの切り口（視点の置き方）が重要になってきます。

MECEの例：5M（人、機械、方法、材料、測定）

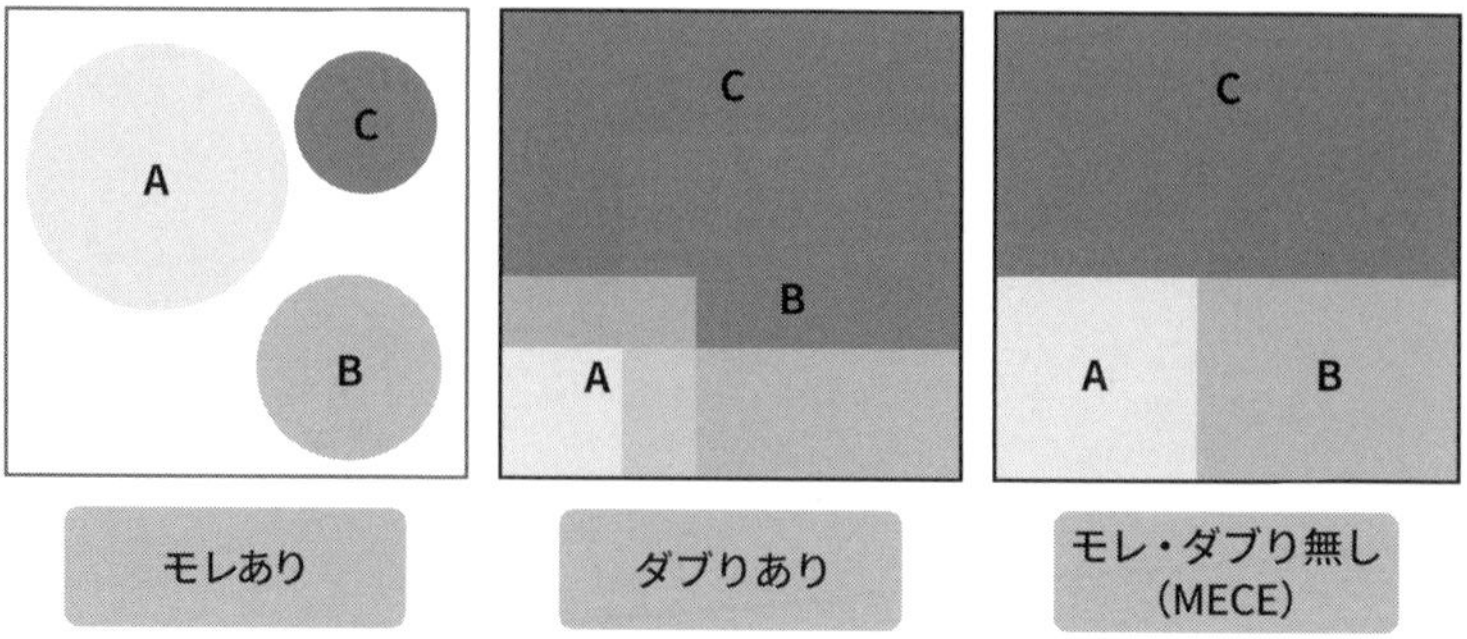

そういう意味で、問題の分解は単独で活用するよりも問題の特定（#rightproblem）や効果的なヒューリスティクス（#efficientheuristics）などと一緒に使うと効果的だと言えます。

MECEのような構成要素を分解するツールは一般化してきましたが、具体的な課題について、その問題解決の進捗状況を効果的にモニタリングできるレベルで捉える方法は、まだまだ探索の余地があります。

また、問題の分解は、最初から細かすぎるものを設定すると、分析が煩雑になってしまう欠点があります。要素は各分析レベルで3？4つが最適で、最大でも5つ以内に収めるようにするのがポイントです。

変化を分析する

さてギャップ分析、問題の特定、問題の分解が、問題の性質を静的（ある時点において理解を試みる）に分析しようというアプローチであったのに対し、変数の特定（#variables）とゲーム理論（#gametheory）は問題を動的（問題がどのように変化していくか、理解を試みる）に分析するアプローチで使えるコンセプトです。

変数の特定（#variables）というコンセプトは、問題を分析する際に、何が自分の意思で変化させることができる要素（varibales）で、何が変化させることができない要素（parameter）か特定することです。

例えば、あなたが、会社のウェブサイトを更新する作業を請け負ったとします。質の良いサイトを決められた期間内に納入するためにあなたが作業コストを仮計算したい時に、変数の特定は役立ちます。作業終了までにかかる時間は、投入する人の数と個々人の作業能力によって変動します。

この時作業はコーディングとデザインの2種類の仕事に分けられる、と仮定します。コーディングはプログラムを打ち込む作業で、人数を増やせば、時間を短縮することができます。一方、デザインに関しては、どれだけ速く優秀なものを創りだせるかは、読めません。そこで、プログラム打ち込み作業はコントロール可能な変数として、デザインが出来上がってくる時間はパラメータとして設定し、どれくらいの時間で作業を終えることができるかシミュレーションするためのモデルを作ります。

ゲーム理論（#gametheory）は2つの主体における協業、競争、そして相手の出方を想定しながら自分の行動を調整する、といったシミュレーションを行うための理論です。ゲーム理論は、うまく活用することで、各主体の行動を一定の期待幅でコントロールできると考えます。問題の分析にゲーム理論のコンセプトに入っている背景には、ある課題における関係者の利害関係を適切に表すことで、問題の構図を見える化ができます。

ゲーム理論が交渉のコンセプトではなく、問題の分析のコンセプトとして組み込まれているのは、これが、数学的なモデルで、さまざまな分析する主体（個人、企業、行政、国など）が協力、競争、調整といった行動を合理的に実施する際のシミュレーションとして使えること、問題の性質を理解する上で役立つツールであるからです。

ゲーム理論の応用範囲は価格交渉や契約交

囚人のジレンマのケース

		容疑者B	
		自白する	自白しない
容疑者A	自白する	懲役3年	Bのみ 懲役10年
	自白しない	Aのみ 懲役10年	無罪

A、B共に自白しなければお互い無罪―全体最適（パレート最適）
自分の利益だけを追求すれば懲役3年となる―個別最適（ナッシュ均衡）

拘束力のある合意事項が得られれば、お互いに協力して無罪を勝ち取ることができる　拘束力のある合意事項が得られない場合、相手を信用するよりもリスクが低い自白を選ぶ　ので、全体最適と個別最適が一致しない渉、国家間の貿易交渉まで幅広い意思決定の際に用いられます。ゲーム理論における有名なケースは「囚人のジレンマ」と呼ばれるもので、「双方が協力することで両者にとって最適な解の存在を知りながら、相手の意思決定を信頼できないために、自分にとって最悪な結果よりはまだマシな次善の策に落ち着く」という現象です。

ゲーム理論はゲームに参加する主体同士がお互いに協力した方が都合が良い場合でも、協力しないで競争した方が都合が良い関係であっても、参加者全員にとって最も良い状態を導くための理論でもあります。

個人にとって、最も合理的な状況が参加者全員にとって最良な状態とはならない、という状態を経済学の世界ではパレート最適（誰も不利益を被ることなく、全体の利益が最大化された状態―それ以上利益を出すためには誰かを犠牲にしなければいけない状態―）と呼びます。

パレート最適と、自分の選択を変えると利益が得られない状態＝互いに現状から変わる必要のない安定した状態（ナッシュ均衡）が一致している世界は、社会全体の効用と各主体の効用が一致する最も好ましい状態とも言えます。

しかし、現実には人々は必ずしも合理的には行動しないことや、囚人のジレンマのような状態が存在するため、社会の進化はいきなり理想の状態にジャンプすることはありません。また、人間は時として、不合理な行動を採ることがある、ということも頭に入れておく必要があるでしょう。

問題の分析に関連するコンセプトは以上です。

これで、情報の検証に関する全てのコンセプトを紹介したことになります。

情報の検証は、これからご紹介する問題解決、情報発信、統率・協調力のコンピテンシーを構成する各コンセプトとの関連性も高いものです。また、他のコンピテンシーと比較して、個人で意識しながら鍛えることができるものも多いので、ぜひ日常のさまざまな場面で出てきたコンセプトを意識して使ってみてください。

第7章

問題を解決する

——Thinking Creatively

問題を解決する(Thinking Creatively)

実践的な知恵の二つ目のコンピテンシーが問題解決力です。

情報判断力が「分析」する行為であるのに対して、問題解決力は「合成」する行為であると言えます。それは、問題解決力のコンセプトが科学的な発見、ビジネス課題の解決や新しい製品・サービスを創造する際に有効なヒントとなるもので、こうした分野の知識を組み合わせながら、新しい価値を生み出していくことへ繋がっていくからです。

問題解決力は、以下のような構成となっています。

創造的な発想法というのは芸術作品を見たり、奇抜なアイデアにどっぷりと浸かったりすることを繰り返している内に、「閃いた!」となることもあるのかもしれません。

しかし、ミネルバ大学では社会における課題を発見し、今までとは異なる方法でこれを解決するために必要な思考法は既に知られていていているものも多いと考えています。その有効性が証明されていて、幅広い分野に応用できるコンセプトをご紹介します。

問題解決力の思考動作のイメージ例

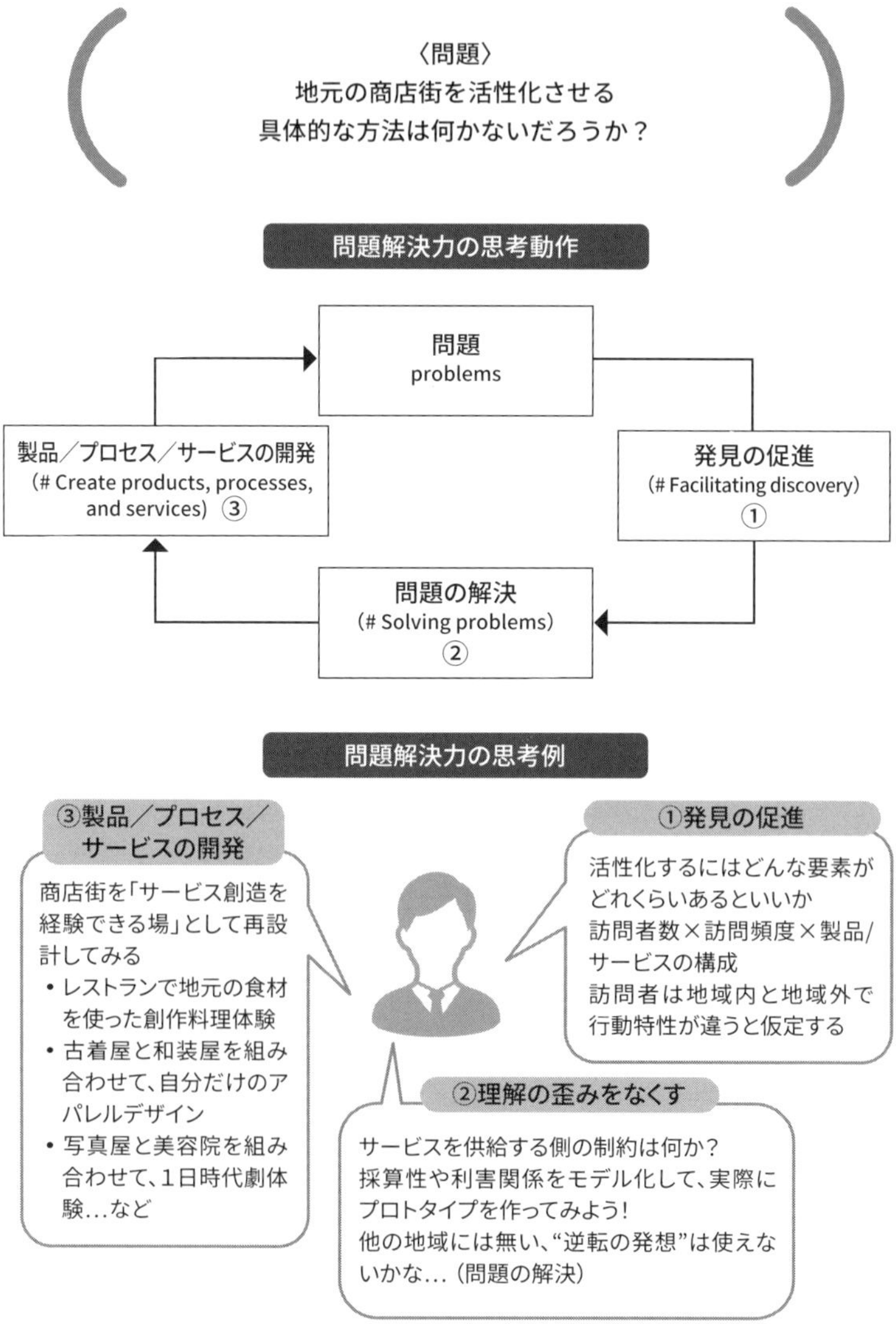

・発見の促進

創造的な発想を促す思考法です。ここでは主に生命科学の分野で用いられている「仮説思考」と「研究手法」というコンセプトをご紹介します。

・問題の解決

問題解決に役立つ思考法やその落とし穴について紹介します。「発見の促進」が、問題に気づき、その解決法を設計するためのコンセプトであるのに対し、「問題の解決」でご紹介するコンセプトは実際に問題を解く際に必要となるコンセプトを紹介します。

・製品／プロセス／サービスの開発

製品開発に役立つ思考法を紹介します。ここでは、頭の中で描かれた「問題の解決」を実際に目に見える形で実行、社会に提供していく際に有効な思考方法を紹介します。

発見の促進に関するコンセプトの関係イメージ図

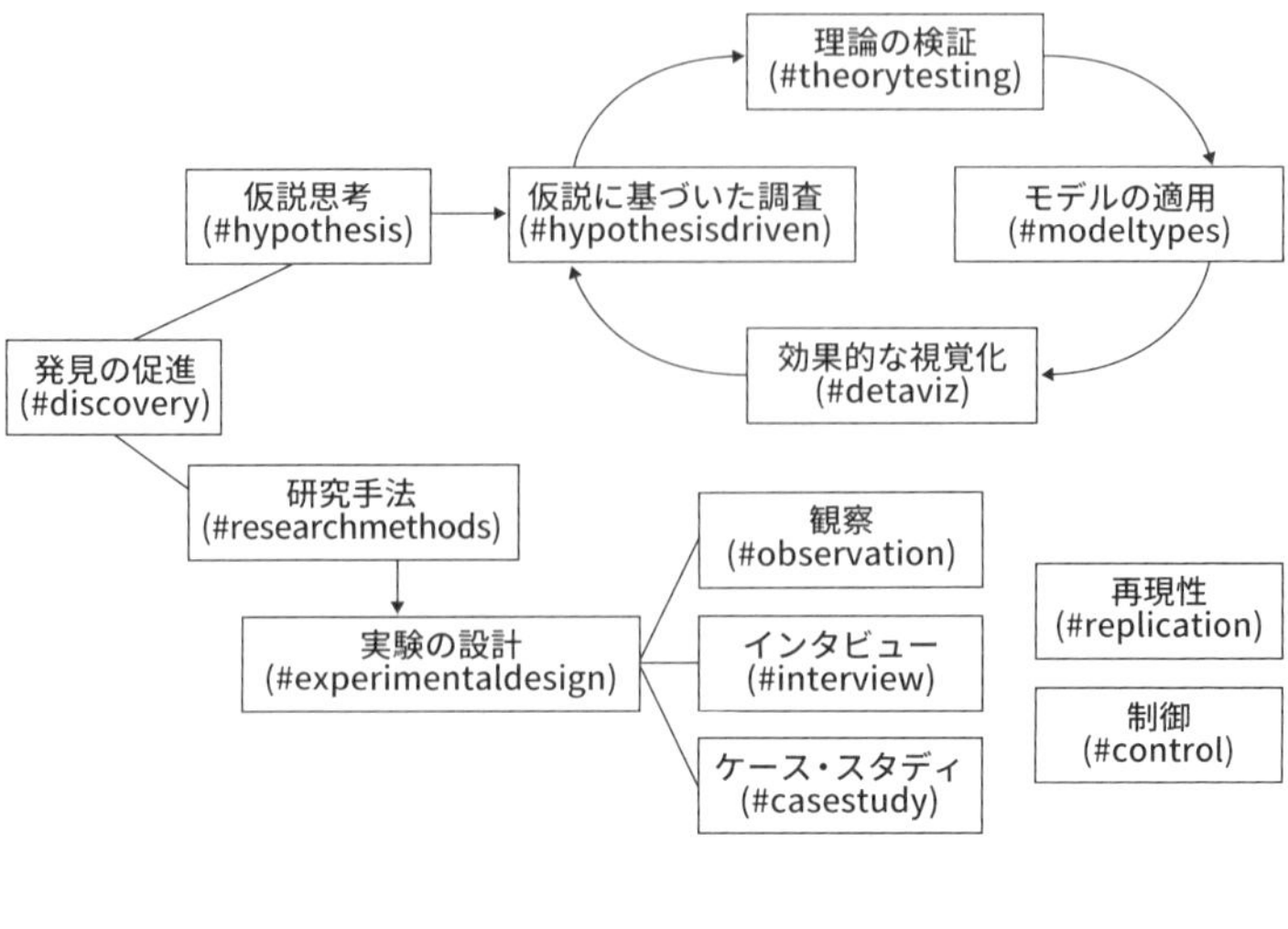

新たな問題に気づく

問題解決力の最初の思考動作は**発見の促進**（#discovery）です。

新しい問題の存在に気がつけるようになるための公式というものは存在しませんが、そのヒントを得るために有効な思考法があります。ここでは、「仮説思考」（#hypothesis）と「研究手法」（#researchmethods）というアプローチを紹介しています。

「仮説思考」とは、ある仮説を思いついたら、その**仮説に基づいた調査**（#hypothesisdriven）を行い、理論を導くことです。さらに、その仮説の確からしさを確認するために**理論の検証**（#theorytesting）を繰り返します。この際に、収集したデータの関係性を見つける**モデルの適用**（#modeltypes）やデータの分散や傾向を把握するために有効な**効果的な視覚化**（#detaviz）といったコンセプトを扱います。

「研究手法」とは、主に生命科学やコンピューター・サイエンスの分野で実践されている研究方法から、「発見の促進」に役立つコンセプトを参考にすることです。**実験の設計**（#experimentaldesign）や**観察**（#observation）では変数やパラメータを決定していく複数の実験方法のメリット・デメリットを理解すること、調査に必要なインタビュー（#interview）の設計や**ケース・スタディ**

（#casestudy）を利用する際に留意すべき点、**再現性**（#replication）を確認することで、新しい発見を科学的根拠に基づいて発見し、実際に社会に実装できるものへと導く思考を養います。

仮説思考で調査する

それではまずは、「仮説思考」を構成するコンセプトから紹介していきます。

仮説に基づいた調査（#hypothesisdriven）とはある事象を観察し、データを作成した際に、その背景に潜んでいる可能性がある規則性に気づき、どのような要素がその規則性を生じさせているのか、データ、理論、モデルとの関連性に注力しながら調査する科学的なアプローチです。こうした調査はジュリアーニ元ニューヨーク市長が軽犯罪（落書き、ゴミのポイ捨てや駐車違反など）をより厳しく取り締まる方針を打ち出したことで、結果として重犯罪が減少した事例(1)や米国大リーグのオークランド・アスレチックスのゼネラルマネージャーであるビリー・ジーンがデータに基づくドラフト選手の選定を行い、大成功を収めた事例(2)など社会問題の解決やビジネスの世界で有効活用されています。

では、実際に仮説に基づいた調査がどのような手順で実施されるのか、確認してみましょう(3)。

(1) "The police and neighborhood safety BROKEN WINDOWS" -JAMES Q. WILSON AND GEORGE L. KELLING 割れ窓理論には多くの再現事例がある一方で、科学的な根拠を確認できない、という反論も存在することに留意。しかし、有名な理論に、こうした反論がつきものであることもまた考慮する必要がある

(2) "Moneyball: The Art of Winning an Unfair Game" -Michael Lewis

(3) http://biology.kenyon.edu/Bio_InfoLit/hypothesis/page2.html

1.「リサーチ・クエスチョン」を見つける

科学的な仮説は、一般的な理論の中に存在する未解決な知識の存在を認識すること、から始まります。一般的な理論とは、既に公開されているもので、「割れ窓理論」のようなもののことを言います。

2.仮説を創る

仮説はリサーチ・クエスチョンに対する答えとなるもので、過去に発表された理論や特定の実験結果から導くことができます。

3.予測を行う

特定の予測は自ら設定した仮説から演繹的に導かれ、実験結果によって検証できるものです。

4.実験を行う

実験を行い、予測を検証します。

実験の蓄積データは時として、新たな一般的な理論を導く可能性もあります。

抽象度が高く、わかりにくいと思いますので、事例を見てみましょう。

CASE-15

喫煙は有害か有益か？

喫煙が有害であるという理論を探求している科学者が、喫煙者の心筋梗塞に関するリサーチ・クエスチョンについて考えました。ここから仮説に基づいた調査を設計していきます。

1．リサーチ・クエスチョン：
喫煙は心血管の健康にどのような影響を与えるか？

2．仮説：血管収縮した喫煙者の心臓は健康問題の原因となる
※この仮説は一般的な理論（喫煙は健康に悪い）と特定の実験結果（喫煙者は血管収縮した心臓を持つ）を組み合わせていることに注目してください

3．予測：喫煙者は一般人よりも心臓発作のリスクが大きい
※この予測は実験結果から直接的に導けることに注目してください

4．実験：喫煙者と一般人の心臓発作の発生率の比較

科学的なプロセスというのは連続的なものです。従って、実験結果から得られたデータは、仮説を変更したり、調整したりするために利用できます。例えば、最初の仮説を「10代の喫煙者の心臓肥大は健康問題を引き起こす」というようにより狭義な仮説にすることもできます。

もし実験結果が繰り返し、仮説を支持しない場合、一般的な理論（この例であれば、「喫煙は健康に悪い」）が間違っている可能性がある、ということになります。その場合、別のフレームワークを構築する必要があります。

どうでしょうか、仮説に基づいた調査は一般的な理論の検証から始まりますが、その調査過程で、新たな発見を見つけることができる、という流れを感じていただけたでしょうか。参考まで一連の思考の流れを図にまとめましたのでご参考ください[4]。

理論の検証（#theorytesting）は仮説に基づいた調査（#hypothesisdriven）の中で、特に仮説から導かれた研究を設計する際に、既

仮説に基づいた調査のプロセス

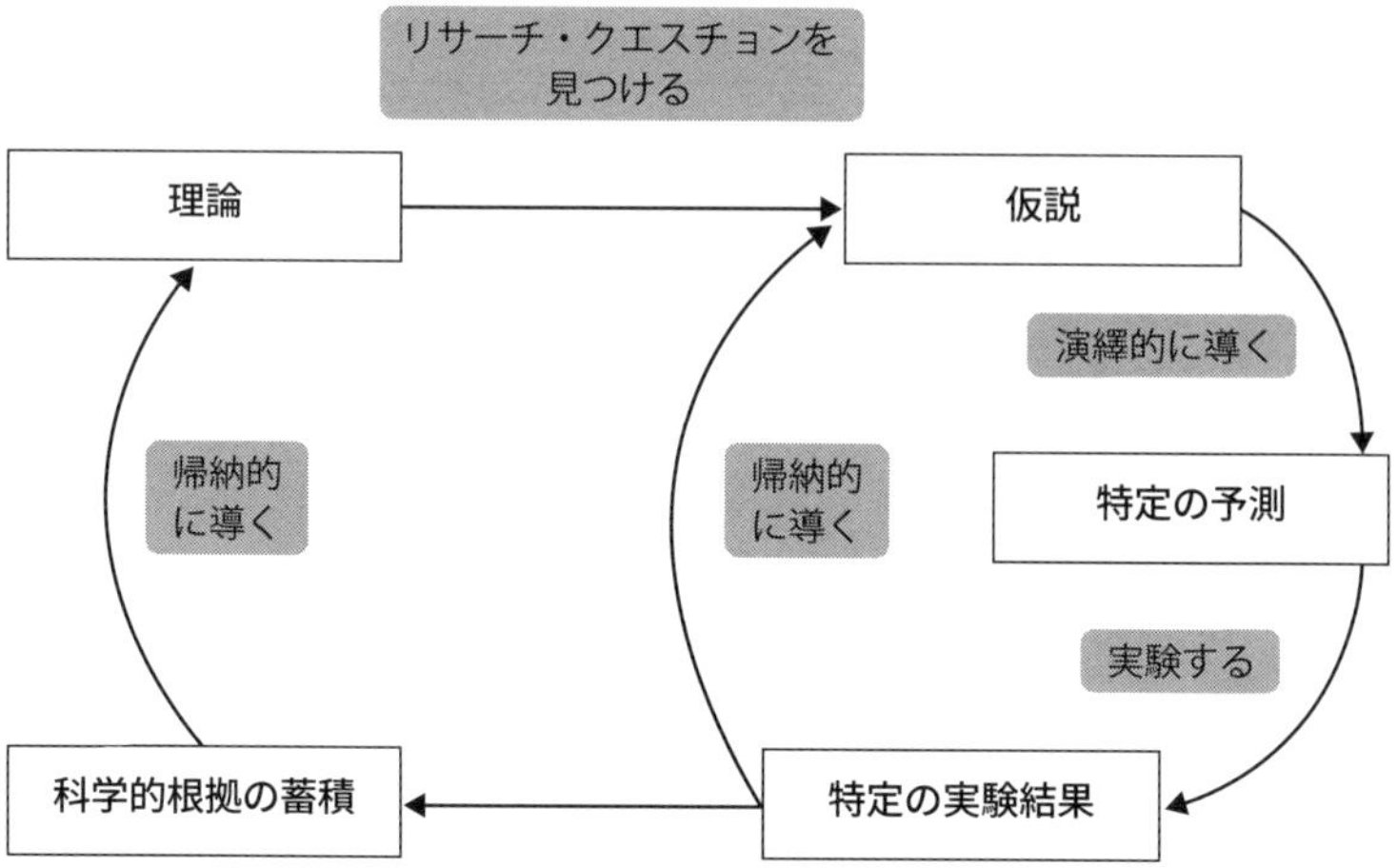

(4) http://biology.kenyon.edu/Bio_InfoLit/hypothesis/page2.html

存の理論との繋がりや実験結果から仮説を再確認する思考動作のことです。こうした思考動作は定性的でも定量的なものでも、新しい発見を予測する力を拡げてくれます。例えば、「割れ窓理論」を読んで「日本でも重犯罪が多発していた地域で軽犯罪を取り締まることで改善が見込めるのでは」という仮説を思いついたら、ニューヨークでの「割れ窓理論」を参考にした実証実験を行ってみる、という思考習慣に辿り着けます。実証実験を行い、同じような傾向が再現できたなら、理論の実効性を証明したことになりますし、仮に再現できなかったのであれば、仮説をより狭義に定義し直すか、別の理論を構築する必要性を見つけるきっかけを手にしたことになります。

理論の検証は、情報判断力の科学的根拠の**認識論**（#epistemology）や検証可能性（#testability）、妥当性（#plausibility）と深く関連しており、その項目と合わせて考えることが有効です。

モデルの適用（#modeltypes）とは自分の導き出した仮説が理論に適合するか、あるいは新たな理論が成立するか検証する際に使用するコンセプトで、関数のような数学的モデルから状態の観察に基づいた定性的なモデルまで幅広く存在します。ここでは大きく3つのモデルの種類をご紹介します。特に数学的モデルは後のシミュレーション（#simulation）というコンセプトと関係性が深いものなります。

物理的なモデル

実際に模型など、物理的な構造物を作成したり、既に存在している自然の造形物を利用したりするモデルです。例えば、上野にある国立科学博物館には液体の粘度によって波の伝わり方の速さの違いを体験できるモデルがあります。

コンセプトモデル

まだ存在しない建造物などをイメージする際に、レゴブロックなどを用いて造形のデザインを確認したり、車などで空力性能をイメージするために粘土などを用いて大まかな車の形を設計したり、化学物質の構造設計に用いるものをコンセプトモデルと呼びます。コンセプトモデルは物理的に制作することもあれば、コンピュータ・グラフィックスなどで仮想空間上で制作する場合もあります。

数学的モデル

数学的モデルはコンピュータ上で数式を構築し、その変数や制約を複数のパターンを設定して、実行します。得られたデータを観察し、その結果を考察しながら変数や制約の条件をいくか試しながら、得られる結果について新たな予測を行うことで発見を促進することが可能になります。

こうした異なるモデルは、お互いに独立しているというよりは、相互に補完する性質であると言えます。

例えば、ビル群における地震の影響を予測するモデルを作成する際、まずはミニチュア模型などを作成し、ビルとビルの空間や道幅など、全体を俯瞰的に把握できるものを作成した上で、風の流れや地殻の隆起・陥没などを数学的モデルで作成する、といった方法が採用されます。最近はコンピュータの情報処理力の向上で拡張現実技術が進化したため、大掛かりなミニチュア模型は製作コストの面から省略されることも多くなりましたが、実際の物理的モデルと数学的モデルの併用の方が、どちらか一方の利用よりも発見を促進する、と考えている科学者は少なくありません。

効果的な視覚化（#detaviz）とはモデルで得られたデータを異なる角度で分析する際に役立つコンセプトです。大量のデータを視覚的に映し出すことで、新たな発見や理解の促進が可能になります。以下にデータの視覚化の事例を紹介します。

図はシャルル・ミナールが作成した１８１２年に行われたナポレオンのロシア遠征の軍隊の規模を時系列、地理的情報と当時の気候情報を合わせて表示したものです。

図では、太線が軍隊の侵攻経路と退却の行程を示しています。行路がベージュ、帰路が黒で表示

データの視覚化の傑作
―1812年のナポレオンのロシア遠征―作（Charles. J. Minard）

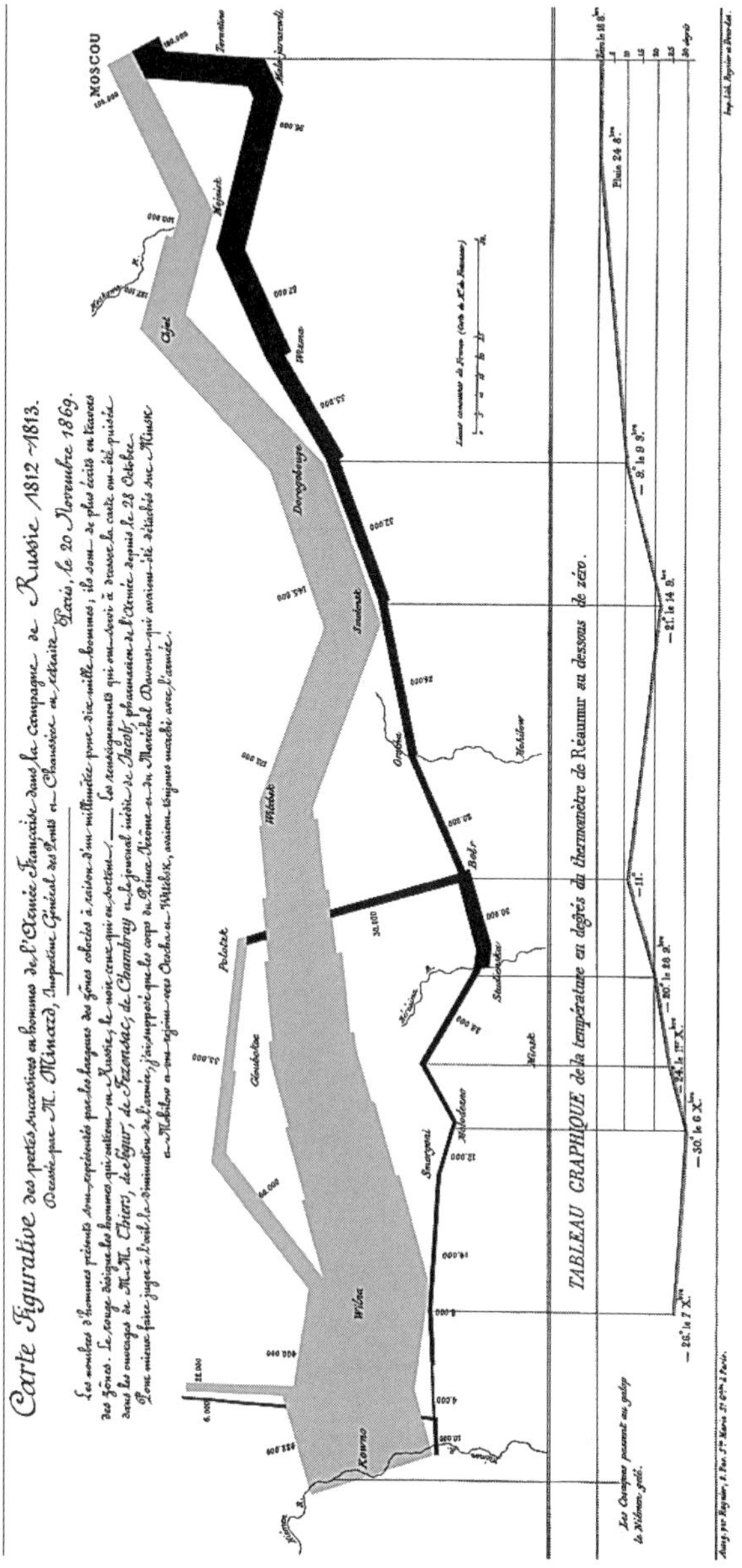

されています。線の幅は軍隊の規模（人数）を示しています。下のグラフは、退却時に各地点での計測された気温を示しています。なお、レオミュール法が採用されているので、現在一般的に用いられている摂氏よりも約1・25度高く表記されています。

こうした情報を元に、侵攻の様子を歴史的な事実と図を合わせて解説していきます。

1812年6月、フランス軍42・2万人が現在のリトアニアにあるネマン川を渡り、侵攻を開始しました。ロシア軍はこの戦いに際し、焦土作戦という方法で応戦しました。これは、大規模な会戦は避け、ナポレオン軍が侵攻する前に駐留しそうな街を焼き払い、補給を難しくさせる作戦です。当時の戦争では、補給物資は後方から供給するよりも、現地で略奪することが習慣化していました。この時、ナポレオンはある程度相手の作戦を読んで、いつもよりも周到に補給部隊を用意していましたが、なかなか決戦に臨まないロシア軍を追って、徐々にモスクワまで引き寄せられていきます。補給線が伸び、大量の物資を必要とするナポレオン軍は徐々に飢えと兵士の士気が低下し、数を減らしていきます。

図では、モスクワまでの中間地点まで至らない現在のベラルーシにあるビテプスク（地図上のVitebsk）に到達した時には、半分以下の17・5万人に減っていることがわかります。

9月にモスクワに到達したナポレオンは首都を陥落すれば、ロシアが降伏することを期待したようです。しかし、ロシア側はナポレオンがモスクワに入る際に、都市を放棄していました。3回にわたる和平交渉も実らず、度重なるロシア軍のゲリラ戦法に嫌気がさしたナポレオンは10月中旬、冬の到来を恐れて、撤退を開始します。

図によれば、この時の気温はまだ15度程度はあったようですが、雨によってぬかるんだ土地を進まざるを得ず、かつ行路で使い果たした食糧の代わりに、騎馬隊が馬を殺して食べたため、多くの兵士が徒歩で退却を余儀なくされ、大砲を引くことができる馬も尽き、とうとう主力兵器も放棄して逃走をする事態となりました。そして、11月以降、気温はどんどん低下し、最低時は、マイナス37・5度（地図中の表記はマイナス30度R）を記録しました。飢えと寒さ、ロシア軍の追撃により、ロシア国境までたどり着いたのは、僅かに1万人、侵攻開始時の約2・3％まで激減してしまいました。

この図の形式はサンキー・ダイヤグラムと呼ばれ、主に物質の工程別における量の流れを示すものとして用いられます。通常は国際貿易の取引量を視覚的に示したり、工場における原材料投入から、製品までのエネルギー量などを視覚化するのに利用されます。ミナールの本作はこの方式を歴史的事件に応用した点が高く評価されています。

この図の優れている点は、一般に言われているナポレオンが主張した遠征の失敗理由が冬までにモスクワに到達できなかったことではなく、軍隊の規模が大き過ぎて動きが鈍く、モスクワに到達する以前に規模が半減していること、適切な時期に引き返す決断ができなかったことにある、という主張を視覚的に裏付けてくれることです。

この図はデータの可視化の中でも名作ですが、ここまで複雑なものでなくても、データを見やすく、発見を促進するには、いくつかのポイントがあります。

・適切な可視化方法を用いる

棒グラフか折れ線グラフのどちらがより適切に情報を伝える上で有効か、といった基本的な判断が重要です

・必要な情報が記載されている

読み手が情報を読み取るために必要な注釈（積上グラフの凡例）がある

グラフであればX、Y軸の意味など

・不必要な情報が除かれている

補助線や「影」などが無い

必要以上に異なる色を使用しない

既存のパワーポイントで見やすいグラフを作るのはほとんど職人技ですが、最近は便利なアドイン（付属ツール）も普及しています。おすすめなのが、Think-cell（https://www.think-cell.com/）

というもので、多くのコンサルティング会社で利用実績があります。企業向けで高額ですが、悪戦苦闘していた「データの可視化」を容易にしてくれるでしょう。プレゼンテーション・ソフトウエアよりもアドインの方が高くても売れる、という数少ない事例でもあります。それだけ効果的なデータの可視化にはニーズがある、という裏返しかもしれませんね。

研究手法とその特徴

次に「研究手法」を構成するコンセプトを解説していきます。

実験の設計（#experimentaldesign）とは、実験を設計する際の基本原則を理解すること、状況に応じて適切な実験方法を選択する、というコンセプトです。ミネルバ大学の実践的な知恵が、一つの専門分野でよく知られた方法を他の分野に応用できることを重視していることは、先に述べた通りですが、ここで紹介されている研究・実験手法に関しては、生命科学分野、特に医学分野で用いられているものになっています。なお、観察研究手法については独立したコンセプトとなっています。

各実験方法に共通する基本原則は、独立変数（独自に変化する値）と従属変数（独立変数によっ

ミネルバ大学で学ぶ実験手法の例[6]

主な観察研究方法	内　容
ランダム化比較試験（random-controlled-trial）	ある試験的操作（介入・治療など）を行うこと以外は公平になるように、対象の集団（特定の疾患患者など）を無作為に複数の群（介入群と対照群や、通常＋新治療を行う群と通常の治療のみの群など）に分け、その試験的操作の影響・効果を測定し、明らかにするための比較研究です。群分けをランダムに行うのは、背景因子の偏り（交絡因子）をできるだけ小さくするためですが、コンピュータで乱数を発生させ、割り付け表を使用する方法が適切だとされています。
準実験的研究（quasi-experimental study）	準ランダム化比較試験以外の、ランダム割付を考慮せず、介入群と対照群を比較している研究のことを指します。 対照群（比較群）をもたない研究もこれに含まれます。
観察研究（observational study）	人為的、能動的な介入（治療行為等）を伴わず、ただその場に起きていることや起きたこと、あるいはこれから起きることをみるという研究方法です。 観察研究は、その場で起きていることを断面的に調査すれば横断研究、過去にさかのぼって起きたことを調査すれば症例対照研究、これから起きることを調査すればコホート研究と分類されます。

出典　日本理学療法士学会

て、値が変化するもの）[4]や制約、無作為化、といった要件を満足していることです。

生命科学の実験では、人命に関わることもあり、細かいルール設定が行われており、そのため毎回の実験には高額な実験費用がかかります。このため、こうした実験をそのまま別の分野に応用することは容易ではありません。しかし、その根っこにあるコンセプトを共有することで、他の分野における研究にも応用できます。

観察（#observation）は研究手法の基本の一つで全ての実験における

（5）例えば、ある相関関係をy=ax+bという式で表すとき、xが独立変数で、yが従属変数と表すことができます

（6）http://jspt.japanpt.or.jp/ebpt_glossary/

主な観察研究手法(6)

主な観察研究方法	内　容
ケース・コントロール（case-control study）	主に医薬の世界で用いられる手法。ある疾患をもつ患者群とそれと比較する対照群に分けて、疾患の特徴や疾患の起こる可能性がある要因にさらされているかどうか、また背景因子の違いなどを比較し、関連を確認するための研究方法（医療用語では、症例対照研究と呼ばれます）。 利点として、時間的・経費的な効率が良く、割り付けの際に症例数の調整ができ、症例数の少ない患者を対象とする研究で有利であることなどがあげられます。欠点としては、選択バイアスや情報バイアスの影響を受け易いこと。
横断研究（cross-sectional study）	ある特定の対象に対して、疾患や障害における評価、介入効果などを、ある一時点において測定し、検討を行う研究です。過去にさかのぼったり、将来にわたって調査したりはしません。利点としては、時間的・経費的な効率が良く、いくつかの要因に着目して比較でき、さまざまな要因を一度に測定し、検討できるなどの点があげられます。欠点としてはバイアスの影響を受け易く、原因と結果の因果関係が見えにくいこと。
縦断研究（longitudinal study）	研究を時間要因によって分類したときの一つで、横断研究のように現時点での暴露の有無・程度を調べるのではなく、過去にさかのぼって、または将来にわたって、ある特定の対象に対して暴露の有無などを調査し、ある程度の期間を経たデータをとる研究です。

出典　日本理学療法士学会

最初の動作でもあります。観察とは物事を特定の目的をもって注意深く見る行為であり、実験のように何か変化を加えたりはしません。観察を行う方法には定性的なものと定量的なものがあります。定性的な観察は、人の感覚に依存する点に注意が必要です。

いずれの観察方法も慎重に、計画的に、先入観を持たずに実施することが重要となります。注意深い観察行為から、何らかのパターンや原則を導き出すことができます。

また、観察をベースにした研究手法について理解し、それぞれの方法、長所と短所について把握しておくことも有効です。

インタビュー（#interview）も研究手法の一つで主に社会科学や公共の分野で多用されるものです。このコンセプトは、インタビューを行う際の基本ルールを確認し、用いることです。インタビューには、大まかな傾向を数的に把握したい時のアンケート調査（英語ではサーベイと呼びます）と定性的なことを詳しく聞き出したい個別インタビューとに分けられますが、この2つを区別して使うことが必要です。

アンケート調査を実施する際には、回答者を意図されたターゲット（例：年齢、地域など）から無作為に抽出することや、質問の順序などが回答を誘導しないように配慮する必要があります。これは情報判断力の確率・統計の**サンプルの偏り**（#sampling）などや記述式統計（#discriptivestats）と関連しています。

CASE-16

念のために、アンケート調査に関するルールを確認するケースを一つやってみましょう。

次の2つ質問を比較して、質問（A）の問題点を指摘してください

質問（A）

「暴力的なゲームで遊んだ後の子供の脳は興奮しており、ちょっとしたことでもキレやすく

なります。『ゲームの中の世界と現実の世界との区別がつかなくなることもある』と一部の脳科学者が指摘しています。先日、逮捕された通り魔は10代から暴力的なゲームを日常的に愛好していました。あなたはこうしたゲームの規制を強化すべきだと思いますか」

質問（B）

「先日逮捕された通り魔（40歳 無職、前科5回）は10代から暴力的なゲームを日常的に愛好していました。犯行前日、犯人は警察官に職務尋問された際の挙動が不審で1日拘束されていました。解放されて数時間後に犯行に及んだとのことです。あなたはこうしたゲームの規制を強化すべきだと思いますか」

質問Aの問題点は、明らかな誘導にあります。質問Aのように因果関係を示唆しながら、ヒアリングを行うと、回答者の答えに影響を与えることができます。実際には、通り魔は暴力的なゲームを愛好していたかもしれませんが、犯行に及んだ原因は、ゲームが原因とは特定できません。ゲーム以外にも通り魔は40歳で犯行に至るまでの背景には様々な過去の負の経験や直接的な引き金があったと考えるのが妥当です。

効果的な調査を行うには、このような一部の情報を抜き取り、それを自分の導きたい結論へと誘導するためのアンケート調査は避けるべきです。

また、大手テレビ局が行うＲＤＤ（Random Digit Dial）方式の調査も、機会が無作為に選んだ番号に電話をかけるのですが、調査対象が固定電話に偏っています。ＮＨＫは２０１６年まで固定電話のみで世論調査を実施していましたが、総務省の情報通信白書（平成29年度版）によれば、２０１６年度の調査時点で、携帯電話の契約者数は固定電話の７・２倍もいます。２０１６年に固定電話にかかってきた知らない番号からの電話を取る人達はどんな年代の人達か、それが無作為と言えるか、言えるのかについては、議論の余地があるでしょう。（２０１９年現在、ＮＨＫは携帯電話とインターネットでも世論調査を行っています）

次に個別インタビューについて考えてみましょう。

こちらは、少人数ですが、より定性的な内容をヒアリングする目的で行います。効果的なインタビューのためには次のポイントを心がけるとよいでしょう。

・インタビューする人をリラックスさせる
・誘導質問をしない。例えば、質問がネガティブな経験を語るものであれば、同時にポジティブだったこと、良くも悪くもなかったけれど、気がついたこと、なども語ってもらう

・質問はイエス・ノーではなく、物語を語ってもらえるようなオープンな形式で聞く
・自分の経験や知識は語らず、傾聴に徹する
・沈黙をうまく利用する―質問後、5秒程度の沈黙になれる

質問を準備する時には、マイケル・パットン教授が提唱している次のフレームワークを利用すると便利です。[7] 調査したいテーマについて、インタビュー対象者に6つの質問の意図を過去、現在、未来の時間軸で聞くもので、いずれも、インタビューを受ける人のユニークな知見を導き出しやすいものになっています。

ケース・スタディ（#casestudy）はある特定の事件、事象についてその背景を深く掘り下げた調査です。このコンセプトはケース・スタディのもつ特性について理解することです。科学的な研究を行う上で、ケース・スタディを参照する際には、ケースの分析事例が必ずしも広く一般的に当てはまるものではないことに注意する必要があります。

少し余談になりますが、ハーバード大学はケース・スタディを用いた授業で有名です。[8] もともと法科大学院（ロー・スクール）で用いられていましたが、これを経営分析の授業に応用したビジネス・スクールが有名で、さらにはメディカル・スクール（医学大学院）でも取り入れられています。

（7）「Qualitative Research & Evaluation Methods」(Michael Quinn Patton)

（8）"Making the case" D. Garvin, 2003_Harvard Magazine_vol.106

個別インタビューの際の質問準備用フレームワーク

質問の意図	過　去	現　在	未　来
行動経験 (Behaviors/experiences)			
意見/価値観 (Opinion/values)			
感情 (Feelings/emotions)			
知識 (Knowledge)			
感覚/気づき (Sensory)			
背景 (Background)			

3つの大学院で用いられるケース・スタディはそれぞれ目的に合わせて形式が異なります。

ロー・スクールは主に過去の判例について学生同士がその解釈を議論し、判決が導かれた経緯についての理解を深めます。

ビジネス・スクールは分析対象とする企業の置かれた状況やケースのテーマとなっている内容について関連する多くのデータを集め参考資料として提示しています。ここではあえて、ケースの対象となった出来事の結果については記載せず、学生が分析対象とするケースについての経営判断をどのように下すか、について議論します。

メディカル・スクールでは、よりアクティブ・ラーニングの手法が取り入れられ、全ての情報が最初から開示されているのではなく、学生が少人数のチームを組んで、実際の患者に接するように、限られた情報（症状）を分析し、患者を問診していく過程で、考えられる疾患を特定し、治療法を考案、実施していき、それに応える形で教員が施術の結果を伝えていく、というプロセスを取ります。教員は学生チームの考察の過程を評価し、フィードバックしていくことで、「学び方を学ぶ」習慣を習得させることを目的にしています。

こうやって、各学部におけるケース・スタディの利用方法を比較すると、なぜミネルバ大学の「実践的な知恵」に多くのメディカル・スクールが関心を示すのか、理解できるのではないでしょうか。

再現性（#replication）は研究手法において重視されているコンセプトで、科学的研究の成果として報告するものには再現できることが求められる、という原則を理解し、用いられているかを確認する思考習慣です。

再現性とは、研究の成果が研究者以外の第三者が同じ手法で実験しても同じ結果が得られるか、異なる規模でも同じ結果が得られるか、確認できることとです。再現性がない場合、研究の成果は不正確なものと判断されます。その際には、研究における実験方法に何らかの欠陥があるのか、あるいは再現性の確認方法に誤りがあるのか、それぞれ検証が必要となります。

化学における新素材の探索では、再現性の検証はほぼ絶え間なく続けられている活動です。興味深いのは、理論上は成立するはずのものが、実際の試験管では再現されなかったり、ようやく試験管規模で再現できたものが、試験量産規模では再現できなかったり、試験量産から実際の製造用機器の中で再現しようとするとうまくいかなかったり、とアイデアの着想から実際の製品化までは時として数十年かかるものもあります。この過程には、まだ知られていない「その他の要因」を手探りで見つけていく作業が多数あるのです。同じ化学式で成り立っている製品なのに、性能が別物だったりする不思議さには、まだ解明されていない様々な偶然の産物（製造ノウハウ）があります。

最近話題になる大学などの基礎研究を担う機関での論文不正行為（データの改竄や創作）の罪が重いのは、ただでさえ再現性の確認には労力と費用がかかるのに、その出発点で不正が行われると技術進歩が実用化されるまでの期間が長くなるからです。大学という象牙の塔にいて研究成果だけを論文として提出し、受理されれば研究助成金が出るので良い、という安易な逃げ道に落ちていく研究者がいるのは本当に残念です。

本質的な問題の解決と検証

まだ解決されていない課題を発見することができたら、次の思考動作は、「問題を解決する」ことです。

「問題の解決」を構成しているコンセプトは次の9つです。大きく分けて、問題解決のテクニックを参照すること、さらに実際にでてきた解決法が有効か、偏った見識に基づいていないかを検証する思考習慣に分類できます。

問題解決のテクニックでは、複雑な問題を身近なものに例えて、その現象を理解しやすくする例える（#analogies）、仮説から導かれた実験を実行する上で有効なシミュレーション（#simulation）、アルゴリズムなどの演算を容易にする問題解決のヒューリスティクス（#problemheuristics）、達成したい目的を意識しながら、現在行われている方法と逆の方法を探る逆転思考（#contrarian）というコンセプトを紹介します。

また、「解決策の検証」では、問題解決の際に陥りがちな心理的バイアス（#heuristicsbias）とそれを防

問題の解決のコンセプト関係イメージ図

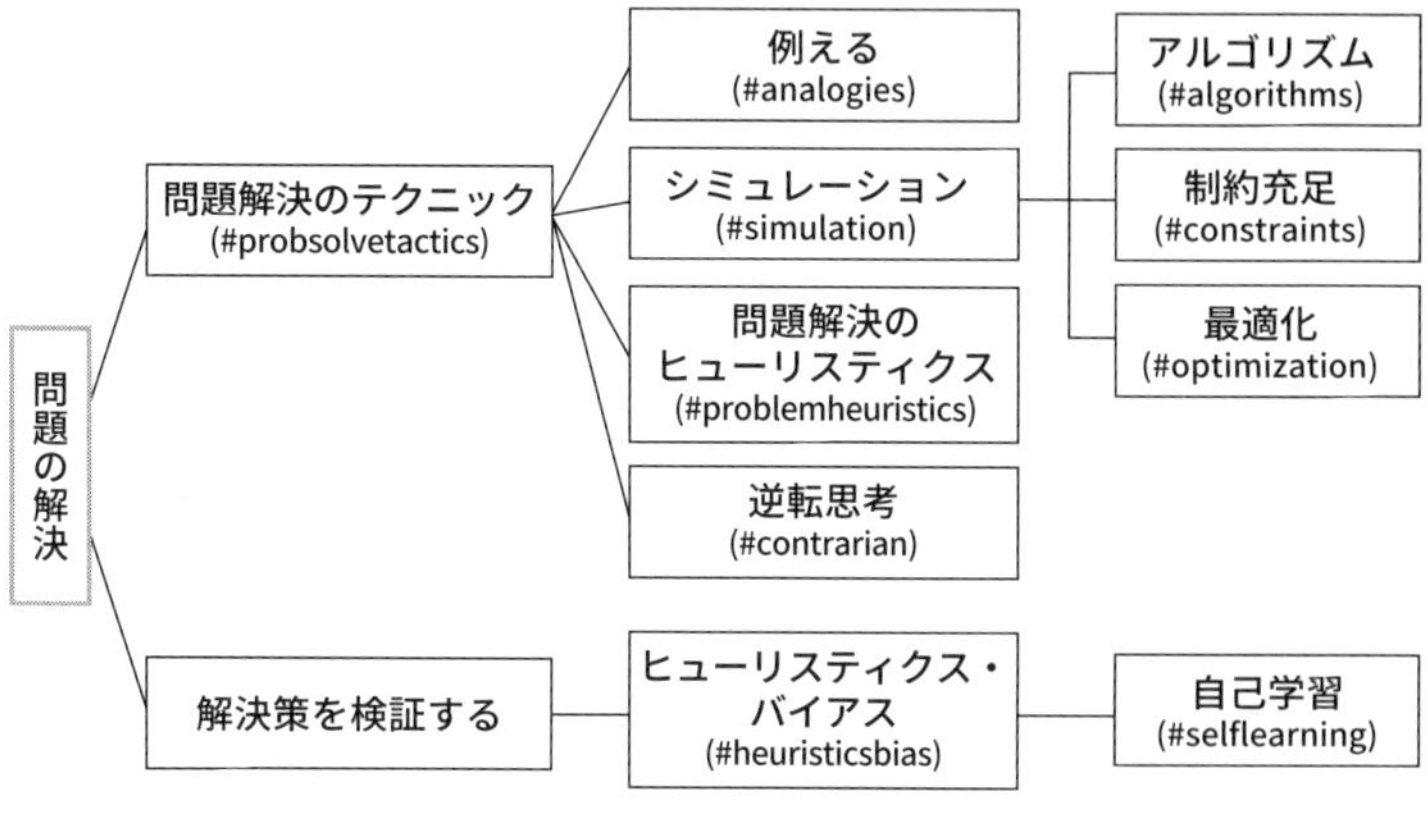

ぐために有効な自己学習（#selflearning）というコンセプトをご紹介します。

問題解決のテクニック

それでは、まずは問題解決のテクニックに関するコンセプトをご紹介していきます。

例える（#analogies）というコンセプトはある問題の対象を別のものに置き換えてみることで、解決のヒントを探るものです。これはある分野の専門知識や専門用語を理解していなくても、一般的に知られたものに対象を置き換え、説明したい現象を解説する時に非常に有効な方法です。

例えば、私は勤務した最初の会社で、鉄の約7倍の引張強度をもつ高機能化学繊維の用途開発を担当していたのですが、その繊維の強さを化学構造式で説明す

パラ系アラミド繊維「ケブラー(R)」の分子構造[9]

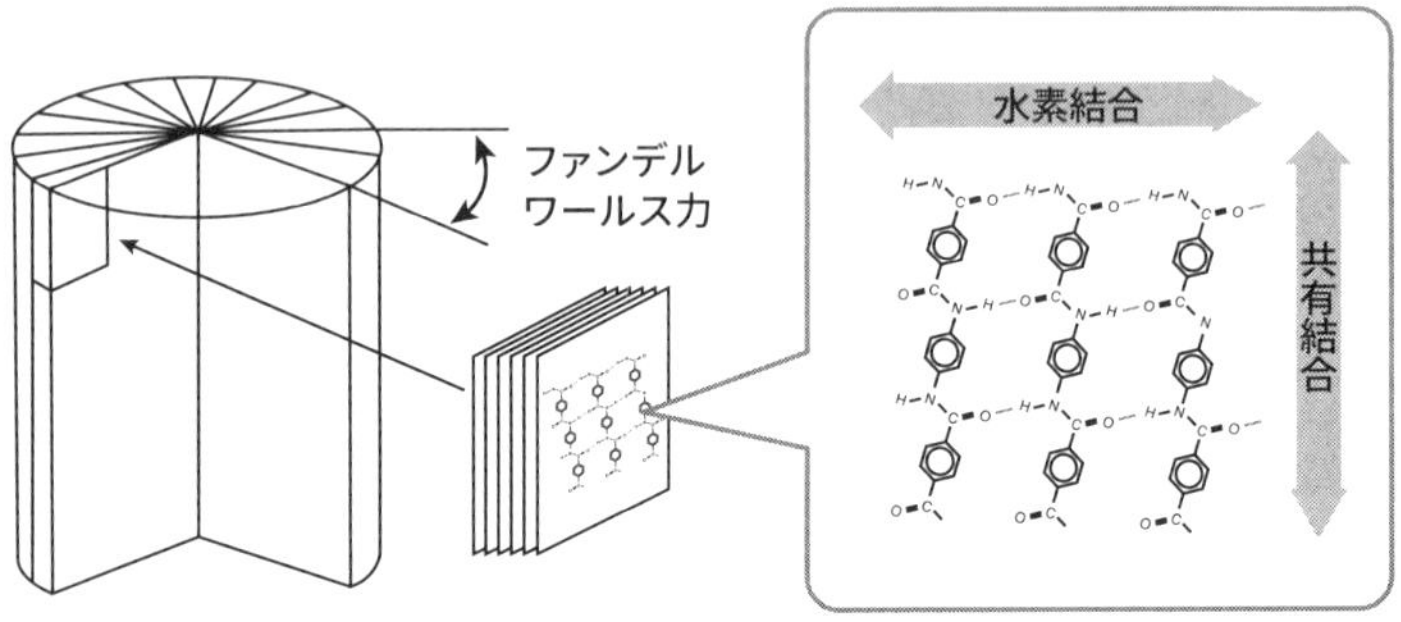

出典：東レ・デュポン社ウェブサイト

（9）https://www.td-net.co.jp/kevlar/about/

るよりも、スパゲッティの乾麺に例えて説明していました。

パラ系アラミド繊維というのは、ナイロンなどの化学繊維と同じ様にしなやかで特殊な衣料（消防服や防弾チョッキなど強い耐久性が求められるもの）に加工できるのですが、どうしても鉄の様に固いものと比べられると見た目が柔いので、「弱い」と思われてしまいます。

そこで、右頁図の様な化学構造式を用いて、分子レベルの構造が強固な結合をしているので、強いのだ、と解説してみます。

しかし、この説明だと、高分子化学に詳しくない人は共有結合や水素結合の意味、ファンデルワールス力などの専門知識を持っていないので、なんのことだか、さっぱり分からない、という状態に陥ってしまいます。

そこで、この分子構造をイメージして頂くために、ス

アラミド繊維と汎用繊維の分子構造をスパゲッティの麺で例えた説明

アラミド繊維の分子構造のイメージ

伸びない一凝縮された縦方向への結合が強い
ポキっと折れる一横からの衝撃に弱い

汎用繊維（例えばナイロン）の分子構造のイメージ

伸びる一隙間のある分子が絡み合って結合している
ちぎれる一縦横いずれからの衝撃に対しても弱い

パゲッティの乾麺と茹でた麺を使って、解説をします。

スパゲッティの乾麺を見たこと、触ったことがない人は少ないでしょう。アラミド繊維の分子はスパゲッティの乾麺のように真っ直ぐ隙間がない形で繋がっています。ですので、縦に引っ張っても伸びないですね。

一方、ナイロンのような一般的な繊維の分子は茹でた麺のように、隙間が空いていて、分子自体もゆるく結合しているので、引っ張ると簡単にちぎれてしまいます。

こちらの説明の方が亀の子の化学構造式を解説されるよりも格段にイメージしやすいですね。

例える（#analogies）は少しこじつけた面もあるので、理解を助けるのには限界がありますが、問題解決の糸口を見つけるには有益なコンセプトの一つです。「実際に問題解決に繋がるために」用いることが重要です。アラミド繊維の事例では、なぜ、繊維のようにしなやかなものが硬い鉄よりも強い引っ張り強度を持つ理由」を説明する際には有効ですが、それ以外の場面では、ほとんど雑学の域を出ません。

例える思考習慣を磨くには経験や好奇心が必要ですが、先人達の知恵からひらめきを得ることもできるかもしれません。ジョエル・レヴィが書き、日本でも話題になった「A Bee In A Cathedral

And 99 Other Scientific Analogies」（邦題：「デカルトの悪魔はなぜ笑うのか」）はアナロジーの世界の面白さを伝えている魅力的な本ですので、お勧めします。

シミュレーション（#simulation）とは、ある仕組みを他の似たような法則を再現する別の仕組みで模擬する手法です。コンピュータ上でシミュレーションを行うことで、実際に行うには大掛かりなで危険なこと（例えばロケットの打ち上げやトンネル掘削時の爆破による崩落危険性の確認など）を安全な環境で予測することが可能になります。

シミュレーションを実施する際には、模倣する仕組みやその動作法則をしっかりと見極めることが重要です。また、連続した現象をある点と別の点から積算したコンピュータを用いたシミュレーションは現実との誤差が必ず生じるため、モデルを用いた誤差の見積もり（専門用語でキャリブレーションと言います）が必要です。

コンピュータを用いたシミュレーションは、数的モデルと関連性が強く、アルゴリズム（#algorithms）を利用することが多く、最適化（#optimization）を導く際に利用されます。

アルゴリズム（#algorithms）はある問題を解くための手順を定式化したものです。コンピュータ上のソフトウェアにアルゴリズムを組み込んだものをコンピュータ・プログラムと呼びます。こうしたコンピュータ・プログラムは、SNS上で自分が興味を持っている分野の広告が表示されること、株式の高速自動取引や、自動運転技術まで幅広く応用されています。

問題を解決する上で、アルゴリズムが果たす役割は、コンピュータに膨大な計算を手際よく行う指示を与えることです。代表的なアルゴリズムを把握しておくことで、どのようなプログラムを利用することが問題解決の近道になるか、導けるかもしれません。

代表的なアルゴリズムの例

アルゴリズム名	内　容
力任せ検索	全ての可能性のある解の候補を体系的に数えあげ、それぞれの解候補が問題の解となるかをチェックする方法 解が存在するならば、必ず見つけられますが、候補数が多いとそれだけ計算コスト（時間x計算数）がかかります。 問題の大きさが限定されている場合か、解候補数を処理可能な程度に縮小できる問題固有のヒューリスティクスがある際に利用されます。
貪欲法	問題の要素を複数の部分問題に分割し、それぞれを独立に評価を行い、評価値の高い順に取り込んでいくことで解を得るという方法です。保持する状態は常に一つで、一度選択した要素を再考する事はありません。 このため得られる解は最適解であるという保証はありませんが、部分問題の解法と単純なソートのみでプログラムを実装できます。
ソート法	データの集合を一定の規則に従って並べる方法です。対象となるデータの構造や必要な出力によって、使われるアルゴリズムが変わってきます。
分類法	機械学習などに利用されるもので、対象を2つに分類（例えば正常と異常）するものと、複数のもの（例えば、ある写真を読み取り、記憶しているデータ分類（例えば、人の顔ーアジア人）から該当するに分類するものがあります。

効果的なアルゴリズムを適用するには、解きたい問題の性質をしっかり把握しておく必要があります。その意味で、アルゴリズムは単独で用いるものではなく、問題の分解（#breakitdown）やシミュレーション（#simulation）、最適化（#optimization）などのコンセプトと一緒に用いることが必要です。

ミネルバ大学の特徴的な点として筆者が感じるのは複雑系に代表される構成論的な思考を従来の還元論的な思考と同程度に重視しており、特にこうしたコンピュータを用いたシミュレーションを構築し、未来を自分の力で予測していくための基礎力の習得を奨励しているところです。

制約（#constraints）というコンセプトは問題を解決する際に、取り得る選択肢の制約を意識することで、現実的な解決策を導く、というものです。制約を意識することは、解決策を「理論的には可能だが、現実的に不可能」という絵空事にしないために必要です。

良い制約のコンセプトの使い方は、問題を構成する全ての制約を満たすことができれば、その問題は解決したに等しい、ということです。この考え方を制約充足（Constrain Satisfaction）と呼びます。

こうした制約充足の考え方は、人工知能の学習プログラムなどに応用されています。代表的な制約充足問題の学習プログラムは次の5つがよく知られています。

最適化（#optimization）は、問題の解決において、最も実現性の高いものを選択することです。最適化を実現する上では以下の点を確認することが必要です。

1. 問題の本質と何が解決策となり得るか、正確に把握しているか
2. なぜその解決策が最適であるかを客観的に比較検証できる方法がある
3. 制約充足を満足しているかー制約条件の中で実現可能なものか

最適化のコンセプトを用いた考え方は、たとえば工場の電気料金の最適化を考えるときに有効です。ここで重要なのは、電気の消費量を最小化することではなく、あ

制約充足問題の例(10)

制約充足問題の例	内　容
8 queens	チェスボード上にクィーンをお互いに攻撃しない位置に配置する問題
地図の塗り分け	地図上の隣接した地域に異なる色を塗る問題
線画解釈	線画を3次元空間内の立体として解釈する問題
レイアウト	建築設計においてフロアにいろいろな家具や機器を配置したり、超集積回路のような電子回路に素子を配置するような問題
スケジューリング	タスクの集合が与えられたときに、時間や資源に関する制約のもとで各タスクに開始時刻を割り当てる問題など

(10) http://kussharo.complex.eng.hokudai.ac.jp/~kurihara/classes/AI/ai.htm 〈人工知能の基礎〉コンピュータサイエンスコース　4年第1学期（春）制約充足（1）制約充足問題（CSP）

くまで電気料金を最小化することを目的とすること（ちなみに、これは問題の特定（#rightproblem）というコンセプトを使用しています）です。

電気代の最適化を図るには、待機機能を利用している製品（製造装置、検査装置、空気清浄機、エアコンなど）を調べ、それらの電源を切った際に得られるコスト削減を調べます。次に一日の電気料金が使用時間帯によってどれだけ異なるかを調査します。その上で、最も電力を消費する製品をどの時間帯に利用し、どの時間は完全に電源をオフにするのがコスト削減の観点から有効か、簡単な数理モデルを使って調べることができます。

ここまで、シミュレーションとそのサブコンセプトを紹介しました。「問題解決のテクニック」に関するコンセプトをあと二つ紹介します。

問題解決のヒューリスティクス（#problemheuristics）では、判断の優先順位をつける際の思考習慣でもご紹介したヒューリスティクスのコンセプト（必ずしも正しい解を導く保証はなくとも、経験則などに基づき、解決策を探っていく考え方）のうち、特に問題解決に関連性の強いものをご紹介します。

また、こうしたヒューリスティクスは、アルゴリズムと組み合わせて利用することで、コンピュータ・プログラミングの演算速度を上げるためにも用いることができます。厳密な制約充足を計算するのには時として膨大な時間を要するからです。取り得る解法の選択肢が非常に多い場合、一つひとつを検証していく作業を繰り返すよりも、経験則に基づき、一つのステップから次のステップに移る方が効率的です。

アルゴリズムが重たい演算作業、ヒューリスティクスが人間の創造性が発揮される部分ということもできそうですね。

新規事業開発の世界では、事前に「実績」を示すことは不可能なので、問題解決のヒューリスティクスを利用した判断を行います。

具体的には、ある新規事業に乗り出す際、どれくらいの需要（顧客数）があるか調査します。予想以上の顧客数が得られそうだ、と予測できたら、次はそれらの顧客の内、実際に事業化する製品・サービスに対してどの程度の金額を対価として支払う用意があるか調査します。

得られた情報から、新しい事業が生み出す利益を予想し、会社に対して事業の立ち上げプロジェクトを提案する、といった流れになります。

大切なのは、最初から「売上〇〇億円未満のプロジェクトには取り組んではいけない、というよ

問題解決に役立つ代表的なヒューリスティクス[11]

ヒューリスティクスの名称	内　容
手段目的分析	人工知能（AI）の技法の一種で、問題解決プログラムでの検索制御技法のひとつです。 現在の状態と目標状の態があるとき、両者の「差」を縮小する行動を選択します。その行動は現在の状態に対して実行され、新たな状態を生みます。このプロセスが繰り返し行われ、目標の状態が現在の状態となるまで続けられます。 東京から大阪まで、公共交通機関を使って移動する場合、どのようなルートが最短時間か、最も安く移動できるか、といった乗換案内などに利用されているもので、全ての組み合わせを演算するよりも、小刻みに最短ルートを検索する（例えば、東京—静岡、静岡—名古屋間）、といったヒューリスティクスをプログラムに組み込むことで、演算数を削減します。
逆向き解決法	ゴールを設定し、その条件から逆算して現在の状況からゴールに至る道を選択します。例えば大阪に午後6時にいるためには、どのような交通手段が最適か、というようなルートの組み合わせを出すことで、全ての組み合わせを試さなくてもよくなります。 逆向き解決法のイメージを掴むには、次の問題を解いてみるのが良いです。 「4L水と9Lの水を汲める容器が1づつあります。ちょうど6Lの水を一つの容器に入れておきたいです。どうすれば、よいですか？」
逐次近似法	ある方程式を解くに当たって，最初一つの近似解を推定し，次にこの近似解を用いてさらに精度のよい近似解を求め，逐次この操作を繰り返して近似の精度を高める方法を逐次近似法といいます。この操作を無限に繰り返したとき近似解が一つの極限に収束するならば、それは実際の解になります。 使用例は、到達する場所に対する最適なルートが見えていなくても、先ずは出発し、進み続けることでルートを探索しながら、目的地に到着する方法です。文学作品や漫画のテーマを決めて、書き始めるうちにだんだんとゴールが見えてくる、といった例がわかりやすいかもしれません。
外部表現	頭の中で思考しつづける、という行為は脳のエネルギーを多く使う割に、外の人と知見を共有できるアウトプットを引き出しにくいので、概念を絵や図、模型、あるいは身体で表現してみることが有効です。 脳の中に記憶を貯蔵するよりも、こうして外部に記録した方が、着想した内容を引き出すことが容易で、さらにそこからアイディアを再生産したり発展させたりすることができます。

（11）Wikipediaなどから編集。「外部表現」については、“Thinking with external representations” David Kirsh（AI & Society）を参照

うな制約」をつけないことです。

「ポスト・イット」や不織布製の洗浄スポンジからフッ素や建築資材の接着剤まで幅広い製品を開発し、5万点近い商品を展開する3Mという会社では、「汝、アイデアを殺すなかれ」という不文律があり、こうしたプロセスを重視して、面白いアイデアをどのように売上に結びつけていけるか、という社内横断的な活動が行われています。例えば、新しい製品のアイデアを技術部門と営業、マーケティングの担当者が上司の許可を得ずに自分の勤務時間の15%までは利用してよい、という文化です。

「新規事業開発部」といった部門を新設すると、どうしてもノルマが課せられてしまい、萎縮しがちですが、企業文化としてヒューリスティクスとKPI（Key Performance Indicator：プロジェクトの進捗評価などに利用される定量・定性評価方法を数値化したもの）が共存した運営ができると新製品が継続的に生み出される、と言えるでしょう。

逆転思考（#contrarian）とは、一般に常識と考えられている方法、前例のある事実とは真逆の視点に立って解決策を模索する方法です。

逆転思考が時に高い効果を上げる最も顕著な事例は、株式取引でしょう。株式が暴落しているときは、皆がさらに株価が下がると見込んでいる時で、そこで買いを入れるのは勇気がいります。

しかし、株価が底（下がり切って上昇に転じる点）で大量の株を購入することができれば、株価の回復に伴って大きな利益を得ることができます。

こうした取引は「逆張り」と言われます。ただ、自分が底だと信じて買いを入れた直後に、更に株価が下がる「底抜け」という現象もあるため、多くの投資家は、株価が実際に上昇に転じるまでは動けず、最も儲かるタイミングを逃してしまいます。

金融のようにすぐに目に見える効果が分かるケースでなくても、逆転思考が効果的に利用されているケースは数多く存在しており、ミネルバ大学の運営もその一つです。

例えば、従来の大学は教授が教える場所に学生が通う仕組みを取っていますが、この方式だと、学校は敷地と施設を常に確保しておかなければいけません。しかし、大勢の学生が一人の教授の講義を聞いて覚える、という学習方法は効果が低いこともさまざまな研究で明らかになっています。この費用と学習効果の課題を、「学生がいる場所に教授が教えにくる」という逆転の思考によって生まれたのが、オンライン形式による授業の採用です。

実は、この考え方自体は、MOOCですでに取り入れられていましたので、実績もあります。ミネルバ大学は、この逆転の発想をさらに生かして、「教員が学生のいるところにくるのであれば、学生は物理的にどこにいてもよい」と考え、別の課題である「密度の濃い異文化経験」を教育プログラムに取り入れることができました。

また、「自前の研究・実験設備を持たないと化学・医薬系を志望する学生には向かないのでは」という疑問にも「世界中の最先端の研究施設から声が掛かる学生を育てる」という逆転の発想が生かされています。これは、ミネルバ大学の核でもあり、本書のテーマでもある「実践的な知恵」を修得し、高い思考・コミュニケーション力を育んだ学生が、サンタフェ研究所や世界的な製薬会社の研究所、スタンフォード大学の医学大学院などでインターンとして招聘されていることからも実証されています。

日本でも、ミネルバ大学までは思い切ったものではありませんが、効果的な教育施設を提供している事例はあります。

鳥取県にある青翔開智中学校・高等学校は、「立派な図書館を立てる追加の土地の確保が難しい」、「別室から図書館までの移動が大変」、「生徒は本を読みたがらない」という課題を、「図書館の中にある学校」という逆転の思考で解決しました。

校舎の設計を任された織田澤副校長が世界的な家具メーカーで教育事業にも熱心なスチール・ケースを訪問した際に、応対した佐藤千里さんと出会い、デザイン思考を取り入れた学校家具の配置、

図書館の中に学校を創る
青翔開智中学校・高等学校の逆転思考例

というアプローチを実行したのです。

その結果、この学校は校舎に入ると正面にラーニングスペースという図書と共同作業を行える空間があり、奥にプレゼンテーションルームがある、という設計になりました。また階段や廊下にも本棚があり、学校生活の中で本を見ないで過ごすということがほぼ不可能になっています。

さらに、デザイン思考を取り入れた探求学習を強化し、地域の企業や地方自治体と積極的に課題解決テーマに取り組むことで、学生が自分で資料を調べる、という習慣を自然に身につけることができます。県の図書館の支援を得て、学校の司書が授業に関連した図書を供給し、学生の興味を引く工夫が実現されています。

外部の人を招いた探求学習の発表会も行われます。高校2年時に1年かけて取り組んだ探求テーマを論文として保管しており、在校生は手にとってみることができます。
「課題図書を借りたりテスト前に自習したり場所」だった図書館を生徒の「知を保管し、次の生徒がそれを活用するという、知が循環する図書館」として図書館が本来持つ機能を再設計した好事例と言えます。

逆転思考を実施する際のポイントは、現在の状況の反対のことを行うのではなく、それが、本質的な解決策として有効となっていることです。

解決策を検証する

さて、問題解決のテクニックについて、ご紹介してきましたが、次に「解決策を検証する」思考習慣について二つのコンセプトをご紹介します。これは、解決したと思っていることが、実は、特定の先入観に基づいていており、本質的なものでなかったというような状況に陥らないために確認しておくべきものです。

ヒューリスティクス・バイアス（#heuristicsbias）とは、自分が目にした耳にしたり経験したりする頻度によって問題の重要度についての判断力が影響を受ける、という先入観をを自覚し、修正できることとです。

私達は記憶に残っているものほど重要だと認識しがちです。

例えば、SNSで頻繁に目にする情報は、実際よりも重要度を大きく見積もりがちです。ツイッターなどで、扇動的なタイトルに釣られて、リツイートなどの拡散を行うと、ますますその記事に関連したものが表示され、あたかも自分の周りの人がその話題を大きく取り上げているかのように誤解しやすくなります。こうした先入観は問題解決を歪めてしまいます。

代表的なヒューリスティクス・バイアスの例をご紹介します。

アンカリング

回答者を無作為に選び、二つのグループに分けます。

（二つのグループとも同時に回答するように心がけてください。）

最初のグループには次の質問をしてください。

「国際連合におけるアフリカの加盟国は65％よりも多いでしょうか、少ないでしょうか…実際、何

%だと思いますか？」

次のグループへの質問はこうです。

「国際連合におけるアフリカの加盟国は10%よりも多いでしょうか、少ないでしょうか…実際、何%だと思いますか？」

ヒューリスティクス研究の第一任者であるD．カーネマン教授によれば、最初のグループの回答は、次のグループの回答よりも大きくなる傾向が強いそうです。

これはアンカリング効果というもので、先行する何らかの数値（アンカー）によって後の数値の判断が歪められ、判断された数値がアンカーに近づく傾向のことを指します。

代表性バイアス

次の文章を読んで質問に回答してみてください。

田中和子さんは31歳の女性で、聡明で、活発、自分の意見を誰にでも臆せず話すタイプです。大学では経済学を学び、経済格差と差別の問題について熱心に取り組みました。

さて、彼女が今、働いているとしたら、銀行でしょうか、それとも、銀行で働きながらフェ

——ミニスト運動を推進する活動家でしょうか

この質問に前者か後者かで選択してもらうと、多くの人が後者を選びます。

これは、代表性バイアスと呼ばれるもので、選択肢の中に「銀行に勤めている」ということが事実として認知されており、これが「大学で経済学を専攻していた」ことと（脳が勝手に）関連性が高いと判断したため、その次の「活動家である」ということ「差別の問題について熱心に取り組んだ」ことも事実だろう、と予測してしまうのです。

こうした代表性バイアスは投資や事業計画の見込みについての判断にも影響を与えます。「過去に良い業績見通しを出してきた企業は、今期も良い業績を出すだろう」という感覚は、代表性バイアスにとらわれています。

自己学習（#selflearning）はヒューリスティクス・バイアスを予防するための有効なコンセプトの一つです。人は便利な思考ツールを手に入れると、それに頼って問題解決の手法を特定のフレームワークに頼りがちです。しかし、立ち止まって考えるべきことは、ある問題解決手法が有効であるときは、なぜ、それらの方法が特定の問題を解決する際に強力な効果を発揮するのか、という理由を追求することです。また、「私はこの分野について随分学んだ。」と過去を振り返るよりも、常に変化していく学習環境で新しい課題（教材）と向き合って「学び続ける」ことを意識することが重要です。

コスリン教授は、ミネルバ大学の公式ガイドブックの中で実践的な知恵をより効果的に学び、維持するために参考になる「学習の科学」の原則を16項目にまとめています。[12]

(12) Science of Learning_「Building the Intentional University – Minerva and the future of Higher Education」(B.Nelson & S.Kosslyn)

●行動原則Ⅰ……考え抜く

深く考えて、主体的に思考を巡らせたものほど記憶が定着する、という原則です。

・脳を深く働かせる(Evoke deep processing)

より多くの認知活動を行うほど、より多くの記憶の引き出しが得られます。

・適切な難易度で学ぶ(Using desirable difficulty)

簡単すぎると飽き、難しすぎると投げ出したくなります。興味を持って取り組める難易度で学ぶことが重要です。

・記憶を引き出す力を高める(Eliciting the generation effect)

単純に、何度も思い出す努力をすることで、記憶が更新され、強化されます。

・継続的な学習を促す(Engaging in deliberate practice)

特定のものに注意して学ぶ必要がある時（例えば語学の発音など）、高頻度のフィードバックをもらいながら、学習することが役立ちます

・休憩を入れる(Using interleaving)

一つのタイプの問題を繰り返しやるよりも異なる問題を混ぜたり、複数の科目を交互に学んだりすることが有効です。人の脳は新しい情報を処理する時の方が、同じものを扱う時よりも深く働いているためです。

・二重処理を心がける(inducing dual coding)

言語と視覚の両面で考えることで記憶が強化されます。文章を読みながら、その場面の景色や情景を想像することなどが有効です。

・感情を呼び起こす(Evoking Emotion)

感情を呼び起こす行為は、脳の異なる部分を活性化させるので、深く働かせることになります。

↓記憶が定着し易くなります。

●行動原則2……関連性を作り、活用する

物事を関連づける作業は情報を整理し、記憶する負荷を下げることができます。また記憶を引き出す際に、関連性があるものを合わせて取り出せるという効果もあります。

行動原則2には、「情報を構造化するための原則」と「情報を効果的に引き出すための原則」の2つのサブ行動原則が存在します。

情報を構造化するための原則

・グループで覚える(Promoting chunking)

人は3〜4個までの情報をひとまとめにして覚えることができます。例えば16個の原則を効果的に覚えたければ四つ以下のグループ作って覚えるのが効果的です。

・すでにある情報を関連づける(Building on prior associations)

すでに記憶されている情報と関連づけると記憶が整理されて覚え易くなります。例えば、親しい友人からの紹介であった人は覚えやすいですよね。

ここで興味深いのは、既にある情報と関連づけて覚えることが有効という考え方は、「専門家のパラドックス―専門家ほど従来の考え方に囚われて新しい考えを吸収できないという主張」と反しています。しかし、コスリン教授によれば、実際には、情報を関連づけることができる人ほど、新しい情報を分類し易くなり、特定の主張に拘らなくてもスムーズに解釈できるようになる、と解説しています。

・基礎的な内容を先に提供する(Presenting foundational material first)

基礎的な内容を先に記憶することで、それに関連づけて新しく、より複雑な情報を学び易くなります。

・適切な事例を用意する(Exploiting appropriate examples)

抽象度が高い内容を記憶するのは難しいですが、事例と関連づけると記憶し易くなります

・暗記ではなく、原則に頼る(Relying on principles, not rote)

学習は、単に事例を記憶するのではなく、原則を理解した上で、事例と紐つけることでより強化されます。

情報を効果的に引き出すための原則

・ストーリーで関連づける(Creating associative chaining)

グループ化された記憶を覚えるには複数のグループを物語のような関係性にして記憶するとことで個別のグループの構造化を理解し易くなります。

・時間をかけて、休みながら取り組む(Using spaced practice)

短時間での詰め込みは薄いペンキを塗り重ねるのと似て、はがれやすい知識を作ります。これは関連性が弱いため、うまく記憶を止めることができず、表層的な知識を繰り返し学ばなければいけないからです。ゆっくりと丁寧に時間をかけて塗られたペンキは厚く、剥がれにくいのです。

・異なる脈略の中で学ぶ(Establishing different contexts)

学習内容が深く定着していると、一つの分野だけでなく、別の分野に学習内容を応用することができます。(ファー・トランファー)

ファー・トランファーを誘引するには、日頃からさまざまな異なる場面で学習した内容を試してみることです。違う国や異なる文化を持つ人達と共同作業を行うことも有効です。

・異なる引き出しを持つ(Avoiding interferences)

異なる記憶の引き出しを持つこと、は矛盾する情報を処理するときに役立ちます。

例えば、フランス語で「de」は「デゥ」と発音しますが、事前にスペイン語を習っていると同じ綴りを「デェイ」とスペイン語での発音にしてしまいがちです。

こうした障害を避けるためには、フランス語を話すときは、フランスをイメージしたものを頭に描くことが有効です。

ミネルバ大学のコンセプトの中に自己学習というコンセプトが盛り込まれている背景には、実践的な知恵を体系化したステファン・コスリン教授の思いがあります。コスリン教授は実践的な知恵について、著書の中で次のように述べています。まさに自己学習のコンセプトが反映された文になっています。[13]

「実践的な知恵がミネルバ大学のカリキュラムの核であることは事実だが、それでも我々はいくつかの重要なコンセプトを見落としている可能性が高い。またなぜ一部のコンセプトが強調されていて、他のものは除かれているのか、といった批判を受けることもあるだろう。そうした批判が妥当であ

(13) Building the intentional university -Minerva and the future of higher education- (S. Kosslyn & B.Nelson) P.40

ると判断すれば、これらのリストは更新されるべきだ。実際、今ある一覧は学生や教員、スタッフ、インターンや協働パートナー達からのフィードバックを受けて編纂されたもので、これからもアップデートしていくものだ。そして、この動きはどこかで終わるというものではない。なぜなら実践的な知恵を提供する目的は、学生達に変化していく世界で自立した学習者として成功していく知的ツールを持たせて卒業させることだからだ。そして、世界は常に変わり続けているから、我々の提供するものも、提供方法も変化していくのは当然のことだ。」

これで「問題を解決する」に関するコンセプトはおしまいです。

製品・プロセス・サービスを開発する

問題解決力の最後のセクションは「製品／プロセス／サービスの開発」です。ミネルバ大学では、次の3つのコンセプトを紹介しています。

デザイン思考（#designthinking）は1980年代からスタンフォード大学で研究が本格的に始まり、近年ビジネス分野への応用されたことから広く認知されているコンセプトです。

厳密に統一されたフレームワークはありませんが、デイビッド・ケリーらが創設したデザイン・コンサルティング会社のIDEOが用いるフレームワークが広く知られています。

IDEOによるデザイン思考のフレームワーク(14)

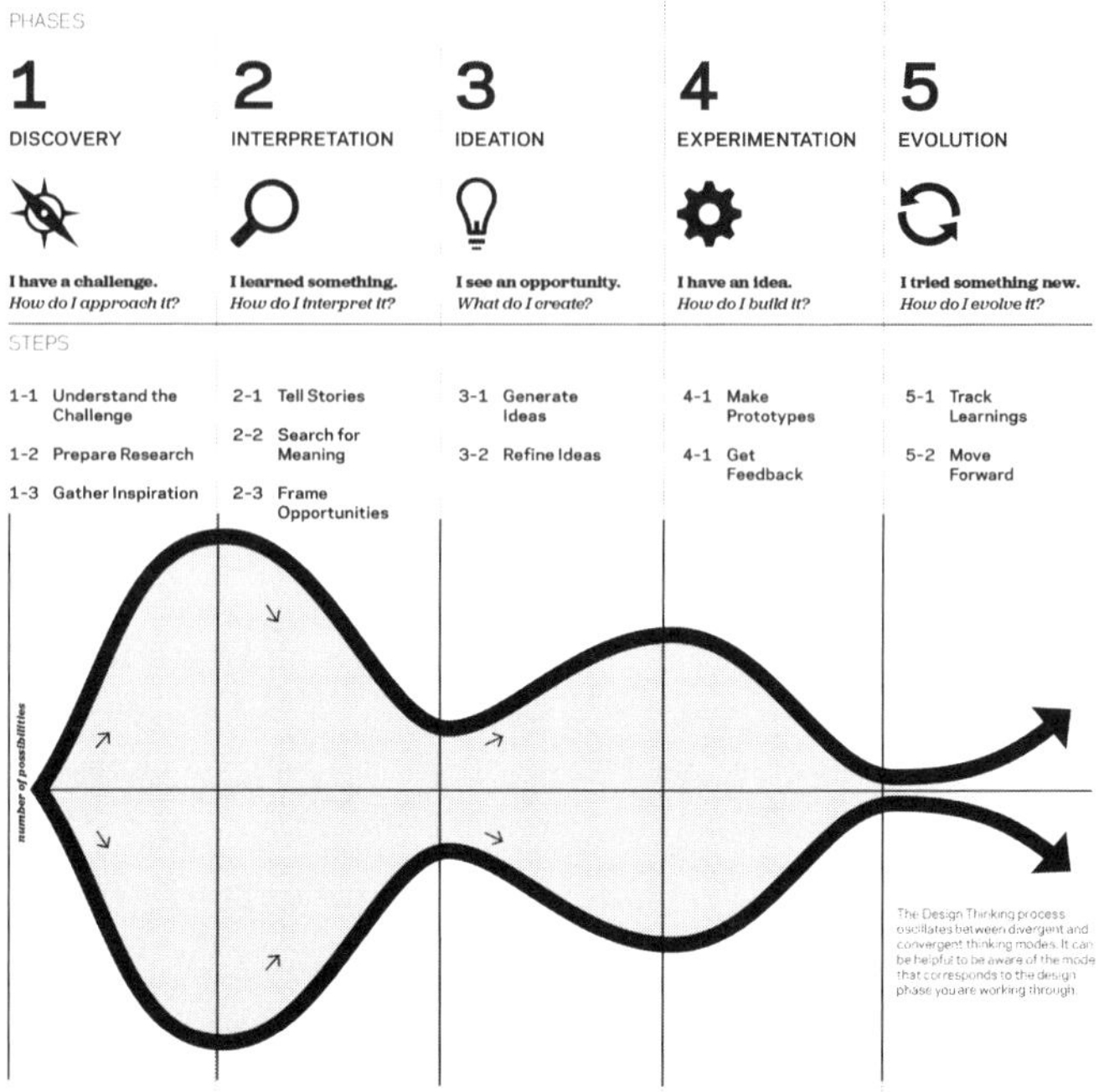

IDEOのフレームワークは「発見」→「解釈」→「着想」→「試作品」→「テスト」というサイクルで製品を作っていきます。それぞれのステップでヒントとなるチェックポイントが書かれています。このフレームワークの使い方は「Design Thinking for Educator」というサイト（https://designthinkingforeducators.com/）からダウンロードできますので興味がある方はぜひ確認してみてください。

ミネルバ大学では、デザイン思考のコンセプトを、「繰り返し」用いることを強調している点は注

(14) https://designthinkingforeducators.com/

目したいポイントです。

筆者は高機能化学素材の業界で約20年間、新製品開発や用途開発に携わってきました。最初に勤めた日本の会社では開発品は技術部門が管理し、社内でもなかなか公開せず、どんなコンセプトでどういうアイディアが応用されているのかも秘密にされていました。

一方、後に転職した外資系の会社では、製品開発には営業部門や顧客の積極的な関与が歓迎され、むしろ顧客に対して、自社製品がどのような着想で、どんな技術を用いてできたかを説明していました。こうした説明の過程で、顧客から「そういう発想だったら、こんな問題にも使えそうだよね」とご提案頂き、その提案を基に試作品をお見せしてディスカッションを重ねていく、という作業を経験しました。

最初の会社では、絶対に出てこないような粗いコンセプトモデルでも顧客のフィードバックを重視して、何度も試作品を繰り返す作業は印象的でした。顧客は全ての情報を最初からオープンにしてはくれないものです。プロトタイプから顧客のニーズに合わせた製品を提案し、「一緒に作り上げる」とその後の新製品開発や顧客別のカスタマイズも自社との共通認識（暗黙知）があるため、スムーズに展開されていきます。

創造的ヒューリスティクス（#creativeheuristics）とはヒューリスティクス（経験に基づいた直感）

を活かして新製品や新しいサービスを生み出すコンセプトです。他の多くのヒューリスティクス同様、必ずしも効果的な解決法とならない場合もありますが、あえて「深く考えずに、手が動くままに」作業することで、今まで見えていなかったことに気がつくこともあります。

創造的ヒューリスティクスには主に次のようなものがあります。

・素材と形状の組み合わせを作成する

例えば、テーブルを作る際、天板と脚という部位ごとに、どのような素材と形状が考えられるかリストを作成し、ランダムに組み合わせることで目的と機能性のマッチングを図ることができます。[15]

・真似る

例えば、水着を考案するとき、サメやマグロの皮膚に注目し、同じような構造の水着を作ってみます。高速で飛ぶ鳥の羽の形状や姿勢から大きな三角形の翼（デルタ翼）を持つ航空機を試作するアイディアを得ることができます。

・視点を変える

製品やサービスの利用法に関して、様々なステイクホルダーの立場から考えて、それぞれの課題やニーズを理解することで、制約充足された製品・サービスを開発することが可能になります。

(15) こちらから、ideaHUBが提供する46のパターンを入手できます http://www.ideashub.eu/wp-content/uploads/2019/02/46-Design-Heuristics-Creativity-Unfolded_.pdf

・増やす／減らす

材料や部材の量を加えたり、逆に省いたりしていくことで最適なデザインを導きます。

創造性を助けるヒューリスティクスは他にたくさんあります。クリエイターは様々な引き出しを持っていますが、そうしたアイデアを引き出していく様子を描いた佐藤ナオキさんの「コップってなんだっけ?」という本はおすすめです。

抽象化（#abstraction）とは、ある製品開発の解法を得た際、その製品に実装されているソフトウェアやハードウェアを分解、解析などして得た、製品の目的、材質、構造、仕様などの技術情報（リバース・エンジニアリング）を活用して、別の製品開発に活かす、というコンセプトです。抽象化を行う際のポイントは、新しい製品に活かせる要素を重点的に抜き出し、他の要素は無視するという割り切りです。

抽象化は、企業が自社製品の継続的な改善による競争力強化に必要な「知の深化」と、その強みを異なる領域に応用して新しい製品・市場を開拓するために必要な「知の探索」の両方を実現する上で、重要なコンセプトです。

化学素材産業では、自社の製品を幅広い業界に展開するため、一つの業界での成功事例を別の業界に応用する作業に日常的に取り組んでいます。例えば、自動車における採用事例を電子部品や土木建築分野に応用します。この際に、異なる業界の顧客に、どのような要件（ニーズ）に対して、自社製品のどのような特徴を活用したのか、それはどのような化学的なプロセスによって実現されているのか、という成功要因を抽象化して営業します。こうすることで、同じ業界に対する成功体験の強化（知の深化）と異なる業界への波及展開（知の探索）を実現していくのです。

ここまで、問題解決に関するコンセプトを紹介してきました。

発見を促進し、問題解決のテクニックを使い、製品・サービスを創造する、という一連の思考動作を紹介しましたが、生命科学の分野における実験の設計コンセプトやコンピュータ・プログラムの効果的な利用法など専門的な分野で、複雑で大量なデータを扱う際に有効なヒューリスティクスのコンセプトなど新しい視野が得られたでしょうか。

第8章

情報を発信する

——Effective Communication

情報を発信する(Effective Communication)

優れた思考を持つ人であっても、人と話すことや協働作業が苦手な人がいます。情報が一部の知識階級に独占されていた19世紀の時代であれば、難しい論文や本を書いて、読み手に対して理解力を求めることも、許されたかもしれません。

しかし、今は国境や文化を超え、さまざまな形式でのコミュニケーションが求められる時代です。自分とは異なる背景を持つ人に、特定の文化に根付いた視点や表現方法が存在し、その影響下にある自分の考えを、理解してもらうためのスキルは文化の維持や伝承と同じくらい重要になっています。

ミネルバ大学では、単に論文を発表して終わる知識ではなく、実際に社会の前進に役立つ実現性を重視するため、実践的な知恵では、思考法と同等にコミュニケーション法についても有効なコンセプトを紹介しています。

優れた情報発信力は、国際的に活躍するリーダーには欠かせない能力の一つです。言語表現力、とりわけ明解なメッセージをそれぞれの状況に応じて適切な形式で伝えられる必要があります。

情報発信力の思考動作のイメージ例

〈情報発信〉
来月の地域コミュニティ集会での発表を
任せてもらった

情報発信力の思考動作

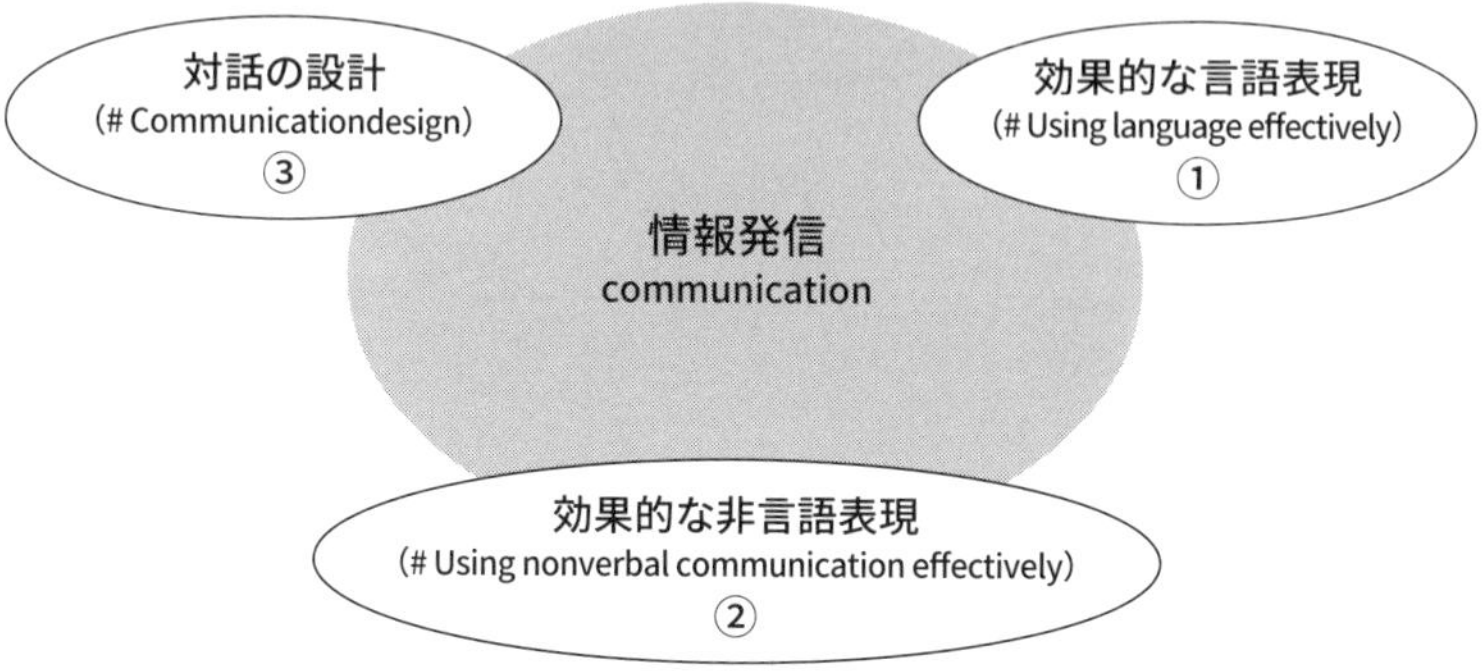

情報発信力の思考例

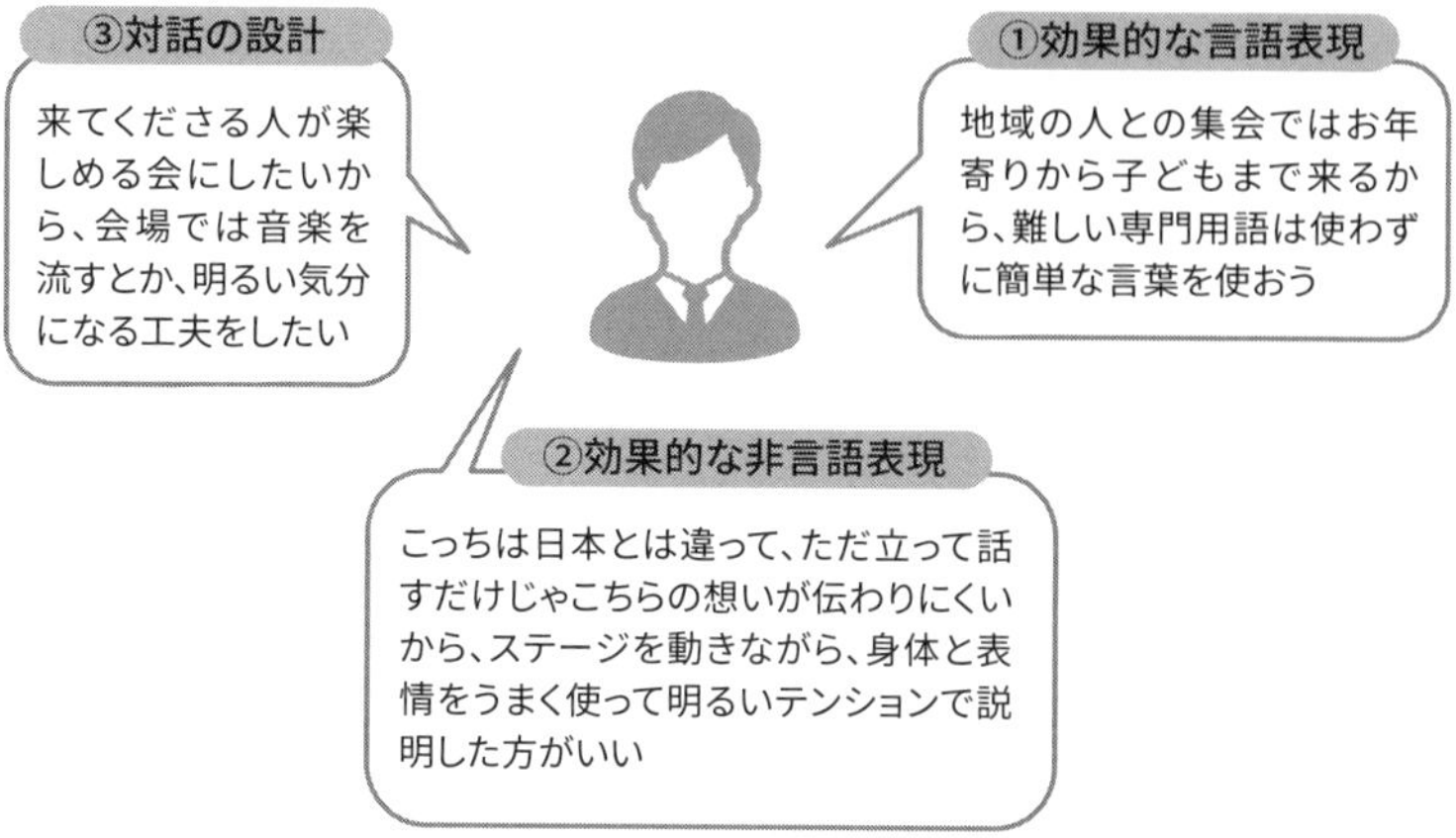

また、効果的な情報発信には、適切な表情やボディー・ランゲージといった非言語表現も活用されています。
この章では、「効果的な言語表現」、「効果的な非言語表現」、と「コミュニケーションの設計」という三つの分野に役立つ思考習慣をご紹介します。

効果的な言語表現
文章や口語で表現する際に押さえておくべきポイント

効果的な非言語表現
対話をする際に押さえておくべき言葉以外の情報発信のポイント

対話の設計
コミュニケーションを取る相手を意識し、最良の情報発信をする際に押さえるべきポイント

効果的な言語表現

効果的な言語表現（#Using language effectively）は、文章や口語表現で自分のメッセージを相

情報発信力のコンセプトの関係イメージ図

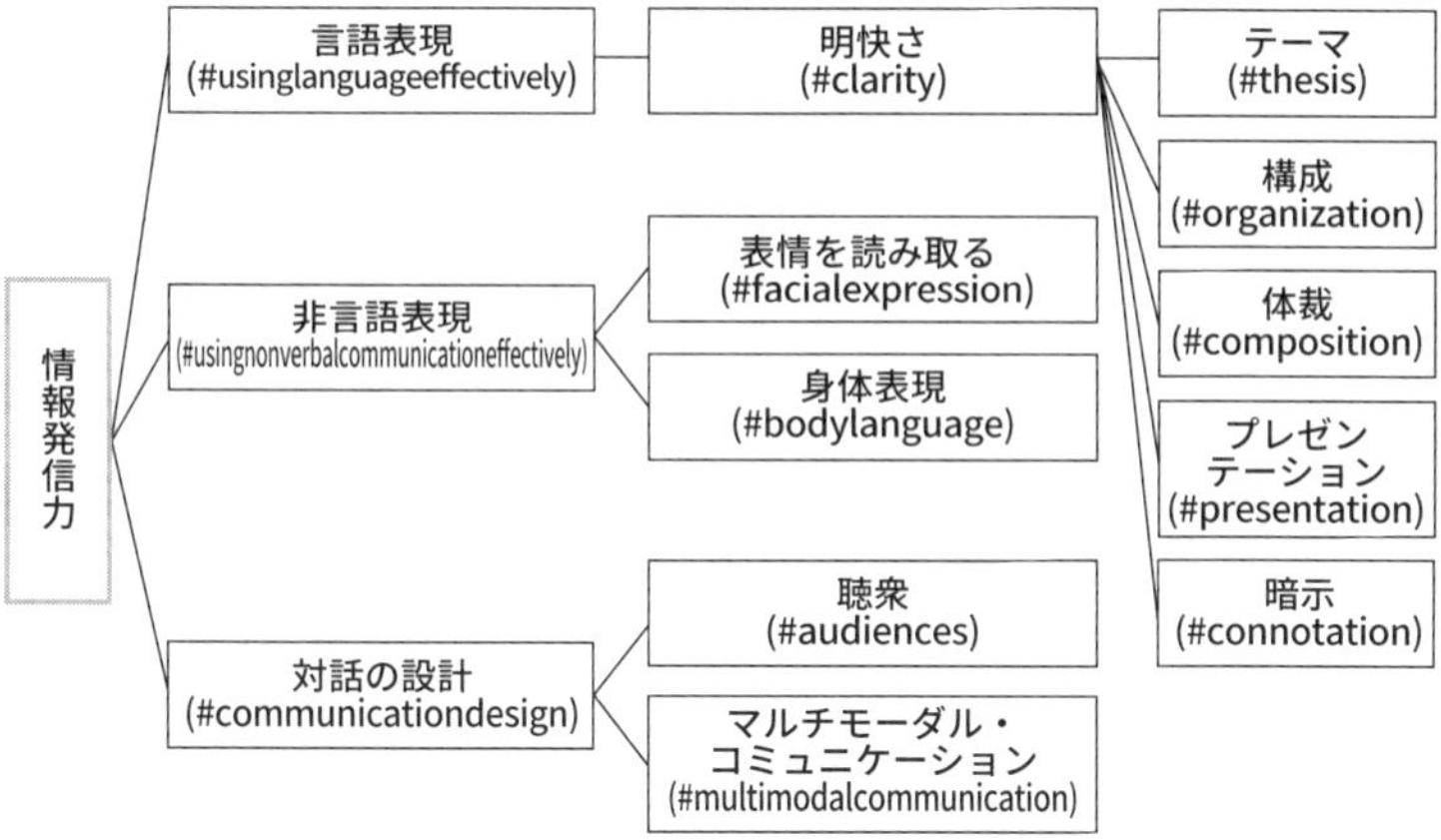

手に発信する際に有効なコンセプトで構成されています。最も重要なのは、**明快さ**（#clarity）を持って発信することです。そのためにはテーマの設定や、しっかりとした根拠に支えられた主張、適切な語彙を使って表現することが必要です。したがって、明快さに関するコンセプトは情報判断力で紹介した**必要な情報**（#infoneeded）や**情報の質**（#sourcequality）との関連性が高く、参照することが望ましいといえます。

明快さを構成しているコンセプトは以下の6つです

テーマ（#thesis）とは明確なテーマを設定することです。明確なテーマとは、しっかりと定義された主張であり、その内容は客観的で議論ができる、問題に関連した正確な情報に基づいてものである必要があります。目にした情報に対して直情的に意見を書くのではなく、立ち止まって自分の主張をはっきりとさせ、それが成り立つ根拠の目処が立ってから、しっかりと主張することが重要です。

テーマのコンセプトを鍛える方法は、自分の主張を一つの文に簡潔に、スコープを絞って議論の題材となるように表現する訓練をすることです。こうすることで、読者はあなたの主張がどこへ向かうのか目安をつけることができます。

事例を用いて、実際に体験してみましょう。
次のテーマの中で最も〝読みたい〟と感じるのはどれでしょうか。

CASE-17

あなたが世界の食料問題について調べている時、次のテーマの中で最も「読みたい」と感じる論文はどれでしょうか。

1. この記事では世界の食料問題について論じる
2. この記事では世界の食料問題について、多国籍企業の活動という観点から論じる
3. この記事では世界の食料問題において、世界最大の穀物商社が米国とアフリカ諸国で

——行ったロビイング活動とその影響について論じる

1番目では、あまりにも範囲が広すぎて、なぜ読まなければいけないのかよく分かりません。会社の上司から命令されているか、お気に入りの著名人が書いたものでもない限り、後回しにされるでしょう。

2番目には少しは興味を持てるかもしれません。もしかしたら自分が欲しい情報が含まれているかもしれません。しかし、The Economistなどの有力メディアの特集でもない限り、タイトルからは広く浅い調査のように思われます。

3番目はどうでしょうか。タイトルを読めば何が書かれているか、だいたい想像はつきますし、興味が湧くのではないでしょうか。もちろん、この特定のテーマに関して、いま直ぐ調べる必要がなければ、あなたがこの論文を直ぐに読むことはないでしょう。しかし、印象に残り、何かのきっかけで検索し、参照にする可能性が高いのは、この論文であることも納得がいくでしょう。

構成（#organization）とは、どのような順序で説明すれば聞き手や読み手がスムーズに理解し、記憶できるかを考え、論文や記事、スピーチなどを構成することです。

優れたプレゼンテーターに共通する話の流れの解説図

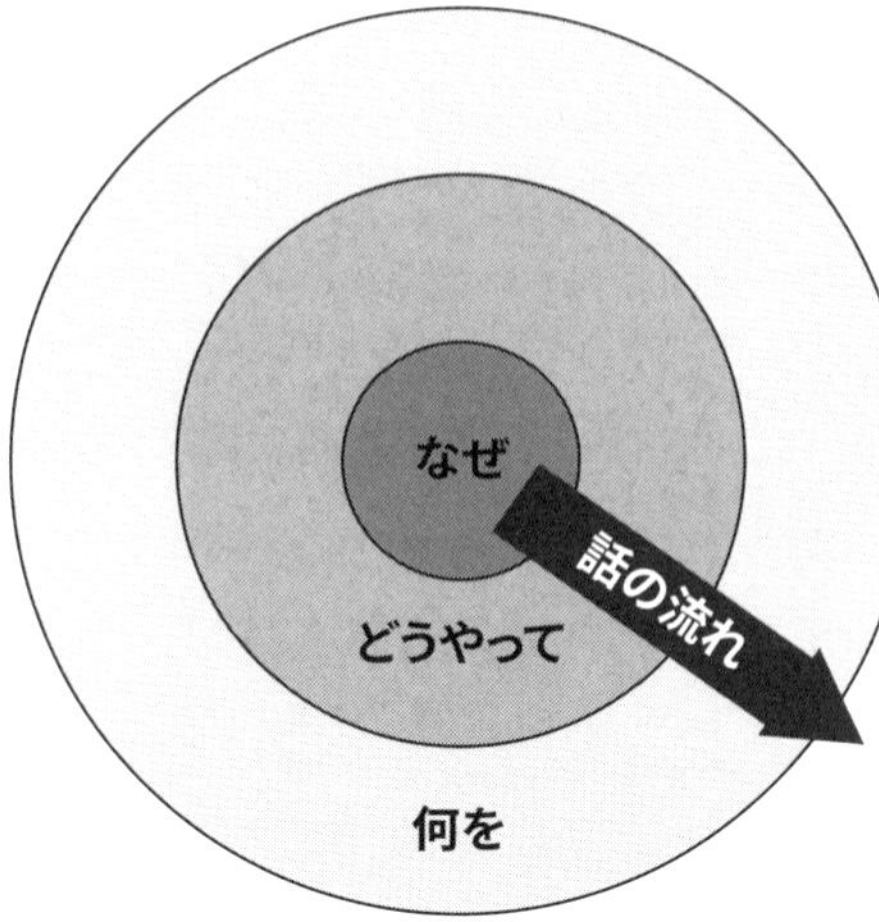

構成は、どのような場面で、誰に向かって、どんな内容を話すかによって変わってきます。例えば、英語での会議で、ビジネスの報告を行う場合は、最初に最も重要で、自分が伝えたいことを先に述べた後で、その主張の根拠を導く証拠となる事実や説得力のある調査を説明し、必要なアクションについて言及するのが一般的です。

優れたリーダーは構成をしっかり考えた上で、資料やスピーチの原稿作成に入ります。リーダーシップ研究家のサイモン・シネックは、こうしたリーダー達のスピーチや発するメッセージの構成について調べ、その著書「Start with why?」[1]で、「世の中に溢れる商品説明は、「何を→どうやって→なぜ」の順で行われるが、優れたプレゼンター達は、この

(1) https://www.ted.com/talks/simon_sinek_how_great_leaders_inspire_action?language=ja

逆、「なぜ→どうやって→何を」という順で行う。これによって自分に共感する人達を味方につけていく」と述べています。

実際にパーソナル・コンピューター（PC）の新商品の例で見てみましょう。

創造力に溢れた人達には彼らの創作意欲を表現できる手段が必要です（なぜ）

なので、特にデザイン性と操作性を重視して設計しました（どうやって）

これは最新のPCです（何を）

あまり購買意欲をそそられませんね。

PCは他にいくらでもあるので、情報発信する人にとって最高であろうが、聞き手にとっては「それで？」という印象しか残りません。

また、最新のPCだから、特にデザイン性と操作性を重視するという設計思想が分かりにくいので、「それだけ？　他にも重視しなきゃいけないところはあるんじゃない？」という疑問を生じさせます。続く理由も、なんだかとってつけたような売り文句で、最新のPCを使うのは創造力に溢れた人じゃなきゃダメなのか、という僻みまで生みそうです。

では、逆にしてみましょう。

創造力に溢れた人達には彼らの創作意欲を表現できる手段が必要です（なぜ）
なので、特にデザイン性と操作性を重視して設計しました（どうやって）
最新のＰＣです（何を）

最初に誰の問題を解決したいのか、というメッセージが発信されているので、関心のある人が集まります。

創作意欲のある人の中には、今までのＰＣのデザインがあまりに不細工で、インスピレーションを得られなかった人もいるかもしれません。また、パッと浮かんだアイデアを形にしようとする際に、操作性が悪かったりして、戸惑っている内に、肝心のアイデアがうまく表現できずに消えてしまうことで、イライラした経験がある人もいるかもしれません。こういう人達には説得力のあるメッセージになるでしょう。そして、その人達にとって、は最高のＰＣになる可能性は高いでしょう。

同じ文章でも順番を入れ替えるだけで、誰に、何を伝えたいメッセージなのか、明確になり、伝わり方を変えることができる、という感覚が掴めたでしょうか。

体裁（#composition）とは正確で分かりやすい語彙や文章形式を用いることです。ビジネスの現場では、文章はなるべく簡潔に、少ない文字数で表現するのが望ましいというコンセプトです。科学の世界では、似たような属性を持つものを同じ分類となして、なるべく単純に整理することが望ましいと考えられています。こうした考え方を"Principle of parsimony"（単純性の原則[2]）と呼びます。

短いだけでなく、可能な限り明快な表現を使うこと、受動態の文章や言葉遣いを避け、入念に文章構造と正確さを確認することが必要です。

話す時は簡潔に、誠意ある表現を用いることを心がけましょう。円滑なコミュニケーションを実現するために、どのような時に事例や引用句を用いるべきか理解することも重要です。

なお、米国では簡潔に表現するというと、直接的な表現が好まれますが、それは他の国の文化では必ずしも有効でないことも留意しておくことも大事です。

簡潔な文章表現を鍛えるためには、長い記事を読んだ際に、字数制限を設けて簡潔な要約を作成する練習が役立ちます。これは、「つまり、何が言いたいか？」を繰り返している作業であり、これを継続していくことで情報の本質を引き出し、それを平易かつ正確な表現で伝えることにつながるからです。

プレゼンテーション（#presentation）とは、プロフェッショナルとして必要な規則やマナーを守

(2) http://www.oxfordreference.com/view/10.1093/oi/authority.20110803100346221

理、適切な品質の資料やパフォーマンスを提供することです。

発表資料や事前提出資料を第三者に確認してもらうこと（Proofread）は言葉の綴りや誤植、出典の確認や書式ルールの間違いを最小化してくれます。学術的な論文には学会によって書式の規定がありますし、企業などの組織においてもそれぞれのガイドライン（フォント、文字サイズ、行数、空白、スライドの配色など）が定められています。こうしたルールを守ることで、見る人、聞く人に安心感を与え、信頼を得ることができます。

日本の役所が作成する資料は細かい字がびっしり書き込まれ、読みにくいだけでなく、分かりにくいことでは定評があります。

一方、外資系コンサルティング会社では「1スラ

コンサル会社におけるスライドの書式例

ーフォントのサイズ、キーメッセージの長さ脚注や出所の記載場所など、
シンプルだが細かく規定されている

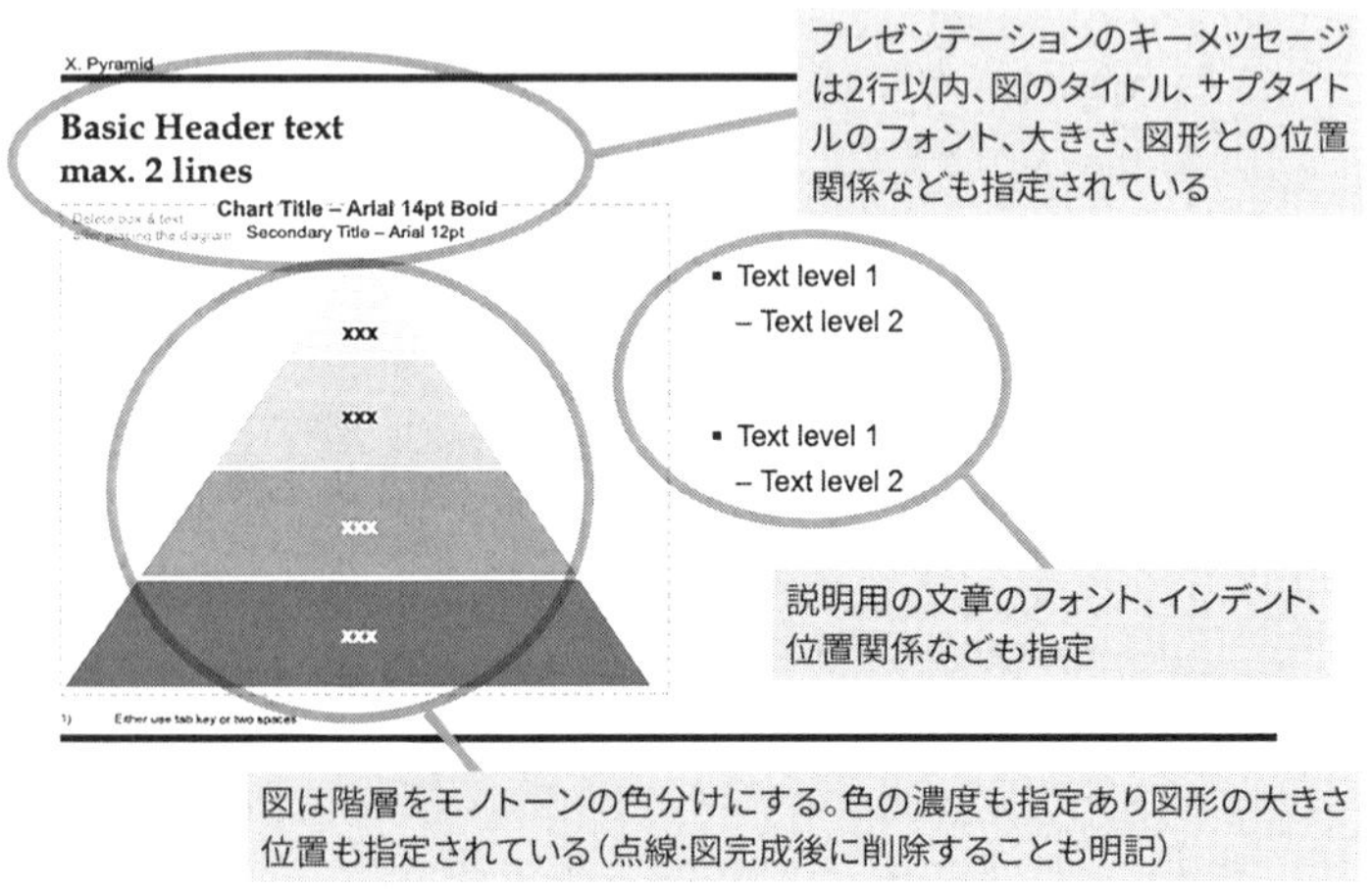

イドにつき、1メッセージ」の原則が重視されています。文末に「し・り・て・が」の四つ文字を使わないことを意識すると、実践しやすくなります。

一般的に、プロフェッショナルなプレゼンテーションのスライドには以下のものが規定されています。

・フォント
・フォントのサイズ（タイトルとコンテンツ）
・文字の色
・タイトルとコンテンツの表示位置
・脚注のサイズと位置
・罫線や図の線の太さ
・図やグラフなどの色

こうしたものを統一して用いることで、資料としての見栄えがスッキリします。

会社でも個人でも、文書書式などに一定のルールを設けるとプレゼンテーション能力は向上します。もちろん資料の内容が重要であることは言うまでもありませんが、それ以前に読みにくいものは手に取ってもらえません。

暗示（#connotation）とはコミュニケーションを効果的に進めるために、言葉や語調、文体の背景にある思想や感情を効果的に伝える「暗示」の効果を理解し、効果的に使うことです。

言葉や口語表現にはその言葉自体の意味以上のことを連想させるものがあります。専門的な用土では、言葉そのものが示していることを「明示的な意味：denotation」といい、その言葉が連想させる意味を「暗示的な意味：connotation」といいます。

「暗示」はその言葉の受け手の文化や歴史、経験によって異なるので、異国でのプレゼンテーションでは特に注意が必要です。分かり易い事例は、歴史上の人物の名前を参照する場合です。

「ナポレオン」はフランスでは「偉大な皇帝で、欧州に『ナポレオン法典』という個人主義、自由主義などを保護する市民法典の模範を広めた人物」というイメージが一般的である一方、スペインでは、「王家を乗っ取り、民衆を虐殺した圧政者」というイメージがあります。

同様に日本では、「伊東博文」といえば、「明治維新の功労者で初代内閣総理大臣」というイメージが一般的ですが、韓国では「日本に占領されていた屈辱の時代の象徴」です。

言葉遣いは、ある人にとっては良いイメージでも別の人にとってはマイナスのイメージがあるものです。

某外資系コンサルティング会社が日本法人を設立し、営業活動を行った際、なるべくカタカナを使わず、「ソリューション」を「打ち手」などと表記していたのも、サービスを提供する日本企業の経営層に「外資系嫌い」の人が多く、「外国かぶれに我が社の経営のなにが分かるか…」という相手の感情を呼び覚まさせ無いように配慮したもの、と言われています。

非言語表現が与える影響

次に、「効果的な非言語表現」を構成するコンセプトについて紹介します。

非言語表現は、「目は口ほどにモノを言う」と言う諺にあるとおり、相手に暗示的な意味を伝えるだけでなく、メッセージ全体の雰囲気をつくる力があります。ここでは二つのコンセプト、表情(#facialexpression)と身体表現(#bodylanguage)をご紹介します。

表情(#facialexpression)とは対話する相手の表情から相手の感情や緊張感を読み取り、より効果的なコミュニケーションを実現することです。

自分がメッセージを発信している時、相手が上の空だったり、関心を示さない時は、自分の準備、用意した話題、適切な相手か、適切な伝え方ができているか、などを考慮する必要があります。

進化論で有名なチャールズ・ダーウィンは「表情はユニバーサルなもので、文化の影響は受けない」と述べています(3)が、これには賛否両論があります。ポール・エクマンは外界との接触が無かっ

(3) 「The Expression of the Emotions in Man and Animals」 C.Darwin (1872)

6つの表情

たとされるパプア・ニューギニアの原住民への調査などから、「喜び」、「嫌悪」「怒り」、「悲しみ」、「驚き」、「恐れ」の6つの表情に関しては文化の差はない、という研究を発表しています[4]。

しかし、それ以外の感情は本当に表情に現れないのでしょうか。また、そこには文化的な影響などがあるのでしょうか。「感情を読み取る」という作業は、次章に登場する感情知性（#emotionaliq）でも解説しますので合わせてご参考ください。

身体表現（#bodylanguage）とは身体を使った表現で、体の向きや動作、ジェスチャーなどを使ったコミュニケーションを解釈し、有効に使うというコンセプトです。

表情（#facialexpression）も身体表現の一部ではありますが、ここではそれ以外の部分を含めたコミュニケーションを指します。身体表現にもユ

（4）「Unmasking the face: A guide to recognizing emotions from facial clues」 P Ekman, WV Friesen - 2003

ニバーサルなものはありますが、国の文化や風習と紐ついているので注意が必要です。図に異文化によってその解釈が異なる代表的な身体表現について紹介してみました。また、特定の国や文化だけでなく、業界や地域によっても効果的なジェスチャーというものが存在します。自分が情報を提供する相手にとって適切／不適切なものは何か、ということを留意してください。

また、身体表現は他人だけでなく、自分にも影響を与える、とハーバード大学のエイミー・カディ教授は述べています(5)。身体表現を使うことで、人はコミュニケーション力を向上させるだけでなく、自分の自信や他者への影響力も改善することができるのです。カディ教授は、身体的表現が実際に自分自身に変化をもたらす原因について、逆転思考を用いることで新たな解釈の余地があると考えました。

「楽しいと感じた時、私達は笑いますが、割り箸を口に挟んで笑顔を人為的に作り出しても楽しいと感じます。力は双方向に作用するのです」カディ教授は、実験対象となった人を二つに分け、片方には「支配的なポーズ：スポーツで勝者が見せるような両手を大きく広げて、自分を大きく見せるような姿勢や胸を張って、腕を腰に当ててるアニメのヒーローがとるようなポーズなど」、もう片方には「萎縮したポーズ：椅子に座り、腕を組んで背を丸め、小さくなる姿勢や膝を抱えて座りこむポーズ」をそれぞれ2分間取ってもらった後に、全く無表情な面接官と5分間の就職活動の模擬面接を行い、その様子をビデオに撮って、この実験のことを知らない人に、誰を採用したいか、と

(5) https://www.ted.com/talks/amy_cuddy_your_body_language_shapes_who_you_are

聞く調査をしました。

その結果、選ばれた人は全員、事前に支配的なポーズをしたグループの人でした。

実際に、医学的に、人には組織のリーダー的役割を果たしている時、テストステロンという力に関するホルモンが分泌され、逆に心理的に不安を感じている時には人にはコルチゾールという、防御に関するホルモンが分泌されるとされています。

そして、この実験を行った際、2分間のポーズを取る前と取った後で、実験参加者の唾液から採取されたホルモンの値は、支配的なポーズを取った人ほど、テストステロンの値が上がり、コルチゾールの値は下がる、萎縮したポーズを取っ

主な身体表現の分類(6)

行為	意味
首を振る	多くの文化では、首を縦に振る（頷く）行為は「イエス＝同意します」を、横に振る行為は「ノー＝同意しません」意味しますが、トルコ、ブルガリア、ユーゴスラビア、アルバニアではこの逆のケースがあります。
目を見つめる	西洋では、相手の目をある程度しっかり見て話すことは礼儀とされますが、日本や中国、オーストラリアの原住民の間では、特に目上の人や年長者に対して、逆に失礼に当たるケースがあります。
指でOKのサインを作る	多くの西洋諸国でOK（了解）の意味を持ちますが、ブラジル、ドイツ、ロシア、中東諸国などでは挑発的な意味を持ち、中国、インドネシアなどでは無礼なものとして認識されています。
触る	握手は多くの西洋諸国で友好の表現ですが、東洋諸国では頭を下げる方が好まれます。またアラブ諸国では左手での握手は宗教的な理由から好まれません。
頭に手を当てる行為	人差し指で頭を指す行為はオランダでは、「頭がおかしい」という意味で用いられます。しかし、ロシアでは知性の表れ（知恵を絞っている行為）と認識されます。

（6）https://en.wikipedia.org/wiki/Body_language

た人はテストステロンの値が下がり、コルチゾールの値が上がる、といった現象を確認できたそうです。

カディ教授は、自身が交通事故から復帰し、人よりも倍の時間（約8年間）をかけて大学を卒業し、研究者となった経歴を持ちますが、こうした研究は、自分に自信がない人にこそ役立ててほしいと述べています。「身体表現で自分を変えることができる、ということがわかれば、自分ができないことに直面したら、できるフリをして自分を騙したらいいのです。本当にできるようになるまで、自分を騙し続けることが大事です」

ぜひ、皆さんも自信がないなと思ったら、「できるフリ」をしてみてください。

対話を設計する

情報発信力の最後は「対話の設計」に関するコンセプトです。

情報を発信する際には、自分の表現だけでなく、伝える相手がどのような人達であるかを知り、発信内容と方法を調整することが重要です。また、受け手に情報が効果的に伝わり、記憶に残るようにするには、人の感覚や認知能力に基づいたコミュニケーションを設計する必要があります。

ここでは、聴衆（#audience）とマルチモーダルコミュニケーション（#multimodalcommunication）というコンセプトをご紹介します。

聴衆（#audience）とは文章による情報伝達の機会にせよ、スピーチのような口語表現の機会であるにせよ、その情報の受け手に合わせた内容を用意するというコンセプトです。

異なるバックグランドを持つ人達は、異なる性質と考え方をもっていることを認識しなければいけません。自分が発信したいメッセージは、受け手が理解できるように調整する必要があります。

また、情報の受け手が、それぞれ異なるレベルの知識、目的、関心、動機を持っている人達で構成されている場合、全ての人を同時に完璧に満足させることは難しいです。このような場合、最初に全員が共通して関心を持てる話題や話の要点（サマリー）を先に述べる、といった工夫が必要です。

余談ですが、政治家のように、不特定多数の聴衆の共感を得るためのプレゼンテーションを行う人はどのような点に注意を払っているのでしょうか。

米国でヤフーやネットフリックスの創業者のプレゼンテーションコーチを務めたジェリー・ワイズマンは著書「The Power Presenter」の中で、情報の受け手は発信者に対しての印象を抱く際、3つの異なる情報（話の内容、立ち振る舞い、声のトーン）から影響を受けており、その影響力の強い順に並べると、「立ち振る舞い＞声のトーン＞話の内容」になると述べています。(7)

(7)「The Power Presenter -Technique, Style, and Strategy from America's Top Speaking Coach」J.Weissman

**情報の受け手が発信者に対して抱く印象に
影響を与える要素の度合い**

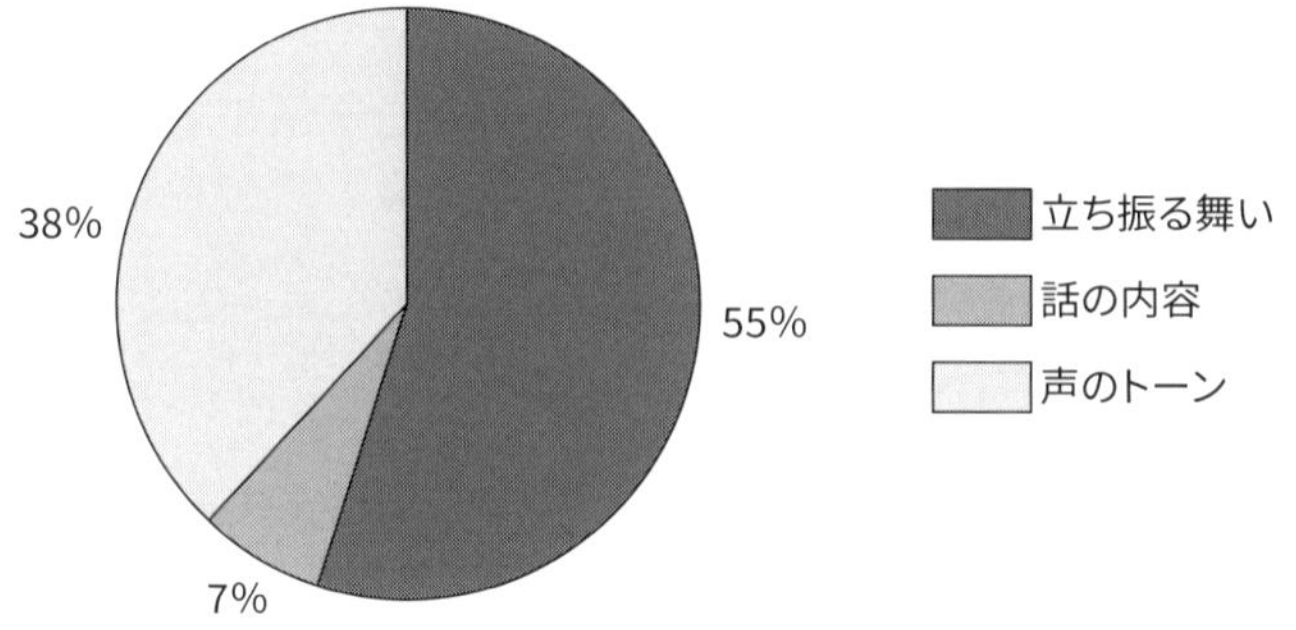

ワイズマンの主張は必ずしも正しいとは言い切れないのですが、ドナルド・トランプ大統領が自身の基盤となる支持層として、ラスト・ベルトと呼ばれる経済衰退地域で国際化の影響で経済成長から取り残されてしまった人々をターゲットに、こうした人々が共感できる表現やポリティカル・コレクトネス（人種・宗教・性別などの違いによる偏見・差別を含まない、中立的な表現や用語を用いること）を無視した立ち振る舞いをすることで、支持を得ている現実を見ると、「聴衆（#audience）」のコンセプトを理解する重要性が理解できるのではないでしょうか。

人が、情報を理解し、記憶にとどめておくためにはいくつかの科学的な原則を満たす必要があります。これを意識したコミュニケーションを行う、というコンセプトがマルチモーダル・コミュニケーション（#multimodalcommunication）です。

ミネルバ大学の初代学長を務めたステファン・コスリン教授は大学やビジネスの現場で使われているプレゼンテーション・ソフトを用いた教材や資料が、人の感覚や認知力の特質に基づいたコミュニケーションの設計の要件をほとんど満たしていない、という論文を２０１２年に発表しています。[8] この論文の中でコスリン教授は効果的なコミュニケーションの設計に必要な八つの原則を紹介しています。左の図を参照して下さい。マルチモーダル・コミュニケーションは、このような原則に基づいて、さまざまな形式の対話を設計することです。こうした考え方は、実際に聴衆を前に発表を行うときだけでなく、動画の撮影やウェブ上に自分のエッセイを投稿するときなどにも有効です。

これで情報発信力についてのコンセプトのご紹介を終わります。

情報発信力では主に自分から情報を発する際に使用するコンセプトを取り扱いましたが、次章では、情報の受け手の反応や反論といった相互のやり取りを通じて自分の見解を相手に理解してもらう統率・協調力に関するコンセプトをご紹介します。

(8)「PowerPoint® Presentation Flaws and Failures: A Psychological Analysis」https://www.ncbi.nlm.nih.gov/pmc/articles/PMC3398435/

認知コミュニケーションを構成する8つの原則

大分類	小分類	意味
読取プロセス(Encoding process)	差別化(Discriminability)	2つの性質(2つの色、グレーの濃度、サイズなど)は区別できるくらい大きな差がない限り、異なる情報を伝えることはできない
	知覚器官(Perceptual organization)	人は無意識に様々な要素をグループ化して認識し、記憶する • 近くにある情報、似たように見える情報をグループ化する
	要点(Salience)	人は、知覚の大きな違いを認識したものに対して、注意を向ける • アニメーションなどを入れると内容の重要度よりもそちらに注意が向く • 円グラフなどで一分類だけ引き出した形で見せるとそこに注意が向く
記憶(Working memory)	容量制限(Limited capacity)	人は同時に保持・処理できる情報量に限度があり、1つのメッセージ中に情報が多すぎるとそれを記憶することも処理することもできない • 人が同時に覚えられるのは一般的には4項目までと考えられている
	情報の変化(Informative change)	人は情報の質の変化によって、情報の区分けを行う • 異なるフォントやグラフの出現によって人は情報の区別をする • 章立て情報など分類位置を知らせることで記憶の負荷を軽減できる
長期記憶の評価(Assessing log-term memory)	適度な知識(Appropriate knowledge)	効果的なコミュニケーションには、事前知識や専門知識、シンボルが必要となる。もし発表する人が新しいコンセプトや専門用語やシンボルに頼るのであれば、聞き手はそれらを理解できない
	互換性(compatibility)	メッセージの性質はその意味と互換性を持っている状態が最も効果的に伝わり易い • “赤”と書かれた青色の文字は人を混乱させる • 車が垂直落下するようなアニメーションは人を混乱させる
	関連性(relevance)	効果的なコミュニケーションのためには情報が少な過ぎても多過ぎず、適切な量に留めることが必要 • 適切な情報量に留めるには、自分が聴衆に何を伝えたいか、はっきりと認識し、最も重視する点を詳しく解説する、といった準備が重要

第9章

統率／協調する

——Interacting Effectively

統率／協調する（Interacting Effectively）

「統率／協調力」はコミュニケーションスキルの中で、人や組織との効果的な関わり方についてのコンセプトをご紹介するセクションです。リーダーとしてチームをまとめる時に必要となる交渉・仲裁・説得に関するスキル、効果的な協業を実現するためのテクニック、組織を継続的に発展させるために必要な倫理観と社会意識に関するコンセプトをカバーします。こうしたコンセプトは他のセクションでご紹介した複雑系（#complexity）などと高い関連性を持っています。

「統率／協調力」は以下の思考動作で構成されています。

交渉・仲裁・説得

交渉・仲裁・説得の基礎技能である、相互利益の測り方、議論の作法、説得のテクニックとしておさえてくべきポイント

効果的な協業

リーダーシップとフォロワーシップ、自己認識を高めるためにおさえるべきポイント

統率／協調力の思考動作のイメージ例

〈目的〉
新しい事業のリーダーとして1年以内に、
買収したフィルター・メーカーの事業の売上を伸ばすと同時に
利益率を当社の水準に引き上げる。

統率／協調力の思考動作

- 倫理的ジレンマと社会意識 (# Resolving ethical problems and having social consciousness) ③

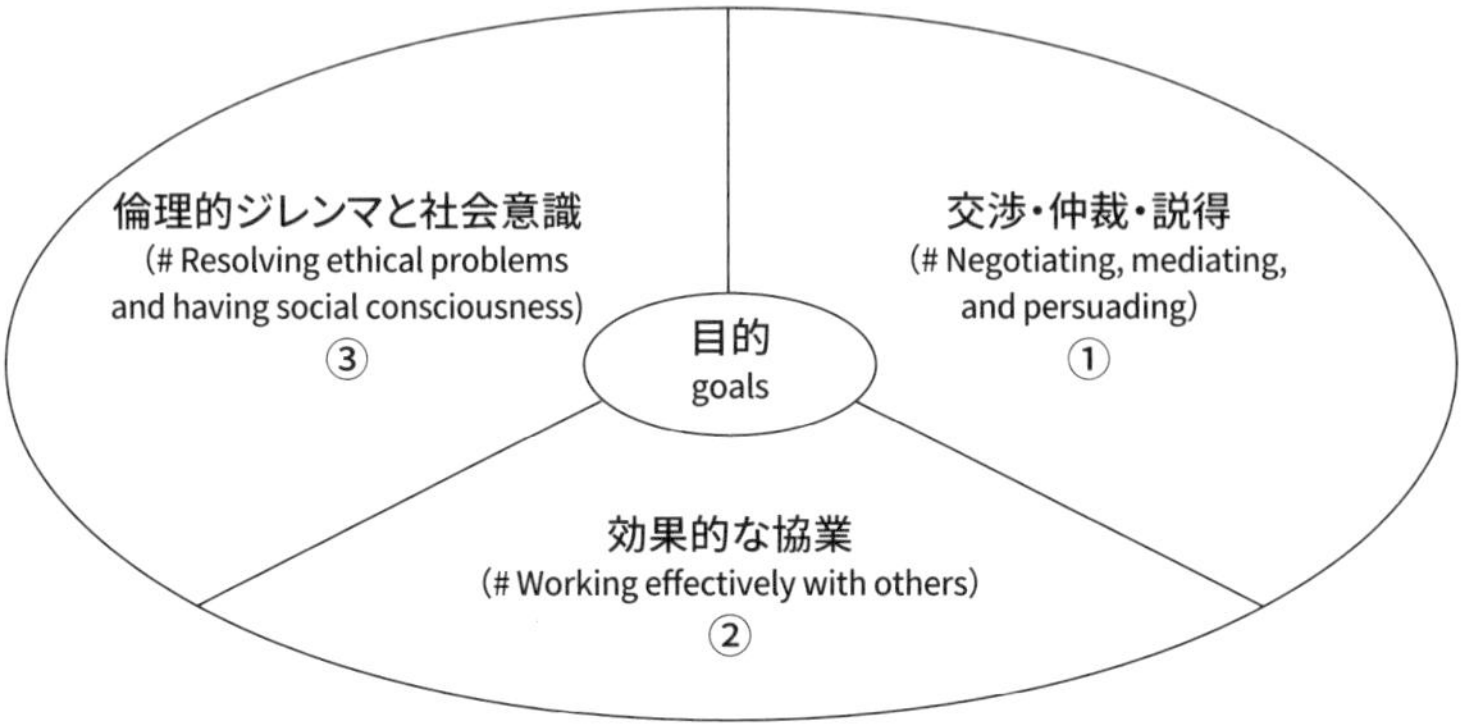

統率／協調力の思考例

③倫理的ジレンマと社会意識
当社の行動規範や倫理規定は統合される側の社員にとっては息苦しいだろう。しかし、社会的にみて不公正や取引や過度に属人的な営業、運営方法には躊躇なく手を入れよう

①交渉・仲裁・説得
営業、技術、マーケティング、財務の各部のトップには実力者を配属したい。どうやって協力を要請したらいいだろうか
営業部長は田中さんにお願いしたい。引き受けてもらうにはどんな条件を出すべきか

②効果的な協業
統合された会社の社員が当社の文化にスムーズに移行できるには、どんな研修が有効だろうか
実力のある社員に残ってもらうのに、我々ができることはなんだろうか

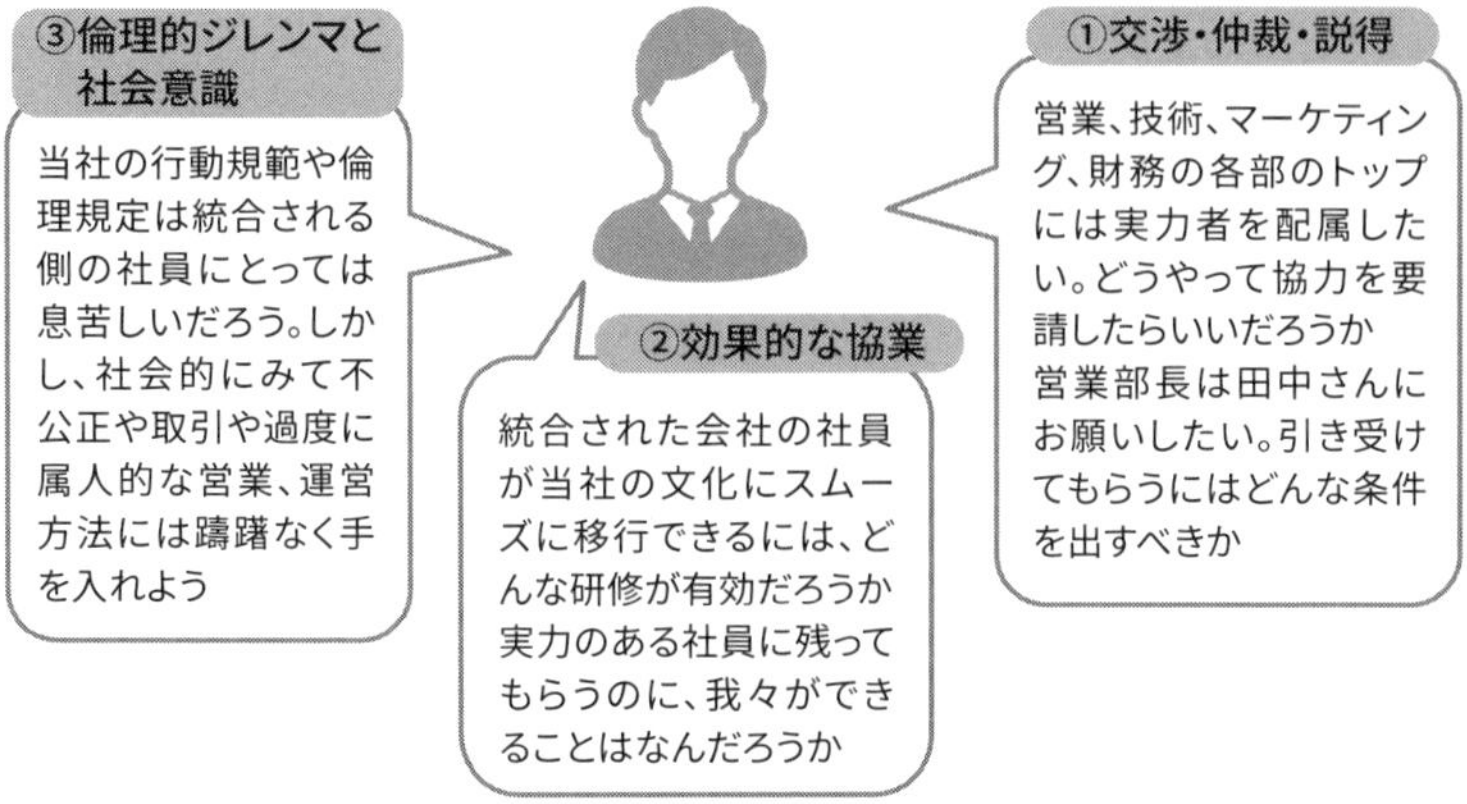

倫理的ジレンマと社会意識

倫理的思考のフレームワークと社会厚生への参加意識を育むためのポイント

人を動かす技術

交渉・仲裁・説得（#agreement）の思考動作は次のように示せます。

相互利益を確認する作業として、係争を仲裁すること、当事者として交渉すること、その際に有効なテクニックとしてのＢＡＴＮＡ（Best Alternative To Negotiated Agreement）というコンセプトを紹介します。また交渉に関連して、どのように議論を組み立て、合意に至るか、説得を後押しする際に

交渉・仲裁・説得のコンセプト関係イメージ図

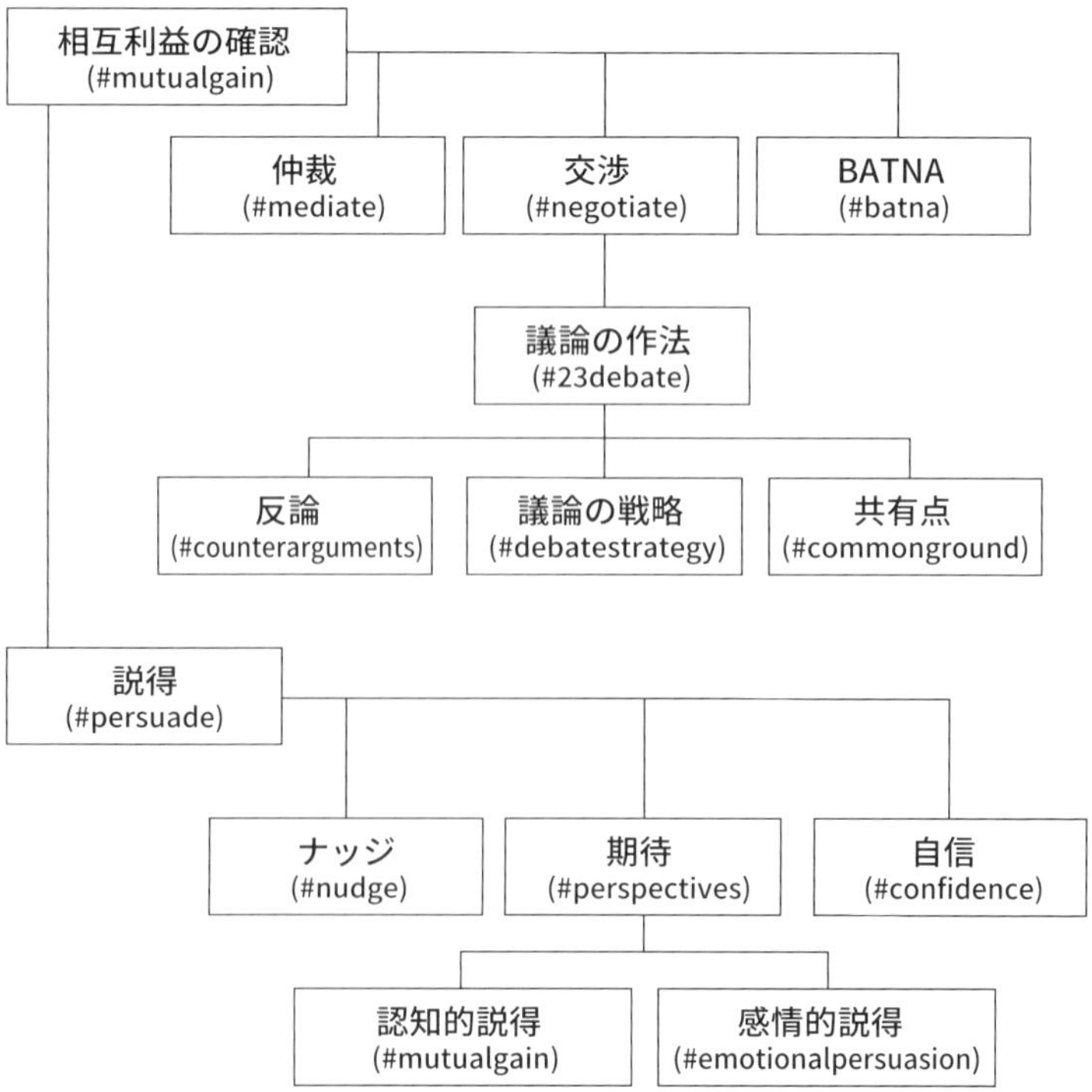

おさえておくべきテクニックとポイントをご紹介します。

相互利益の作り方

あらゆる合意は異なる主体同士の利益が一致することで決まります。これを探るプロセスが相互**利益の確認**（#mutualgain）という思考動作です。ここでは、3つコンセプトを紹介します。

仲裁（#mediate）とは対立点を緩和することです。

仲裁のプロフェッショナルになるのは険しい道のりですが、以下のようなプロセスを根気よく行うことです。

1．争点について全体像を把握する

問題が生じた背景について表面的な対立だけでなく、その背景を調査する

2．中立的な立場を貫く

Non-Judgemental（優劣／善悪の判断をしない）な姿勢を貫く

3．対立している者同士の動機や目的を対話によって引き出す

必要に応じ、対立している者と個別に対話し、動機や目的を探る

4. 苦情や感情的なやり取りではなく、潜在的な解決策の探索に注力する

問題の解決にコミットする。一方、解決策に対立している当事者同士が気づくように辛抱強く、対話のハブ（中継者）となる

この際、留意しておくと良いのは、動機に関しては、見えているものと隠れているもの（公表すると対立している相手や第三者から非難されるため、黙っておきたいもの）がある、ということです。こうした隠れた動機を機敏に把握することで、仲裁がうまく運ぶことがあります。

効果的な仲裁は、こうした〝隠れた動機〟を導き出す質問力にあるとも言えます。しかし、隠れた動機を打ち明けてもられるようになるには、当事者とあなたの間に信頼関係が構築できている必要があります。このためには心理的安全性や社会的信用が必要になります。後でご紹介する感情知性（#emotionaliq）や社会意識（#respnsibility）のコンセプトをうまく活用することが有効です。

交渉（#negotiate）とは目的を実現するために構造化された交渉の準備を行うことです。

効果的な交渉は双方にとってお互いの利益が実現可能なレベルで最大化することです。そのため、双方の利益の明確な把握、交渉プロセスの同意、達成すべき目標のリスト化と、その優先順位につ

いて用意することが大事です。

交渉する代表者は達成したい目標を最優先することが原則ですが、同時にいくつかの点で妥協できる柔軟性を持つ必要があります。交渉のプロセスを構造化して望むことは、合意に至る可能性を上げてくれます。交渉はＢＡＴＮＡや議論の作法（#debate）や説得（#persuade）のコンセプトと関連しています。

BATNA（#batna）とは「Best Alternative To Negotiated Agreement」の略で、交渉の事前準備の一つで、交渉が決裂した際に自分が取り得る、最も好ましい選択肢を把握しておく思考習慣のことです。

ＢＡＴＮＡはハーバード大学のウィリアム・ユーリー教授とロジャー・フィッシャー教授による『Getting to YES：Negotiating Agreement Without Giving In』という本でゲーム理論の概念を取り入れた交渉理論の一つとして紹介されました。

ミネルバ大学では交渉前に様々な局面におけるＢＡＴＮＡを把握することをコンセプトとしています。ミネルバ大学のコンセプトで特徴的なのは、交渉を動的なものとして捉えており、一回定めたＢＡＴＮＡを状況の変化によって変える（別のものに切り替える）柔軟性を重視していることです。

ＢＡＴＮＡの分かり易い事例は、価格交渉です。少し考えてみましょう。

CASE-18

あなたが自分のお気に入りのカバンをフリーマーケットで売りに出すとします。あなたはそのカバンを今日中に売りたいと考えています。

事前にオークション・サイトなどに出品し、8，000円の応札がついていたとします。ここから5％がオークションサイトの経費として徴収されるとしたら、あなたのBATNAは7，600円になります。

さて、フリーマーケットで出典している最中に、ある人から、あなたのカバンは限定商品で、一部のマニアの間では40，000円の高値で取引されている、という情報を手に入れたとします。この場合、あなたのBATNAはいくらに設定されるでしょうか。

この質問に答えるには、次の確認する必要があります。

一つは、あなたは、この情報を入手しても、今日中にカバンを売りたいか、という確認です。これがイエスであれば、「一部のマニア」を探し出し、今日中に引き取れることが前提のなるべく高い価格を設定することがＢＡＴＮＡになるでしょう。もし、時間をかけられるのであれば、一旦、フリーマーケットからもオークション・サイトからも出品を取りやめて、時間を確認すればよいのです。

もう一つは「ある人」の情報の信頼性を確認することです。もし自分に確認する時間がなく、やはり今日中に売りたければ、その「ある人」の転売益が出るような価格で譲る、という選択肢もあるかもしれません。

BATNAは状況が変われば、その都度、再設定する必要がある、ということがポイントです。

議論の作法

交渉では**効果的な議論の作法**(#debate)の原則を押さえておくことも有効です。議論の作法には、相手の主張に対する効果的な対案や自分と相手の強みや弱みを把握し、どこに共通できる着地点があるか模索することが重要です。

国際会議や海外との企業間交渉で、日本人は「どうか当社の事情をご察し頂き、ご高配を賜りたく……」といった表現を使うことがあります。こうした判断材料を具体的に述べずに相手に協力を求める、という日本独特の考え方は、近隣のアジア諸国を含めてほとんど理解されません。

筆者は過去に日本企業と海外企業の提携を企画し、交渉に立ち会ったこともありますが、交渉が山場を迎えた時に、海外企業の責任者からの質問に対して、日本企業の責任者が、詳しい状況も説明しないまま「Please understand our situation…（ご理解のほどよろしくお願いいたします）」と答えるのを聞いて、一気に場の空気が冷えたのを感じた経験があります。

海外の責任者からすれば、状況を理解して、解決策をお互いに議論するために、時間をとっているのに、議論するための材料を出さずに「理解してください」では、一方的な譲歩を要求してきているのか、交渉を打ち切りたいのか、どちらかだ、と誤解されても仕方がありません。

議論の作法は3つコンセプトで構成されています。

各コンセプトを単独で使うのではなく、情報判断力や問題解決力のコンセプトを利用しながらその質を高めていくものです。

反論（#counterarguments）とは相手の主張に対して、自分の出す反論を論理的、感情的、個人的な要素などを考慮して整理し、どのように伝えるのが効果的か検証することです。このように反論を分解して検証することは、論理破綻（#fallacies）に陥ることを予防してくれます。

反論の有効性は、自分が達成したい目標によっても異なります。時として、議論を沈黙で終えることも有効かもしれません。相手を説得すべきか、聴衆を味方につけるか、あるいは議論を通して内容に対する理解を深めるかによって反論の内容も異なります。

さらに、反論は相手の感情や社会的地位などさまざまな変動要素を考慮して、設計する必要があります。

CASE-19

次の主張に対して反論を、論理的な面、感情的な面、個人的な面でそれぞれ考えてみてください。

「当社の自動二輪車部門はかつての輝きを失っている。熱烈な愛好者はいるがもう10年以上成長していないし、年々利益の幅は縮小している。まだブランドが認知されているうちに売却先を探そう」

さて、今から書く反論は正解ではなく、あくまで例です。

論理的な反論

「自動二輪車部門は確かに成長していないし、利益幅は縮小している。一方で、利益率は依然として現在の本業である自動車部門よりも大幅に高い。また技術的に自動二輪部門を経験してから自動車を経験することで、独創的な発想を持つことができている。」

感情的な反論

「自動二輪車は当社の創業者がゼロから立ち上げたもので、会社のブランドストーリーを支えているものだ。これを止めるとなれば、当社はコアなファンを失うだろう。」

個人的な反論

――「過去の国際レースで華々しい活躍をした当社所属のレーサー達は何と言うだろうか。当社は業績だけでなく、二輪車の文化を創っていくとコミットしてきたはずではないか」

論理的な反論は相手の主張に対して、直接的に議論できる対案を提供しています。一方、感情的な反論と個人的な反論は、別の面（感情に訴える形と個人的な経験・感想から反対する理由を述べています。

あなたなら、誰と、どんな場面でこれらの反論を使い分けますか。

議論の戦略（#debatestrategy）とは議論のおける自分と相手の交渉戦略の強みと弱みを認識することです。

交渉には、必ず強みと弱みがあり、それは効果的な合意点の実現のためには重要な要素となります。自分の強みを活かし、どのように弱みを補うかを熟考するだけでなく、相手の交渉戦略の強みと弱みの分析も必要です。

こうした分析を行う上では、相手が長期的に実現しようとしている目的やそこに至る道のりについて相手の考えを知ることが有効です。

議論における自他の強み弱みを知るためには、「議論する相手」と「相手の現在の状況」とをよく調査することが重要です。筆者の実務経験を例に紹介します。

筆者は高機能化学素材の新規用途開発を担当していましたが、何度も急な値上げを顧客に要請しなくてはいけない場面を経験しました。その際に、単純に「値上げをお願いします」と頭を下げても無駄ですし、何度も通えば「もう、わかった」となるほど甘い世界ではないことも、それで了解されるような理不尽な取引関係も不健全であることは理解していました。

あるスポーツ用品に利用して頂いている素材加工メーカーに値上げを依頼しに行った時、最初は猛反発されたのですが、最終的に大いに満足して頂き、大幅な値上げ認めて頂いただけでなく、取引量も増やして頂いたケースについてご紹介します。

まず、値上げを依頼した加工メーカー（議論している相手）は、本当に値上げを受け入れる余力は無いのか、を調べました。加工メーカーは当社の素材を独自の加工法で仕上げることで競合品を上回る性能を出せることをＰＲしており、自社品以外にＯＥＭ（相手先ブランドに材料供給すること）も受託していました。その結果、この加工メーカーの売上はＯＥＭに依存しており、そこから取引拡大を求められている状況でした。そしてＯＥＭ先はこの会社よりも規模が大きく、力関係で値下げを毎年要求してくる相手で、「取引拡大と言う話に値上げなど論外」と価格転嫁は不可能であるというのが加工メーカーの主張でした。

「取引量が拡大するのに値上げは論外」という主張は一見理にかなっているように見えますが、実は、私が納入していた製品は赤字で、取引量をそのまま増やされるとますます赤字幅が拡大する状況でしたので、このまま受注できないことは明白でした。

ここで、「相手の置かれた状況」を確認しておくと、どうやら値上げ交渉をする相手は加工メーカーではなく、このOEM先であるように感じられます。しかし、お客様を通り越して、直接交渉してしまうとこの加工メーカーの面目が潰れてしまいます。

そこで、値上げの背景となる事情（原価割れ）を丁寧に説明し、取引量をそのまま増やすと取引を終了せざるを得ないことをはっきりとお伝えしました。実際のところ、取引量を増やさなくても、現行モデルが更新するタイミングで値上げが認められないなら取引停止が不可避であることを率直にお話しました。

その上で、値上げがOEMに転嫁できなくても、材料の構成比と加工メーカーの自社品の販売価格を考えると、吸収できる範囲ではないか、と少し踏み込んでこちらの試算をお見せしたところ、しぶしぶ、値上げについて検討して頂くことになりました。

その後、ＯＥＭ先は私の会社と別の製品での取引があり、日本企業には珍しい「強気な値上げ」をすることが既にＯＥＭ先に認知されていたこと、また、ＯＥＭ先がその素材の性能を高く評価していたので、「最初に売り出す時に高めの値段を設定することは受け入れられる―（後から値上げされるよりも最初に高くて、徐々に値下げしてもらえたらＯＫ）」という対応で、何とこの加工メーカーからの値上げ依頼を１００％了解してくれたのです。

この結果、私の会社も加工メーカーも値上げに成功し、ＯＥＭ先も「人工衛星などの宇宙開発用途に使われる素材を使用、希少品につき、素材メーカーがいつ生産中止にするかわからないので、今のうちに買わないと…」という宣伝を展開し、人気があったモデルで消費者の購買意欲が刺激され、売上増加に繋がり、見事に取引関係にある３社が全て満足な結果を得られました。

このケースが上手く行ったのは相手の置かれた状況と相手の交渉理由の背景を探り、適切なタイミングで自信を持って交渉に臨んだ結果だと言えます。議論においては、相手を責めたり、情に訴えたりするよりも、事実をしっかり把握した上で、相手に「何が最良の選択か」を気づかせることもポイントになります。

合意点（#commonground）とは相手と自分が合意できる共有認識を特定し、自分が何を譲歩でき、どのように対応すべきか分析することです。

交渉の初期には可能性のある合意点を可能な限り洗い出し、何を引き出し、何を譲歩することで、その合意点に向けて歩み寄れるかを模索する必要があります。

ミネルバ大学では、具体的な事例を示して、「これが正解」だというような授業はせず、学生同士がコンセプトについて自ら深掘りし、掴んできた内容をクラスメイトとのディスカッションを通じて、体験的に理解するように導きます。しかし、本書上では、こうした授業にコンセプトの深掘りを任せることはできないので、筆者が有益だと考える参考文献から、対案や戦略、合意点を見出す時のヒントをご紹介したいと思います。

交渉や議論の作法に関しては、ＢＡＴＮＡでご紹介したハーバード大学のフィッシャー教授とユーリ教授の共著「Getting to YES」が有名ですが、ノースウェスタン大学のトンプソン教授「The Mind and Heart of the Negotiator」から交渉において「一般的にうまくいくと思われているけれど、実際にはうまくいかない戦略」と「うまくいく戦略」についてご紹介します。(1)

（1）"The Mind and Heart of the Negotiator" L. Thompson P.75-86

うまくいくと思われているが、実際にはうまくいかない戦略

・双方にとってWin-Winを目指す、というコミットメント

Win-Winを目指すというコミットメントは往々にして、交渉者同士が「何がお互いにとってのWinか」ということに対してズレた認識を持っているため、実現しない。

・妥協する

妥協することは50／50の取引をすることだと考えている交渉者が多いが、実際のところ、一つのオレンジを真二つに切ったところで、片一方は果汁の分量を求めていたのに対して、もう一方は、果肉としての分量を求めているケースがほとんどで、妥協を目指す交渉戦略は失敗する

・長期間の関係性に注力する

長期的な関係性を築こうという交渉態度自体は交渉をやり易くすることは間違いない。しかし、往々にして手段が目的化する。長期的な関係構築はWin-Winの実現を約束するものでは無い。戦略ではなく、手段の一つに過ぎない

・協調的な運営に対応する

協調的な運営を行うことは、交渉者にとっての心理的負担を軽減するが、往々にして協調的な行動は、「相手に譲歩する用意」と誤解される。相手の利害についての強い関心と自分の利害についての強い関心が共存するのが効果的な交渉の運営である

・交渉時間を延長する

もし、もう少し時間を延長すれば交渉は妥結するだろう、と多くの交渉者は考えがちだが、実際のところ、時間の延長によって交渉の質が変化することは無く、妥結に至らなければ、双方にとっての失望感を増幅させるだけである

うまくいく戦略

・信頼を築き、情報を共有する

交渉している課題（実際に相手が要求しているものと言語化されていないが、その背景にある欲求の両方）について、ＢＡＴＮＡではなく、自分と相手の欲する優先順位と好みに関する情報を共有することが重要

・真の欲求を探る

相手の言語化されていない要求を把握すること、それらの要求についての優先順位や好みを把握することは、交渉者双方にとっての選択肢を拡げることに繋がる

・情報を提供する

交渉者の多くは自分達の情報を提供することを渋る。重要なのは情報提供をしないことではなく、どんな情報を提供すべきか、である。自分のBATNAについての情報を提供する必要はないが、自分の利害についての関心を相手が正確に理解できるようにすることは重要である。これは、相手に対して心理的圧力（公平な交渉を行うのであれば、自分も相手に、自分の利害についての関心を正確に伝えなければ、というプレッシャーが発生する）になる

・複数の課題に対してパッケージとしての取引を提案する

多くの交渉者は課題を一つ一つ解決していこうとする。しかし、これでは交渉者に、トレード・オフ（一つのことで優位に立つなら、もう一つは不利な立場を認めざるを得ない）を意識させることができない。個別の交渉では妥結できないか、どちらか一方が譲歩する形となり、Win-Winは実現されない

・**同時に複数の提案を行う**

複数の提案は自分にとって同じ価値を持つこと、各提案は、1つではなく複数の課題を解決する取引であることが重要。複数の提案を同時に提案することで、相手がトレード・オフを認識しやすくする。

・**認識の違いを具体化する**

交渉者は利害や優先順位について異なった立場を取っているが、実は、同じ世界を異なる視点で見ていることを見落としがちである。例えば、企業価値、市場の見通し、リスクに対する趣向、時間軸に対する許容度、お互いの能力など、双方の認識の違いを数値化して、双方が納得する稼働かは別として、把握することは交渉の妥結に貢献する

説得の種類と技法

相互利益を探索し、交渉も重ね、合意点に近づいてきたと感じたら、次は説得(#persuade)の思考動作に移ります。説得の技法は硬直化した意見や態度を揺さぶることもできます。ミネルバ大学では以下の5つのコンセプトを紹介しています。

タバコのポイ捨てを「投票行動」に置き換えることで街の美化を実現

ナッジ（#nudge）とは人の行動を特定の方向に導きたいときに使われる技法で、「後押しする仕掛け」のことです。

人の意思決定に影響を与える様々な要素を活用して、「ナッジ（#nudge）」は実社会で用いられています。

例えば、人は「周囲の人の行動に影響され易い」という習性を持っているので、ある地区の税金の滞納者に対して、「あなたの地区に住む人のほとんどは期限内の納税しています」という一言を添えて督促状を出すことで、翌年の滞納率が大幅に改善した、というような例があります。

別の事例は、ある行動に別の意味を加えることで、目的を達成したものです。

英国のHUBHUBというNPOは、タバコのポイ捨てを改善するためにある実験的な取り組みを行いました。[2]

(2) https://www.hubhub.com/en/

これは、ある地区でタバコのポイ捨て行為を行っている人達の関心（この場合はサッカーの話題）を利用し、吸い殻入れを写真のような「投票ボックス」に変えることで、ポイ捨て行為を減らすことを実現した事例です。

期待（#perspective）とは実際に説得のテクニックを使う前に、説得する相手の期待していることを見極めることです。期待（#perspective）は情報の検証でご紹介した必要な情報（#infoneeded）と似たような性質のコンセプトで、この次にご紹介する二つの説得テクニック――認知的説得（#cognitivepersuasion）と感情的説得（#emotionalpersuasion）につなげるためにも欠かせないステップです。

例えば、あなたがある企業で、目標を何回も達成できずに苦しんでいる部門の建て直しを任されたとしましょう。数人の部下と話し合った結果、あなたは部門の低迷の原因として、過去に大ヒットしたものの、ここ数年は売上が低迷しているある商品に対する部下達の思い入れが強すぎて、新しい商品の企画が通りにくくなっていることに気がつきました。

この場合、部下が期待している、「過去の努力を認める」ことを押さえた上で、共感できる「変化への動きっかけ」を訴えることが必要だと、あなたは判断しました。

そこで、あなたは、部門の人達を集め、その大ヒットした商品がどのような創造性によって生まれたかを話し、そのブランドを守ってきた人達の努力を称えます。そしてそのブランド価値を守るためにも、変化が必要とされている時に、かつて大ヒットした商品を生み出した創造性を思い出し、前に進む勇気を持って取り組もう、と自分の方針を明らかにして、部下達の奮起を促します。

認知的説得（#cognitivepersuasion）とは説得したい対象の社会的関心、動機や行動の背景にある理由などの情報をうまく自分の主張に取り入れて説得することです。

こうした認知ツールを活用することで、説得したい対象に潜在的に抱いている自分の社会における立ち位置、特定の問題に対する柔軟性などを再確認させることができます。

こうした説得は様々なスピーチに応用されています。認知的説得には次の四つの理論を把握しておくことが有効です。

社会判断的理論(Social Judgment Theory)

説得に用いるメッセージが自分の意見との位置関係によって説得されやすいかどうかが決まるという考え方。この理論では、受容範囲、ノン・コミットメント、拒否範囲の3つの位置関係が想定されています。

説得メッセージが自分の意見に近いとそれを受け入れられると判断し、実際以上に自分の考えに似ていると判断する範囲が受容範囲です。逆に説得メッセージが自分の意見と異なっているとそれを受け入れられないと判断し、実際以上に異なっていると判断する範囲が拒否範囲になります。ノン・コミットメントは受容範囲と拒否範囲の中間に位置し、〝自分には関係のないことなので、どちらでも良い〟という反応になります。

精緻可能性モデル(Elaboration Likelihood Model)

メッセージの受け手はそのメッセージの内容が妥当であるかどうかを吟味しようとする動機づけと、吟味できるだけの認知的能力があるかどうかによって、2つのルートのうちどちらのルートで情報処理が行われるかが決まるとするモデルです。

2つのルートは中心的ルートと周辺的ルートと呼ばれています。

動機づけや認知的能力が高い状況では、メッセージの内容そのものを吟味する中心的ルートで情報が処理されます。ここで態度に変化が起こるには、メッセージの内容に十分な説得力を持っている必要があります。

一方、動機づけが低かったり、他に処理しなければならない課題や情報があったりして、認知的能力が低下している場合には、周辺的ルートで情報が処理されます。周辺的ルートでは、メッセージ内容の説得力にはあまり注意が向けられず、その他の周辺的手がかりと呼ばれる要因によって態度が変化するかどうかが決まります。

認知的不協和理論(Cognitive dissonance theory)

人が自身の中で矛盾する認知を同時に抱えた状態になると、そのときに覚える不快感を解消するために人は自身の態度や行動を変更する、という理論です。

イソップ童話の「狐と酸っぱいぶどう」の話（お腹を空かせた狐は、たわわに実ったおいしそうな葡萄を見つけました。食べようとして懸命に跳び上がりましたが、葡萄の木の高い所にあって届きません。何度跳んでも届かず、狐は、怒りと悔しさから「どうせこんな葡萄は酸っぱくてまずいだろう。誰が食べてやるものか」と負け惜しみの言葉を吐き捨てるように残して去っていきました…）は、この状態を表すものとして使われます。

比較的最近では、スペンサー・ジョンソンの「チーズはどこへ行った」で同じような展開が紹介されています。（迷路の中で巨大なチーズを見つけた二匹のネズミがいました。やがて、そのチーズを食べ尽くした後、二匹はいつの間にかチーズはこちらから探さなくても勝手にやってくる、と待ち続けます。やがて片方のネズミは再び迷路の中に新しいチーズを探す旅に出るのですが、もう片方は、いろいろな理由をつけてそこから動こうとしない、という話です。）

ナラティブ・パラダイム理論(Narrative paradigm theory)
人は理性よりも物語の語り部であり、コミュニケーションや意思決定は根拠に基づいた議論を重ねた結果よりも「良い理由」により強く依存する、という考えです。
この場合、「良い理由」は、科学的根拠に基づいたものよりも、歴史や人物の生い立ち、文化や性格によって決まり、話の合理性は、聞き手が「話の筋が通っている」と感じるか、自身の過去の経験との類似性に基づいて判断されます。

この理論は、「天使が実在する」とか「地球は丸くない」という考えを持つ人達の心理的背景になっているのかもしれませんね。

感情的説得（#emotionalpersuasion）とは説得したい相手の感情を理解し、それに寄り添った表現や行為を示すことで説得をすることです。
感情を伴う記憶は良いものであれ悪いものであれ、長く、鮮明なイメージとして人々の記憶に残ります。喜びや悲しみ、怒りやユーモアを交えた表現は説得には有効ですが注意も必要です。
感情的説得は認知的説得、特にナラティブ・パラダイムと組み合わさると強力なツールとなります。聞き手は単純な二項対立（我々対彼ら、正義対悪、真実対嘘など）に導かれやすくなるのです。

崩れ落ちる兵士—ロバート・キャパ

リーダーが感情的説得を用いる時は、論理破綻(#fallacies)に陥らないことや自分の目的の達成のために情報操作を行わないよう、注意する必要があります。

また、良識ある市民が、国をリードする人々が権力の誘惑に負け、こうしたコンセプトを悪用しないよう、監視と情報判断力を啓蒙していく必要があります。

写真は1936年のスペイン内戦時にロバート・キャパが撮影したとされる『崩れ落ちる兵士』という写真です。ファシスト政権樹立を目指す反乱軍に対抗する人民戦線側の兵士が撃たれ、倒れる瞬間を捉えた画像として、公開されましたが、のちにこの写真は演技であったのでは、という疑惑が持たれています。

それまで戦場の兵士の死の瞬間を捉えた画像は存在せず、この写真が公開されると多くの人が人民戦線を支援するために国際旅団と呼ばれる義勇兵として内戦に参戦しました。結局は、人民戦線側の統率が取れず、内紛によって、反乱軍が勝利し、ファシスト政権が樹立され、それを軍事支援していたナチス・ドイツの台頭を許したのですが、この写真は、人々に理性的な判断を狂わせ、行動へと駆り立てる威力がありました。

同じような認知・感情的説得のコンセプトを利用した広告・宣伝活動はさまざまな分野で行われています。テレビではなくインターネット上の動画広告を利用した口コミマーケティングによって広告のあり方が大きく変わることを予見した、世界的な広告会社サーチ・アンド・サーチのCEOケビン・ロバーツは「Lovemark-The future beyond brand」の中で、「人々を惹きつけるのは、Mistery（神秘性―もっと知りたいという好奇心を持たせる）、Sensuality（官能性―物理的に所有したい、感覚を共有したいという欲を呼び覚ます）、Intimacy（親密性―自分の考えや生き方から共感できる何か）を持った物語だ。こうした物語に魅せられた人はブランドに対して、「他に変えられない」以上に、「抵抗できない魅力」を持つようになる」と述べています。

自信（#confidence）とは自分の考えを述べる時に適切なレベルの自信を持って伝えることです。聴衆はその人が話す内容よりも、立ち振る舞いや声のトーンから影響を受けることは先にご紹介しましたが、自分がある程度の自信を持って話すことは自分が伝えたいことの説得力を持たせるために重要な要素です。聴衆は、自信を持って話している姿に安心し、説得されやすい傾向がありますし、声のトーンに自信のなさを感じた時には話の内容に疑問を抱きやすくなります。

もちろん、大げさに振る舞い、自信過剰に聞こえる際には、話し手の人格や信頼性に疑念を抱きやすくなるので、適度な調整が必要です。非言語表現の身体表現（#bodylanguage）でのカディ教授の事例や聴衆（#audiences）でのワイズマンの事例を合わせてご参考ください。

リーダーとなり、フォロワーとなる

統率／協調力の２つ目のパートである「効果的な協業」を構成するコンセプトは以下のとおりです。チームで作業を行う際に、同じ人が時にリーダーとなり、時にフォロワーとなる状況があります。効果的なやり取りを実行していく上で、リーダーシップ、協業、自己認識といった有効なコンセプトを紹介していきます。

リーダーシップ（#leadership）は効果的なリーダシップに関する基本原則を活用することで、以下のコンセプトで構成されています。

リーダーシップの原則（#leadprinciples）とは、効果的なリーダーシップに関する原則を適切な場面に応じて選択し、実行することです。

リーダーシップに関しては、さまざまな文献が存在しますが、共通して言えることは、リーダーは問題解決や目標達成のために適切なタイミングで集団をまとめ、目的に共感させ、動かすことができます。

必ずしも常に先頭に立って集団を率いるのがリーダーとは限りません。

人々の心に今起きている現実を「自分事」として捉える共感を目覚めさせ、集団の一員と目標との繋がりを強く意識させて、行動へと導いていく人は社会的地位に関わらず、リーダーであると言えます。

効果的な協業
コンセプトの関係イメージ図

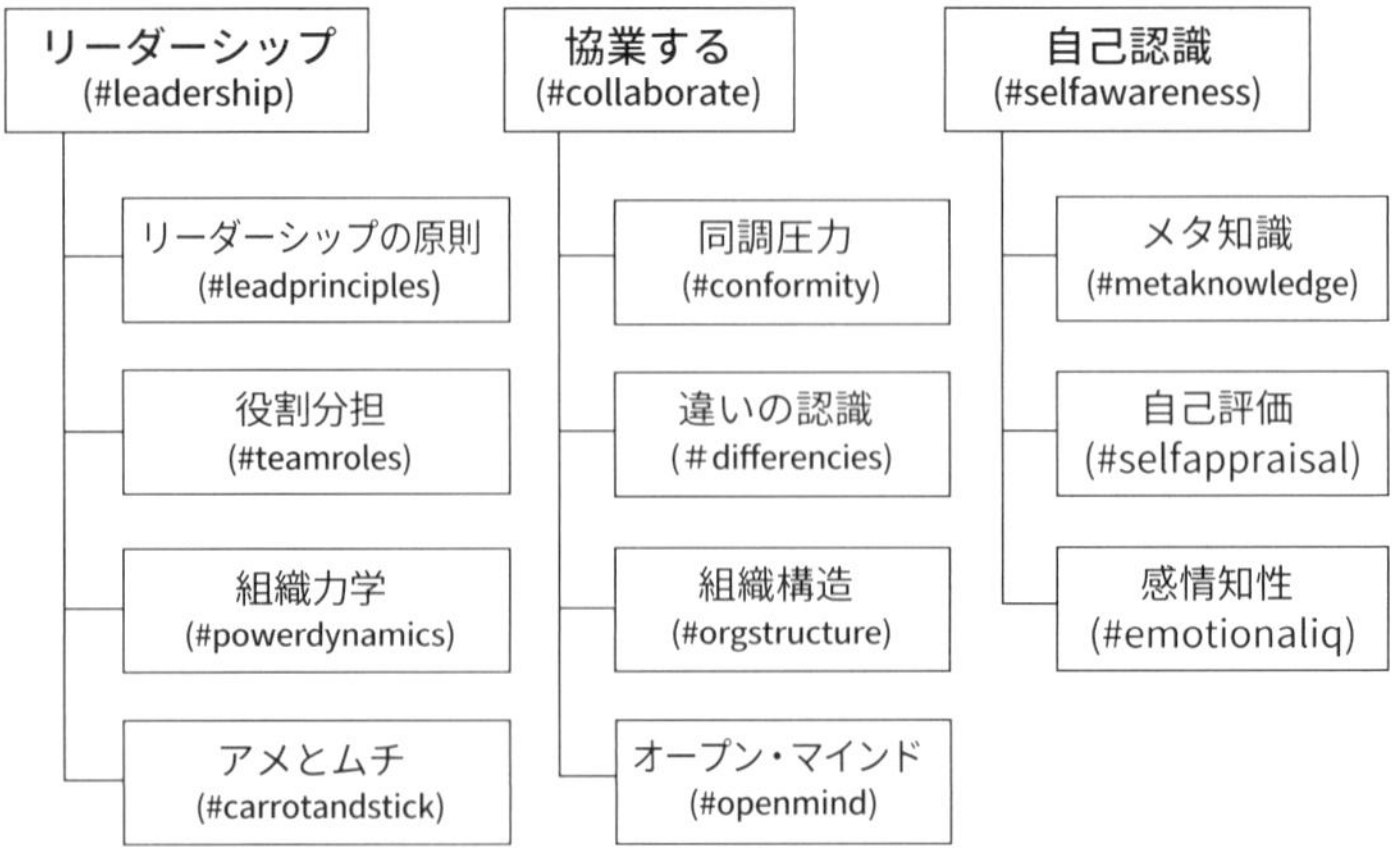

“ La Liberté guidant le peuple” — Eugène Delacroix

例えば、19世紀のロマン派の画家であるユージン・ドラクロワは民衆を自由への闘争へ導いたリーダーであるとも言えます。彼は、「民衆を導く自由」という絵を描き、1830年の7月革命の精神を表現して見せました。絵の中心に描かれている女性は実在の人ではなく、フランスにおける自由の象徴的存在「自由の女神」で、今日でも多くのフランス人にとって「自由のために戦う」ことの意味を思い起こさせるアイコンとしての機能を持っています。

チームの役割分担（#teamroles）とはリーダーがチームの各メンバーに役割を振り分ける際、その役割に求められる内容とどのような特性が求められるかに配慮して人選することです。

チームで働く際には、メンバーの一人ひとりには異なる個性や感じ方、強みや弱みがあることをリーダーは理解しなければいけません。

個々のメンバーの得意な点が最大限に発揮できるような人選と、役割分担を行うのはリーダーの務めです。

企業が新規事業開発を行う際によく犯す誤りは、既存の営業活動で最も良い成績をあげている人を任命することです。確かにこうした人達は既存の顧客のニーズをよく知っています。

しかし、新規事業開発の本質的な性質は、現在の顧客とは別の分野で既存の上位顧客と将来同じくらいの規模の取引を実現する仕事です。現在の商品を販売することが上手な人が必ずしも別の分野での商品を企画・販売することにも長けているとは限りません。加えて、既に大きな売上金額を担当していた人を一定期間、全く売上の発生しないような仕事に配置した際、その人が抱える心理的な不安や自分の組織における立ち位置についての不満についても考えなければいけません。

組織力学（#powerdynamics）とは組織の中の力関係を観察し、それを有効に活用することです。

どんな組織にもリーダー的存在がおり、その他のメンバーに影響力を与える力を持っています。

こうした組織や集団を動かすことを試みる際には、他のメンバーの行動に影響力を与えることができそうな人達に戦略的にアプローチすることが有効な場合があります。

「組織のキーマンを抑えろ」とよく言います。例え、自分の目標達成に直接関係ない行動に見えてもキーマンと関係を構築することで、自分の主張に対して、キーマンが組織内をまとめてくれることがあるからです。

組織力学をうまくビジネスに活用しようという試みは売り手から買い手までの距離が長い化学素材産業におけるマーケティングではバリュー・チェーン分析という考え方に応用されています。例えば、高機能素材を拡販していきたい時、経営者は次のような業界関係者の思惑や力学を意識しながら競争戦略を構築していきます。

1. 化学素材の直接の顧客は加工会社であるが、一般的に購買力が低く、既存の汎用製品を自分の顧客に納期通りに供給することに最も関心がある。これは、仮に化学素材メーカーと新製品開発に成功しても、自分達の顧客である部品組立メーカーが相当な規模（購入価格×数量）で購入しない限り、自分達の収益を圧迫するからだ。

2. 部品組立メーカーは画期的な製品の提案を望んでいるが、新しい化学素材が自分達の製品開発にどう直結するのか、数ある選択肢の内、なぜその素材を利用した解決法が最適なのか理解するのには時間と費用がかかる。投資対効果の効率性を追求するためにも、ある程度の実証実験結果を求める

「ケース耐震補強工法のバリュー・チェイン」

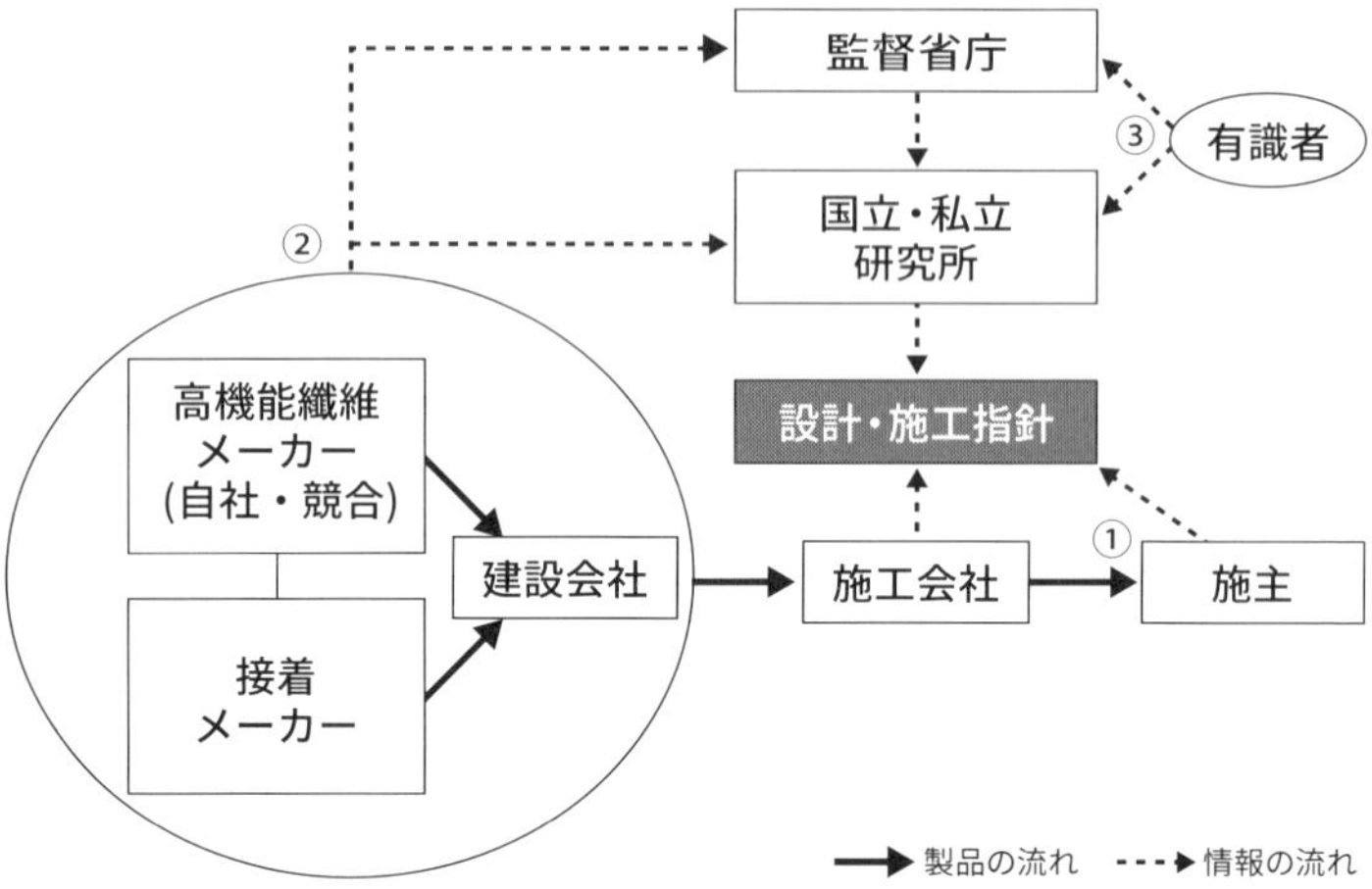

3．省庁が管轄する研究所は国家予算を用いて自国の産業が競争優位を構築できるように新しい素材の利用を促進する研究を促進するプログラムを企画・実行することができます。ただし、恣意的にプログラムが選択されることが無いよう、有識者員の助言を参考に助成金の付与先を選ぶ

さて、皆さんなら、この業界で自社製品を有利に拡販するために、どのような打ち手を考えますか？

私が経験した高機能繊維を用いた耐震補強工法を例に組織力学のコンセプトがどのように応用できるか解説してみます。まず、業界のバリュー・チェインを解説します。

太い実線が製品の流れで、破線が情報の流れです。

耐震補強工法というのは、材料と施工法の組み合わせで、工事を実際に行う施工会社を経由して工事を行う対象（ビルや道路、橋、トンネルなどの構造物など）を所有している施主（個人であったり、企業、国や地方自治体であったりします）が最終的に購入の意思決定を行います。

施工会社や施主が意思決定を行う際に参考にする（破線①）のが、国や大きな研究所が発行している設計・施工指針（耐震補強工事にはこういう工法が有効である、と認めた研究報告書）になります。道路や鉄道のような公共工事を行う際には、基本的にこうした「お墨付き」が無いものはほぼ採用されません。

そのため、高機能繊維メーカーは、建設会社や施工に必要な接着剤（繊維を構造物に固定するために必要）を供給しているメーカーと共に、設計施工指針を作成すべく、監督省庁やその管轄下にある国立研究所などに働きかけて、報告書を作成してもらうロビイング活動を行います（破線②）。

しかし、省庁や国立研究所は様々な企業から実験の依頼や報告書の作成依頼を受けていること、必ずしも新しい化学素材を用いた耐震補強工法の有効性について知見を持ち合わせてはいないこと、などから、審査に時間がかかります。

そこで、高機能繊維メーカー、建設会社、樹脂メーカーなどは、こうした審査を優先的に取り組んでもらうべく、省庁の技官や研究所の有力者に影響力のある外部の有識者から第三者的に働きかけてもらいます。

さて、この「有識者」ですがどんな人達でしょうか。ちなみに、政治家ではありません。もしかしたら、こうした「有力者」はどこかに配置しなければいけないのかもしれませんが、ここでは、「口利きは存在しない」としましょう。

答えは大学教授達です。

なぜ、大学教授が影響力を持つのかは、皆さんで考えてみてください。ここでは、組織力学というコンセプトを使うと、バリュー・チェーン分析／管理の実行効果が上がることをイメージして頂ければと思います。このケースでは、組織力学を一つの組織ではなく、化学素材メーカーの新製品開発における商流構築という面から解説しましたが、同じバリュー・チェーンで加工会社が自分達の利益を最大化するために組織力学を使うとしたら、どのような方法があるでしょうか。合わせて考えてみてください。

アメとムチ（#carrotandstick）とはチームの行動が報奨と罰則の付与によってどのように変化するか特定、分析することです。

報奨は、自分のして欲しいことをより多くしてもらいたい時に、罰則は自分がして欲しくないことを減らして欲しい時に相手に与えることで、将来の相手の行動をコントロールすることを意図しています。

ただし、報奨も罰則もそれを与える相手や集団と自分との関係を変化させる点は留意が必要です。

組織において、ある程度の権限をアメとムチをあまりにも頻繁に、多くの人が認識できる形で実行していくと、その組織は権限を持つ人に対してイエスマンが増え、組織の中で自由な発言ができる空気が損なわれます。

アメとムチは、インセンティブの設計に応用できるコンセプトで状況に応じて、見直していくことが重要です。

例えば、企業の業績アップのために、営業職のボーナスを事前に定めた予算を超えた売上に連動して増額、予算未達になった場合にペナルティを課す（例えば減額する）仕組みを導入した際にどのような反応があるか想像してみてください。

最初はどの地域でも売上を上げようとするでしょうが、いずれ有力顧客を持つ地域とそうでない地域との差が出てきます。競合に比べて地の利が悪い地域を担当する営業のモチベーションは低くなりますし、売りにくい新製品よりも売りやすい既存商品を勧める傾向が出てくるでしょう。そこで、新たなアメとムチを設計していく必要が出てきます。

群集心理に陥らないフォロワーシップ

「効果的な協業」に関する二つ目の思考動作は協業（#collaborate）です。チームが群集心理の餌食にならず、お互いの強みを最大限に活かすために傾聴することを意識するためのコンセプトで、以下のもので構成されています。

同調圧力（#conformity）とは集団内における「他人と一緒」でいたいという群衆本能を和らげ、組織を活性化することです。

組織の中の人々が「他人と同じでいたい」いう群衆本能に陥ると、創造性や効果的な問題解決が妨げられます。

どのような状況が同調圧力を引き起こすか特定するには、「うまくやるには仲良くしなきゃ」という衝動をコントロールすることを学ぶと有効です。

群集心理が悪影響を与える事例として適切なのは、2018年に日本の製造業で見られた品質偽証の問題でしょう。本来はあってはならないことですが、職場で行われていた行為に逆らえない人達は問題が覚するまで、問題を放置していたのです。

リーダーシップに関する記事を多数寄稿しているピーター・バーグマンは企業における群集心理の弊害を予防するためには次の3つのステップが有効だと説いています。

1. 明確で強い価値観に対するコミットメントを持つこと。何を最も大切だと信じるか。その大切なもののためなら、傷ついてもよいか、困惑する場面にも耐えるか、嫌われることにも、職を失うことにも耐えられるか。真のリーダーはこうした問いに「イエス」と答える
2. 自分の周りで起きていることを見て見ぬ振りをしていないか、何が起きているか理解する
3. 異議を唱える勇気を持つこと。相手への尊敬を忘れずに問題を指摘し、周囲との関係性を維持したまま問題解決を進めていくこと。

「非常に難しいが、自分の身の回りの小さなことから始めることで、失敗への恐怖は和らぐ」とバーグマンは述べています。

違いの認識（#differencies）とは人それぞれの持っている能力、特徴、態度や信条などを認識し、有効に活用することです。

MBTIの性格分類パターン

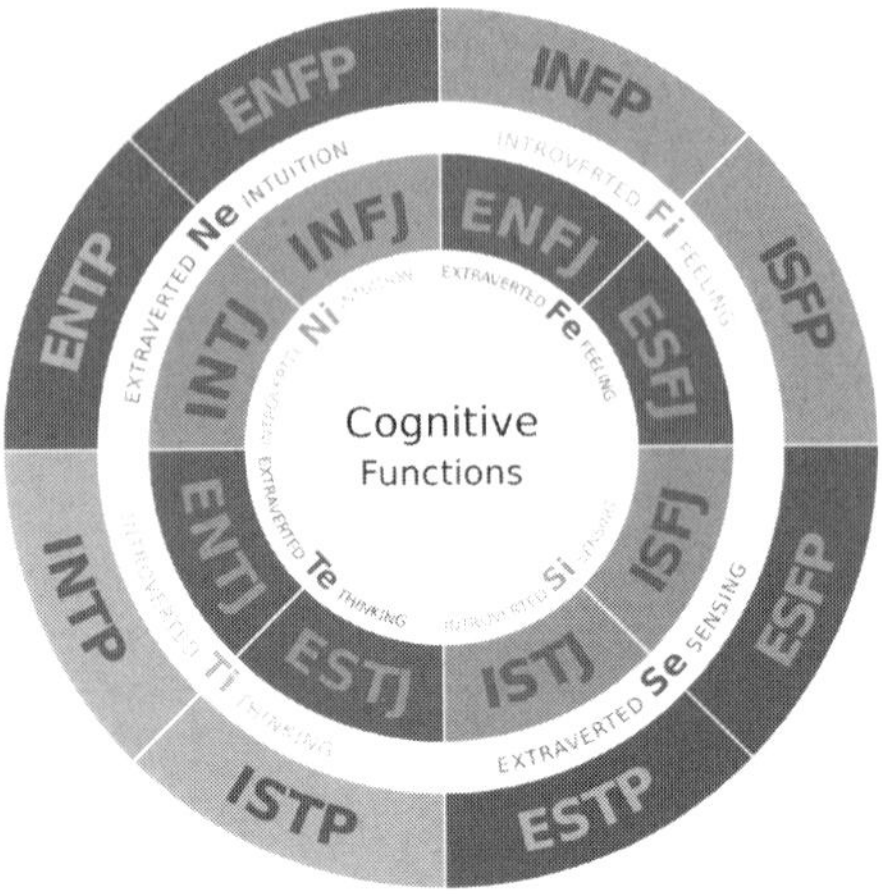

　一見当たり前のように思えますが、人には異なる長所・短所があり、誰とでもうまくコミュニケーションが構築でき、良いパフォーマンスをあげることは相互に高い自己認識力と他者の特徴を把握でき、相互に理解する努力を怠らない不断の努力が必要です。

　こうした違いを認識する上では様々な自己診断ツールが存在しています。代表的なものをご紹介します。

MBTI

　世界で最も利用されている性格診断ツールの一つで、心理学者ユングの心理学的類型論に基づいてマイヤーとブリッグスが作成した16の性格タイプを分類するものです。

　ユングの類型論の指標（内向：Introvert、外向：Extravert、感覚：Sensing、直観：

iNtuition、思考：Thinking、感情：Feeling）に、判断的態度：Judgingと知覚的態度：Perceptionという独自の指標を加えて判断します。

CliftonStrengths

米国の調査会社Gallup社が提供している「才能診断」ツールです[(3)]。

才能を34の資質（似たような才能の集まり）に分類し、資質は、「実行力」、「影響力」、「人間関係構築力」、「戦略的思考力」の分野で最も特徴的な5つを診断結果として出します。オンラインで診断テストを受けることができます。

ＭＢＴＩとCliftonStrengthsは大手企業で採用されているものですが、その有効性の根拠については議論が続いている点は、留意が必要です。

組織構造（#orgstructure）とは組織化された構造が個人のパフォーマンスや協働プロジェクトにどのような影響を与えるのか理解することです。

大きな組織と小さな組織では求められる役割は異なります。

例えばスタート・アップのような小さな組織では、組織の一人一人には、さまざまな役割を柔軟

（3）　ｈｔｔｐｓ：／／ｗｗｗ．gallupstrengthscenter.com/home/ja-jp/about

に迅速に対応することが求められますが、正確さや緻密さはそれほど優先順位は低いと言えるでしょう。これは、スタート・アップが担う仕事が比較的小規模で、新しい製品やサービスであることが多いからです。

彼らの顧客は正確さよりも目新しさをより重視する傾向にあり、多少のトラブルは迅速な対応と、日々改善していることが確認できれば大きな不満は持ったりしません。

こうしたスタート・アップの職場環境に合うのは個人作業での生産性が高く、独りでも複数の業務をこなすことができる人でしょう。

一方、複数の事業部門をもつ大企業では、迅速さよりも正確さや事前の相談、組織間の調整能力がより重視されます。取引規模が大きく、自社内でもある部門の意思決定が他の部門に不利益を与える可能性があり、一旦動き出すとなかなか方向修正が難しいために事前に十分な根回しを必要とするからです。

こうした組織では、各人の役割は細かく分けられ、曖昧なまま判断して前に進めるよりも周囲に配慮し、慎重な表現ができる人が重宝される傾向があります。

スタート・アップが順調に成長し、中規模から大規模になるにしたがって、管理項目が増え、そのストレスに不満を抱え、退社する現象が見られるのは、こうした組織構造の変化とそこで働く人の関係性にあると言えます。

企業変革に携わってきたリンジー・マクレガーは「高いパフォーマンスを促し実現する企業文化は、従業員の感じる楽しみ、意義、可能性を最大化する一方、感情的圧力、経済的圧力、惰性を最小化している」、と述べています。

マクレガーはこうした状態を「トータルモチベーション（ToMo）の創出」と呼び、3つの好ましい直接的な動機（楽しみ―Play、意義―Purpose、可能性―Potential）を最大化させ、逆に3つの間接的な動機（感情的圧力―emotional pressure、経済的圧力―economic pressure、惰性―inertia）を最小化させることがポイントだと説いています[4]。

オープン・マインド（#openmind）とは傾聴し、柔軟な心を持つことです。

オープン・マインドであることとは、自分の考え方や信条にそぐわないことでもまずは聞き、有効な根拠がある指摘については、それを考慮することに努めることです。

オープン・マインドを意識しなければならない時に受け取る情報は、必ずしも自分の期待している答えではない可能性があります。ですので、情報を受け取る時には、その情報によってどんなことが予想されるか、ということ以上に、その情報が自分にもたらされる状況そのものが言わんとしていることは何か、という点により深く注目する必要があります。

（4）"Primed to Perform: How to Build the Highest Performing Cultures Through the Science of Total Motivation" - Lindsay McGregor & Neel Doshi

自己を俯瞰する

「効果的な協業」に関する三つ目の思考動作は**自己認識**（#selfawareness）です。自分自身の強みと弱みを知り、組織を統率したり、協働作業をする際に有効活用するための以下のコンセプトで構成されています。

メタ知識（#metaknowledge）とは、「自分が知らないことを知る」ことができているか、自分を分析することです。

「自分が知らないことを知る」ための最も簡単な方法は、自分が知っていると思っていることについて、その分野の全くの素人に説明してみることです。こうした作業をすることで、自分や他人が自分に思い描いていたほど、実際には自分は専門家ではないのだ、という現実を体験することができます。

また、経営コンサルタントで「地頭力を鍛える」などの著書で知られる細谷功さんは、無知の知を自覚するには、「常に自責である」という考え方を持つことだと主張しています[5]。

多くの人は問題の原因を自分以外の要因に求めがちだけれども、自分の責任として、「見落としている視点はないか」という問いかけをすることで自分の無知に気づくことができると言います。

その例として、組織改革をする際に、「抵抗勢力」がいることについては、その組織内の多くの

(5) https://diamond.jp/articles/-/148200

人が同意する一方で、「自分が抵抗勢力である」と思っている人はほとんどいない、というケースをあげています。

自己評価（#selfappraisal）とは、自分の強みと弱みを知り、自分が良いパフォーマンスを出す上で妨げになる習慣や立ち振る舞いを抑制することです。

そして、こうした強みや弱みは自分が自身に対して感じていることと、自分の周囲の人が自分に対して感じていることとは異なる、ということも自覚しておくとなお便利です。

私事の例で恐縮ですが、私は留学先の大学院を卒業後、外資系の経営コンサルタントとして仕事をしていました。その職場での私の評価は、チームワークや顧客との関係構築、体力は申し分ないが、コンサルタントとして生きていくには致命的な欠点がある、というものでした。

それは、「論理的思考力が弱い」「意思決定力が弱い」という指摘で、「チームや顧客を導くべき時に迷いや曖昧な余地を残した提言をする傾向が強く、チームも顧客も混乱する」というものでした。

コンサルティング会社に入社するまでの私の職歴は、高機能化学素材の新規用途開発に携わっていました。そこでは明確な意思決定や論理的思考よりも、「どれだけ人がやったことがないことか」という視点の面白さが重視される世界に長くいたので、「可能性の芽は最後まで残しておく」という思考習慣が体に染み付いていました。その思考習慣がコンサルタントとしての能力を伸ばす上で障害になっていたのです。

その後、製造業に復帰して、ある事業の立て直しを行っていた時のことです。

上司に呼ばれた私は、こう言われました。

「最近、頑張ってくれているのは知っている。でも少々やりすぎじゃないか。君の部下が『山本さんのロジックがキツすぎて夜も眠れない』とぼやいているぞ。」

この時、私は「自分は論理的思考が弱いので、特に気をつけてコミュニケーションを取らなければ」と注意していたのですが、それが結果として新しい職場では、部下にとって厳しすぎてモチベーションを逆に下げてしまう原因となっていたのです。

前職では私以上に論理的思考力を駆使し、多少の根拠の弱さも思い切りの良い意思決定でカバーできてしまう同僚が多かったこと、組織がフラットで職位よりも「誰が何を言うか」が優先される職場ででした。それに対し、新しい職場は組織の統制を論理的思考よりも重視するために、私の弱い論理を同僚達が一生懸命に解釈しようとして根をあげてしまったのかもしれません。

自分のことを知るために有効なのは、「メタ知識（#metaknowledge）」同様、自分を客観的な視点から見ること、心を開いて他者からのフィードバックに耳を傾けること、そして強みだけでなく、弱みもある自分を認めることです。

感情知能（#emotionaliq）とは、感情知能の概念を理解し、これを対人関係に有効活用することです。

感情知能（Emotional Intelligence）は自分と相手の感情の状態を評価し、適切な対応を取れる能力を意味します。これによって相手の神経を逆撫でするような発言を抑えたり、逆に感情的な表現で相手が自分をコントロールしようとした際に自分の感情を分析し、冷静に応対することが可能になります。

感情知能は1964年頃にマイケル・ベルドックの研究論文に登場していますが、より広く知られるようになったのはダニエル・ゴールドマンが「EQ―心の知能指数」という本を1995年に出版したことがきっかけです。

感情知能（EI）は、感情を利用できる能力として語られる時（サロベイ、マイヤーの能力モデル）と個人の感情把握力として語られる時（ペトリデスの感情特性モデル）があるので注意が必要です。ゴールドマンが紹介したモデルは広義では個人の感情把握力に分類できます。

サロベイ、マイヤーの能力モデル

感情知能を感情が沸き起こる理由とそこから導かれる思考について理解することできる能力である、と定義しています。また、これには感情を正確に認識し、思考を助け、知的成長のために感情を適切に抑制できる力を含める、ということです。このモデルは感情知能には次の4つの能力があると主張しています。

1. 感情認識力

表情、声や文化的なしぐさなどに現れた個人の感情を適切に捉えることができること。感情を認識することはそこから得られる情報を処理することを可能にします。

2. 感情利用力

思考や問題解決時の行う様々な活動に適切な感情を結びつけて実行していくこと。感情知能を持った人は必要な作業を良い雰囲気のもとで実行してく力を手にしている

3. 感情理解力

感情的な言葉と感情の複雑な関係を評価、理解する力。感情を理解することは、感情の微妙な違いに敏感になれること、感情が時間とともにどのように変化するかを把握できることでもあります

4. 感情管理力

自分と他人の感情の規律を持たせることができる力。感情知能のある人は、たとえ負のものであっても、他人同士の感情を結びつけ、意図した目標に導くことができます

ゴールドマンのモデル

ゴールドマンは感情知能をリーダーシップのパフォーマンスを引き出す幅広いコンピテンシーやスキルとして捉え、5つの分類をしています。

1. 自己認識力

自分の感情、強み、弱み、価値観や達成したい目標を知り、それらが他者へのどのような影響を与えるか認識できる能力

2. 自己規律力

自分の破壊的な感情をコントロールしたり方向転換し、環境変化に対応する力

3. 社会スキル

自分の望む方向に人々を動かせる関係性を築ける力

倫理的ジレンマと社会意識のコンセプト関係イメージ図

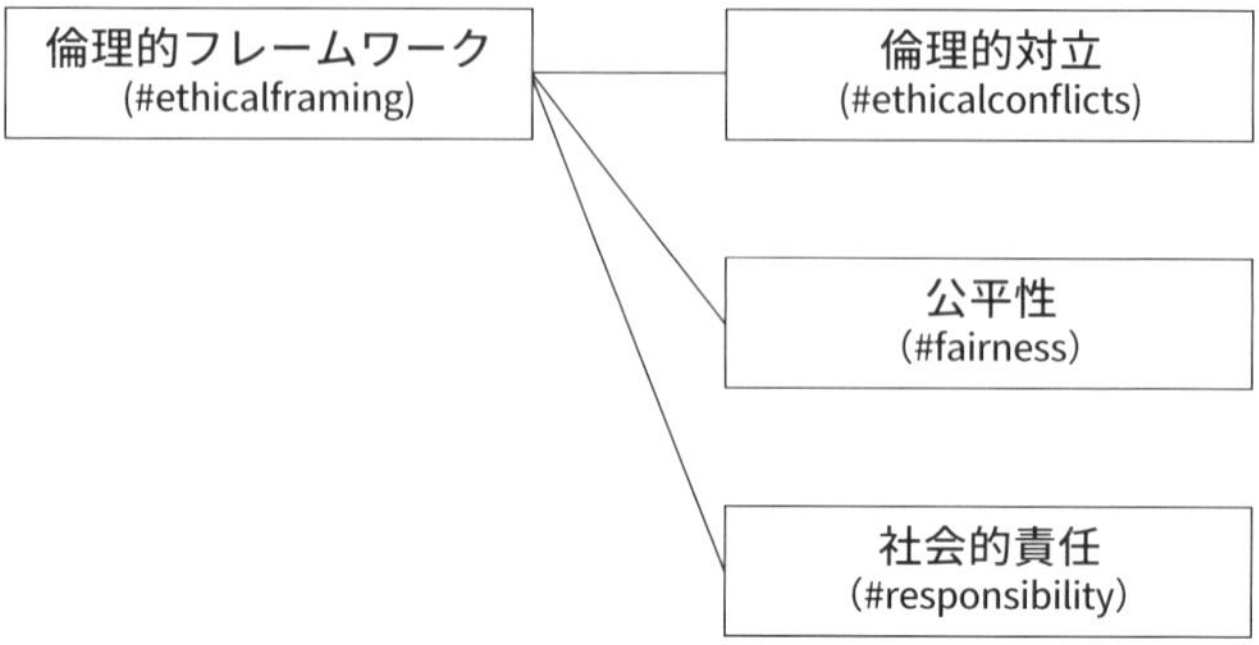

4．共感力

意思決定を行う際に影響を受ける人々の感情に配慮できる力

5．動機づけ

周囲の人の目標実現のために動ける力

他者への思いやりと公益の精神

「統率／協調力」の最後のパートは「倫理的ジレンマと社会意識」です。

倫理的なジレンマと向き合うことは、他者との協働作業に直接的な影響を与えます。倫理ジレンマに取り組むことは、社会意識、他者への思いやりと公益の精神をもつことは切り離せない関係にあるからです。

倫理的フレームワーク（#ethicalframing）とは、倫理的な問題の解決に有効な規則を構築し、それを用いることです。倫理的な問題とは、なるべく多くの利害関係者（時には組織であり、人間以外の生命体であることも考えられます）にとって利益になる状況を導くことが必要とされる状況を意味します。倫理的というと身構えてしまいがちですが、「同調圧力に頼るのではなく、なるべく多くの関係者が納得できるような仕組みにしましょう」という考え方です。

例えば、私が学んだケンブリッジ大学の経営管理学修士（MBA）には、成績の大部分が5～6人で構成されるグループワークで決まる設計になっていて、グループとしての評価がそのまま個人の成績として付与される、という評価方法が採用されていました。

こうすると、ペーパー・テストとは異なり、自分だけ勉強すれば良い評価が得られるというわけには行かなくなります。一方で、グループでの評価にすると、どうしてもフリー・ライダー（自分だけ楽して、他の人の努力に乗っかりたい人）が出てしまう危険性があります。

そこで、大学は入学時に全ての学生にこの成績の評価方法に異議なし、という趣旨の誓約書にサインさせた上で、学校が最も重視しているのは「協業の精神：Collaborative Ethos」であることを周知しています。また、1学期のみは学校が指定した学習グループで学びますが、2学期以降は学生が自由にグループを形成できるので、フリー・ライダーは良いグループに入りにくくなるため、お互いがメリハリを持ってグループに貢献する、良い学習環境で運営されていました。

もちろん、こうした学習スタイルに向いていない学生もおり、学校側も教員メンターなどサポート体制は用意していましたが、学生の中には自主的に退学した人もいました。しかし、ほとんどの学生にとって、実社会での労働環境に近い、この学習スタイルは支持されています。

倫理的対立（#ethicalconflicts）とは二つの倫理的概念の対立を解決するための優先順位を決めることです。

この状況のわかりやすい例はヘイトスピーチと言論の自由についてです。

移民排斥を訴える人達は強い口調で移民に自分の国から出て行って欲しい、と訴えます。その言葉に不快感を覚える人も少なくないのではないでしょうか。しかし、彼らは「言論の自由」の原則を盾に、多少の人種差別的な発言も許されるべきだ、と主張します。

多くの人が、これは倫理的な対立ではないのでは、と思われるかもしれません。

しかし、２０１５年にフランスで起きたシャルリー・エブド襲撃事件を思い出してみましょう。

これはイスラム教徒を侮辱した風刺画を掲載した新聞社が襲われ、12人が殺害された事件です。この新聞社は以前から宗教を風刺した漫画を掲載しており、一部の政治家からも「過激な表現がテロリストを刺激している」と警告を受けており、実際にテロリスト達からも脅迫を受けていました。

それにも関わらず、多くのフランス人がこの新聞社を支持したのは、言論の自由や表現の自由のない世界では同調圧力が強まり、圧政などが起きた時に正しいことが言えなくなるのではないか、という恐れを意識したからです。

ヘイトスピーチや風刺画を描いている人達は政治的に適切な表現（ポリティカル・コレクトネス）を訴える人達を偽善者だとみていることも指摘されています。自分達は移民がこない高級住宅地に住みながら、人権擁護を訴え、文化的な衝突にさらされた中流以下の人達を「人種差別主義者」と責め立てている、という主張もあります。

倫理的な対立を解決するには、優先順位をつける必要があります。しかしその優先順位は画一的なものではなく、相手の思想や社会的背景、優先順位をつけた先に起こり得る反応など多面的な要素を考慮して決めなければなりません。

倫理的対立について話し合うために良い題材は、トロッコ問題です。

トロッコが暴走しています。
このままだと多数の乗客が犠牲になります。
トロッコは障害物に当たると止まります。

トロッコ問題

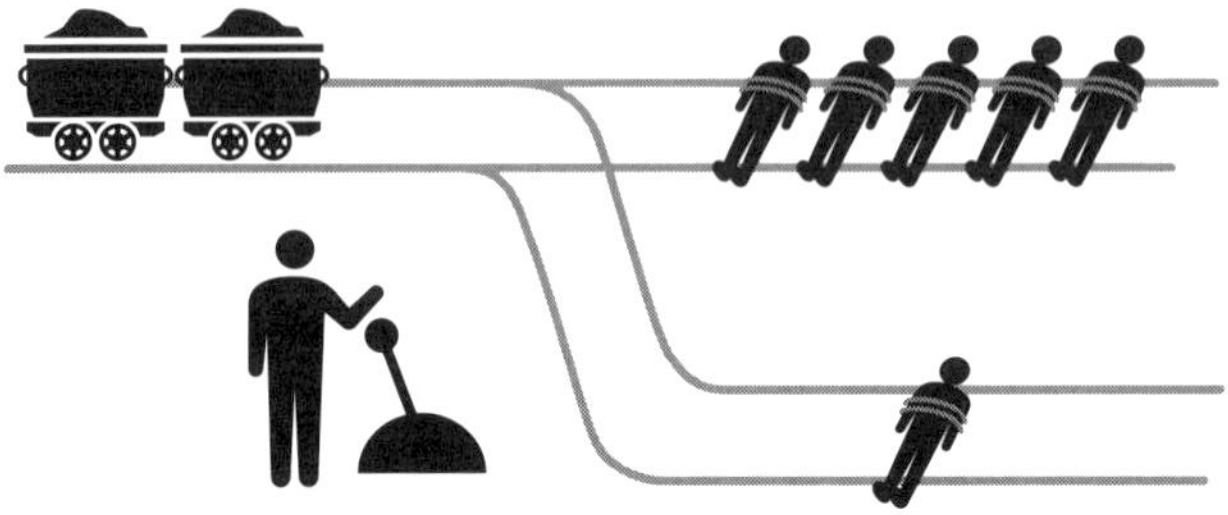

線路には分岐点があり、片方に1人、もう片方には5人の人がいます。

あなたは分岐点にいて、トロッコをどちらの線路に進ませるか決めることができます。

どちらを選びますか？

トロッコ問題には様々なバリエーションがありますので探してみてください。

公平性（#fairness）とは不公平な規則や慣例を発見し、解消できるように動くことです。

倫理的な行動の一つは、自分や自分以外の人が不公平に扱われている時、その解消に動くことです。しかし、実際には何が不公平であるのか必ずしも明確ではない場合があります。公平性を論じる際には、その事象だけでなく、なぜそのような事態が生じているのかについても注意を払うことが重要です。

ある会社は業績も長期に渡って伸びてきた会社でしたが、一度だけあるロビスト団体から訴えられそうになったことがあったそうです。それは、役員における女性の比率が低く、上級管理職でも男性比率の方が高いことが問題視されたからでした。

そこで会社は早速、各部門のトップに対して、女性社員の内、管理職候補にあげられる人材は最低3名以上はリストアップし、次回の管理職試験を受けさせるように指示したそうです。

さて、これは公平性の面から見て適切な経営判断でしょうか。

責任（#responsibility）とは他者と協業する際に、自らに課した約束（コミットメント）に対して能動的に、責任ある行動をとることです。

日本の大企業で働いていた際には、仕事のホウレンソウ（報告・連絡・相談）を徹底するように指導を受けましたが、こうした基本的な約束を守ることは取引の信頼関係構築にはとても重要です。

約束を守るという行為には、基本的なこと以外にも、自分の能力の最大限を発揮すること、非現実的な約束はしてはならないということも含まれます。「頑張ります！」だけでは全くダメで、自分の実力で実行できないものであれば適切な助言や支援を求めることも重要な責任の一つであります。

しかし、こうした組織レベルの責任感があっても組織そのものが隠蔽体質であっては、意味がないですね。日本では「規則だから仕方がない」「こういうことにしておけば、誰も傷つかない」といった偽善・独善が組織を覆っているように思います。

2018年には複数の製造業で品質検査データや税金の使い道に関する公文書の改ざんが明るみに出ました。「自分か告発したら、辞めさせられるし、どこに行っても働けなくなる」という恐れから、人生に絶望して自殺してしまった職員もいます。精神的に追い詰められた状況に陥ると人は判断力が鈍ります。周囲の人が然るべき逃げ道を開いてあげるのも社会的責任の一つでしょう。また組織の上に立つ人ほど、組織の利益よりもその組織は何のために存在するのか、より広い意味での責任を自覚すべきです。

近江商人の極意に「三方良し」という言葉があります。商い良し、客良し、に加え、世間よし、という世の中のために役立つことか、という判断基準があります。

また、元厚生省で冤罪を着せられ、半年間の拘置所生活を余儀なくされた後に、検察の証拠の矛盾を指摘し、無罪を勝ち取った村木厚子さんは、検察の圧力に負けずに自分の潔白を主張し続けられたのは、「だれかのために」に、を思うことは人を強くする」と言います。[6]

もし、自分が難しい局面に立たされたとき、自分の中に社会的責任の判断基準を持ちにくいので

（6）https://www.philanthropy.or.jp/magazine/386/muraki.pdf

あれば、自分を大切に思ってくれている人に対して、自分がどんな責任を負っているのか（負いたいか）を意識してみるのも良いかもしれません。

これで、統率／協調力に関するコンセプトの紹介はおしまいです。

他の三つのコンピテンシー（情報判断力、問題解決力、情報発信力）を含め、約110個のコンセプトを取り上げてきましたが、いかがでしたでしょうか。

すぐにビジネスの世界に応用できるものばかりではなかったように感じられるかもしれませんが、いずれも日常の中で無意識に使っていたものや立ち止まって考える際に参考になるものがあったのではないかと思います。

実践的な知恵は、その名のとおり、使うことによってより効果が上がります。

ご紹介したコンセプトを用いて、自分の意思決定・コミュニケーション力が以前よりスムーズに行くようになれば、筆者としてはとても嬉しいです。

あとがき

まず、ここまで読んでくださった皆さんにお礼を申し上げます。決して読みやすい本では無かったと思います。本書が皆さんにとって何かしらの発見を与え、日々の意思決定の質を向上させることに貢献することができたなら、著者としてはとても嬉しいです。

"How would you like to be remembered? —あなたはどのように生きた人として記憶されたいか—" という質問があります。

これは、12年前に私がケンブリッジ大学の大学院に留学した際の課題エッセイの一つでした。その時に書いたのは、「学習者、挑戦者、コーチでありたい」という内容でした。その当時、まさか自分が本書の執筆のような野心的な挑戦をいただけることも、自分がやってみようと決断するとも想像できませんでした。

私がミネルバ大学に魅せられたのは、高機能科学素材の新規用途開発や事業開発に20年近く従事してきて、どんなに議論を重ねて練ってきた計画や予算があっても、アイデアのほとんどは実現しないという事実や、その原因として既存事業では論理的な判断ができる人達が、未知の分野になると一転して先入観や感情論に陥って失敗する例を見てきた背景があります。

変化が速く、見通しがききにくい時代に、未知の分野で適切な意思決定を導くソフト・スキルを提供する、というミネルバ大学のコンセプトは私の20年間の経験と照らし合わせても強い説得力がありました。

実は、ミネルバ大学で提供している「実践的な知恵」を日本語にして提供したい、という思いは最初の本「世界のエリートが今一番入りたい大学ミネルバ」を執筆する前からありました。しかし、私自身が実際にミネルバの教育を受けた人間ではないこと、それゆえコンセプトを正しく理解できているか自信がないことなどを始め、「自分がやらなくてもよい」と考える理由はいくらでも思いつけました。しかし、本書の出版元である日本能率協会マネジメントセンター出版の山地さんからお声がけいただいた際に、「学習者でありたい、挑戦者でありたい、コーチでありたい」という自分の内なる声には抵抗できませんでした。

執筆は、自分の過去の認知活動の中で得た情報やＭＩＴ出版から発行されているミネルバ大学の公式解説書「Building the Intentional University – Minerva and the future of higher education-」の付録に書かれているコンセプトをベースに何度も書き、不明確な点を整理し直すという作業の連続で、当初の想定より6か月以上の時間を費やしました。そして、その過程が「コンセプトを発見する」という知的好奇心を大いに刺激してくれる時間であったことは間違いありません。

「誰に、どのように書けば、分かりやすく伝わるか」を意識したため、ミネルバ大学で用いられている解説とはおそらく異なる解釈になっているであろうものや、意図的に解説を省いた点など少なくありません。それゆえ、私が独習で理解したものは、実際に1年間かけて、このコンセプトを仲間とのディスカッションや数々のプロジェクトを通して身につけた人とは質が違います。この際、心の支えになったのは、同校の元学長であるコスリン教授が実践的な知恵について、「学んで、それで終わり、というのではなく、自分で使いやすいように、発展させていくものだ」という趣旨の文を書いていたことです。

本書では、詳しい解説よりも、どのようなコンセプトがあり、どんな流れで紹介すれば理解しやすいかに重点を置いたため、ミネルバ大学でどのように教えられているのかをより詳しく知りたい人には、消化不足にならざるを得ないでしょう。しかし、そう感じられたら、ぜひご自身でより自分に合った理解を追求してみてください。そうした探究活動から、見つけた発見は本に書かれている内容よりもさらに自分の思考の幅を広げる知恵となるでしょう。

ミネルバ大学も、「正しいと決められた硬直的な考え方よりも、今あるものよりもさらに良いものを見つけていく考え方が重要である」という姿勢をとっています。

最後に、なかなか進まない執筆を忍耐強く我慢し、より読者に伝わりやすいように内容を何度もディスカッションしてくださった山地さんに感謝します。また本書を書いている際、過去に新規用途開拓を一緒に取り組んだ会社の同僚や取引先の皆様のことを思い出し、本当に良い経験をさせていただいたことを改めて感謝します。

かつて、アイザック・ニュートンは「私がかなたを見渡せたのだとしたら、それはひとえに巨人の肩の上に乗っていたからです。(If I have seen further it is by standing on the shoulders of Giants.)」と述べています。

皆様からいただいた知恵を結集させ、本書を世に出せることをとても嬉しく思います。

2019年6月
山本秀樹

情報判断力(Thinking Critically)

A	情報を検証する(Evaluating Claims)	
A-1	分析(Analysis) **複雑な議論を分解し、主張の根拠と結論を認識し、仮定を見つけ、分析する**	
1	議論から仮定や根拠を見つける(Assertion)	主張の根拠と結論を認識し、その背景にある仮定を見つける
2	批判的思考力(critique)	情報が論理的な整合性や確かな証拠、構成や内容を伴っているかを判断する
A-2	情報読解力(infoliteracy) **情報読解力の原則を理解し、用いる**	
3	必要条件(infoneeded)	主張を支える根拠に必要な情報、その条件を定義できる
4	情報の質(sourcequality)	情報の質について序列をつけられる;情報の種類と性質について適切に区別することができる(例:事実 vs 意見、学術的意見 vs 大衆迎合的意見、1次情報 vs 2次情報)
A-3 5	推定(estimation) **さまざまな推定技術を用いて、主張を支える数的な根拠を検証する**	
A-4	科学的根拠(science) **科学的な発言と非科学的な発言を見分ける**	
6	妥当性(plausibility)	仮説が検証可能な前提を伴っているか評価する
7	検証可能性(testability)	仮説が再現(テスト)できるものが評価する
8	疑似科学(pseudoscience)	疑似科学的主張を特定する
9	認識論(epistemology)	科学的仮説、理論、事実と法則の性質を区別して認識する
10	科学的問題分解(scibreakdown)	科学的手法が用いられているか評価する
A-5	確率とサンプル(probandsample) **確率とサンプリングのコンセプトが適切に用いられているか評価する**	
11	確率(probability)	確率の基本コンセプトを解釈し、応用する
12	条件付き確率(conditionalprob)	条件付き確率の基本コンセプトを解釈し、応用する
13	サンプリング(sampling)	異なるタイプの分布から得たサンプルを適切に解釈、分析する
A-6	統計(stats) **統計的手法を適切に評価・用いる**	
14	記述統計(descriptivestats)	記述統計を適切に用いる
15	効果量(effectsize)	効果量の概念を理解し、適切に用いる
16	信頼区間(confidenceintervals)	信頼区間の概念を理解し、適切に用いる

17	相関(correlation)	相関関係の概念を理解し、適切に用いる。相関関係と因果関係を区別する
18	回帰分析(regression)	回帰分析を適切に用いる
19	ベイズ統計学(bayes)	ベイズ統計学を推計と予測に適切に用いる
20	統計的有意性(significance)	統計的有意性の概念を適切に用いる
B	認識の差を埋める（Analyzing Inferences）	
B-1 / 21	演繹（deduction） 演繹法を適切に理解し、用いる	
B-2 / 22	論理破綻（fallacies） 論理的な誤りを発見し、誤りを解消する	
B-3	一般化（generalization） 帰納法を適切に用いることができる；常に一つ以上の一般化が可能であることを認識できる	
23	帰納法(induction)	有効な証拠から複数の妥当性のある一般化を導く
24	予測(prediction)	ある分析対象について、長期と短期の双方の行動予測を行なう
B-4	先入観（congnitivebias） 視覚や情動、記憶等に影響を与える先入観（根拠のない傾向）に気がつき、対応する	
25	視覚・感覚的バイアス(attentionperceptionbias)	物事のパターンについて推測したり認知したりする際の視覚・感覚的先入観に気づき、適切に対応する
26	記憶バイアス(memorybias)	記憶の信頼性に影響を与えるバイアスについて理解し、記憶を主張の根拠とする際の限界を認識し、適切に対応する
27	確証バイアス(confirmationbias)	情報検索、あるいは解釈において確証バイアスが働いていないか気づき、そのバイアスを最小化することがする
B-5 / 28	解釈バイアス（interpretivebias） 異なる形式のコミュニケーションから生じた意味の相違に影響を与えるバイアスの存在に気づき、適切に対応する	
B-6 / 29	脈略（Context） 作業を適切な脈略に沿った形で実施する(例;歴史的背景、規律・信念的背景、文化的背景等)	
B-7	解釈（interpretation） ある作業について、その性質を特定、理解、分析し、それらの特徴をさまざまなコミュニケーションの形式に応用する	
30	ノンフィクション(nonfiction)	ノンフィクションの文章から意図を理解するための文章の性質を特定、分析し、用いる
31	フィクション・詩(fictionpoetry)	フィクション、詩の文章・文体から意図を理解するための文章の性質を特定、分析し、用いる
32	視覚芸術(visualart)	視覚芸術から意図を理解するために、視覚芸術の性質を特定、分析し、さまざまな視覚コミュニケーションに応用する

33	音楽（music）	音楽から意図を理解するために、音楽の性質を特定、分析し、さまざまな聴覚コミュニケーションに応用する
34	マルチメディア（multimedia）	マルチメディアから意図を理解するために、その性質を特定、分析できる、適切に用いる
B-8 / 35	分析レベル（levelofanalysis） **ある現象の解釈について、異なるレベルにおける個別事象の相互関係や特徴を抽出する**	
B-9	複雑性（Complexity） **複雑系組織についての知識を応用し、全体、あるいは細部についての理解を深める**	
36	マルチ・エージェント（multipleagents）	複雑系組織を各構成要素に分解し、その役割を理解する
37	システム思考（systemdynamics）	複雑系組織の行動に影響を与える変動要素の役割とさまざまな条件の下での各要素の変動要素に対する感度について認識する
38	創発的物性（emergentproperties）	複雑系組織における創発的物性を特定し、適切に対応する
39	複数要因（multiplecauses）	複雑系における複数要因の構造と関係を発見、説明する
40	ネットワーク効果（networks）	物理的、あるいはソーシャルなネットワークにおける二次効果、三次効果を特定する。
C	判断の優先順位をつける	
C-1 / 41	目的（purpose） **自分たちの価値観や前提としている到達目標、それに対して個々人またはグループがどのようにこれらの目的やゴールにを達成するかを決定づける行動指針を特定、評価する**	
C-2 / 42	最優先事項（firstprinciples） **最も基礎となるコミットメントを認識し、評価する**	
C-3	損益分析（costbenefit） **全てのステークホルダーに対して損益分析を行う**	
43	効用（utility）	全てのステークホルダーに対して、発生しうるさまざまな費用と便益を予測する
44	基準利益（payoffs）	意思決定に影響するインセンティブを設定する方法を特定する
45	埋没費用（sunkcost）	サンクコスト"が意思決定に及ぼす影響について特定し、分析する
46	割引（discounting）	一時的な割引が意思決定に及ぼす効果について特定し、分析する
C-4 / 47	リスク（risk） **リスクと不確実性についての区別を特定し、分析する**	
C-5 / 48	大枠で考える（broadframing） **意思決定をする際、複数の選択肢を同時に考慮する**	

C-6	意思決定の理論（decisiontheory） **意思決定をする際の流れについて考察するために必要なサポート・ツールを特定し、分析に用いる**	
49	デシジョン・ツリー（decisiontree）	意思決定をする際の流れについて考察するためのデシジョン・ツリーを作成し、用いる
50	効果的なヒューリスティクス（efficientheuristics）	意思決定を効率的に行い、行動するためにヒューリスティクスを用いる
C-7 51	感情バイアス（emotionalbias） **情動的背景から生まれる意思決定のバイアスを特定する**	
D	問題を分析する（Analyzing Problems）	
D-1 52	ギャップ分析（gapanalysis） **創造的な解決策を必要とする問題の存在（例：知識、商品体系、アイディアの幅など）を把握する**	
D-2 53	問題の特定（rightproblem） **問題の本質を把握・定義する**	
D-3 54	問題の分解・階層化（breakitdown） **課題をフォローアップが可能な行動に結び付けられる要素まで（因数）分解し、解決策を設計する**	
D-4 55	変数の特定（variables） **問題を解決する際に鍵となる変動要素を特定し、分析する**	
D-5 56	ゲーム理論（gametheory） **ゲーム理論に基づいたモデルを設計・評価する**	

問題解決力(Thinking Creatively)		
A	発見を促進する (Facilitating discovery)	
A-1	仮説思考 (hypothesezing) **仮説を導く方法と、その表現方法を設計する**	
57	仮説に基づいた調査(hypothesisdriven)	仮説駆動型研究に基づいたデータ収集を行う
58	理論の検証(theorytesting)	研究計画・設計と既知の理論との関係性を理解する
59	モデルの適用(modeltype)	収集したデータを説明するために理論やモデルがどのように利用できるが認識する
60	データの視覚化(dataviz)	データを分析、解釈し、適切な視覚効果(グラフ・表・図など)に表現する
A-2	研究手法 (researchmethods) **発見を導くために様々な研究手法を活用する**	
61	実験の設計(experimentaldesign)	実験を企画・設計する際の原則を理解し、応用する
62	観察(observation)	観察研究(民族誌学的アプローチを含む)を設計、解釈する
63	インタビュー (Interview)	(個人・グループ)インタビューやアンケートなどの1次情報調査を設計し、示唆を抽出する
64	ケース事例(casestudy)	ケース事例を設計し、示唆を抽出する
65	再現性(replication)	実証実験の設計において再現性の評価を行う
66	制御(control)	実証実験にあたり各変動要素やパラメーター等の適切な制御を設計する
B	問題を解決する (Solving problems)	
B-1	例える (analogies)	
67	**問題解決の際に「例え話」を適切に用いる**	
B-2	制約 (constraints)	
68	**問題解決の際に制約充足要素を特定し、適用する**	
B-3	最適化 (optimization)	
69	**最適化するためのテクニックを適切に用いる**	
B-4	問題解決のテクニック (probsolvetactics) **問題解決のテクニックを用いる**	
70	ヒューリスティックス(problemheuristics)	ある問題とその問題を構成する問題の関連性において、ヒューリスティックを用いて解決する
71	逆転思考(contratarian)	新しい戦略を構築するために“反対思考”を用いる
B-5	アルゴリズム (algorithm)	
72	**現実世界の問題解決にアルゴリズムを使った戦略を用いる**	
B-6	シミュレーション (simulation)	
73	**シナリオの変動範囲を把握するためにシミュレーション・モデルを作成する**	

B-7	ヒューリスティック・バイアス（heuristicsbias）
74	データの入手性や表現などの問題解決ヒューリスティックスによって起こるバイアス（先入観）を認識し、間違いを修正する
B-8	自己学習（selflearning）
75	未知の分野について効果的に独習するために有効な戦略を選ぶ
C	製品、プロセス、サービスを創造する （Create products, processes,and servicies）
C-1	デザイン思考（designthinking）
76	製品または問題解決策にデザイン思考を反復活用し、その質を高める
C-2	創造的ヒューリスティックス（creativeheuristics）
77	問題解決に創造的ヒューリスティックスのアプローチを応用し、新商品や新しいプロセスを形成する
C-3	抽象化（abstraction）
78	ある問題の解決策を得たとき、その解決策のリバース・エンジニアリングを行い、抽象化された重点要素を別の問題の解決に用いる

情報発信力(Effective communication)		
A	効果的な言葉を使う(Use language effectively)	
A-1	明解さ(clarity) **明解な筆記・スピーキング表現を行う**	
79	テーマ(thesis)	しっかりと定義されたテーマを形成する
80	構成(organization)	コミュニケーションに効果的な構成を用いる
81	体裁(composition)	明解で正確な文体で情報発信を行う
82	プレゼンテーション(presentation)	確立されたガイドラインに則り、プロフェッショナルとして情報発信する
83	暗示(connotation)	暗示についてい理解し、適切なトーンや文体に注意を払う
A-2	聴衆(audience)	
84	**聞き手に合わせて口語表現、文章表現を調整する**	
B	非言語表現を有効活用する (Using nonverbal communication effectively)	
B-1	表情を読み取る(facialexpression)	
85	**顔の表情から、聞き手の反応を読み取る**	
B-2	身体表現(bodylanguage)	
86	**相手のボディー・ランゲージを読み取る**	
B-3	コミュニケーションの設計(communicationdesign)	
87	**各表現手法(スピーチ、映像、スライド等のマルチメディア)による印象や認知の原則を用いて、情報発信効果を向上させる**	

本書では、聴衆(#audience)とコミュニケーションの設計(#multimodalcommunicationに名称変更)を「対話の設計」として切り出して解説しています。

統率・協調力（Interactive effectively）		
A	交渉・仲裁・説得（Negotiating, mediating, and persuading）	
A-1	相互利益（mutualgain） **相互利益に配慮しながら交渉と仲裁を行う**	
88	仲裁（mediate）	合意できないことを仲裁する
89	交渉（negotiate）	望む結果を得られるように、適切な手順を構築して交渉する
90	BATNA（batna）	複数の視点から Best Alternatives to a Negotiated Agreement（BATNAs）を用意する
A-2	議論（debate） **効果的な議論の原則を用いる**	
91	対案（counterarguments）	対案の効果を感情、論理、相手の個人的特質などの要素を考慮して判断する
92	戦略（debatestrategy）	自分と相手の交渉戦略について、それぞれの強みと弱みを認識する
93	合意点（commonground）	自分が譲歩できること、適切な対応をできる余地について、意思決定するために、交渉相手とどれくらい共通認識を持っているか分析、理解する
A-3	説得（persuade） **説得のテクニックを用いる**	
94	ナッジ（nudge）	他人の意思決定に「ナッジ」（特定の方向に後押しする技術）を活用する
95	認知的説得（cognitivepersuasion）	認知ツールを有効活用する
96	感情的説得（emotionalpersuasion）	感情ツールを適切に理解し、有効活用する
97	期待（perspective）	他者の期待を理解し、彼らの関心を得られるように議論を設計する
98	自信（confidence）	自分の見解や作業について適切な自信を持って臨む
B	効果的な協業（Working effectively with others）	
B-1	リーダーシップ（leadership） **効果的なリーダシップのスタイルの原則を活用する**	
99	リーダーシップの原則（leadprinciples）	効果的なリーダシップのスタイルの原則を活用する
100	チームとしての役割分担（teamroles）	チーム内における作業と役割の双方の特徴に気を配りながら、適切な役割分担を行う
101	組織力学（powerdynamics）	様々なタイプの力を利用しながら、異なるグループ間のやり取りに影響力を行使する
102	アメとムチ（carrotandstick）	支援と懲罰が行動に与える影響を考慮、分析する
B-2	協業（collaborate） **チーム・メンバーとして効果的に貢献する**	

103	同調圧力(conformity)	グループにおける同調圧力を和らげる(柔軟な対応が生まれやすい環境を創る)
104	違いの認識(differencies)	グループを構成するメンバーそれぞれの技能、能力、特徴、目的達成への温度差、信念の違いを認める
105	組織構造(orgstructure)	組織構造が個人のパフォーマンスや協業プロジェクトに及ぼす影響について理解する
106	オープン・マインド(openmind)	良い聞き手となり、オープンマインドでいる
B-3	自己認識（selfawareness） **自分の強みと弱みを発見し、評価すること**	
107	メタ知識(metaknowledge)	「自分が知らない、ということを知る」ことができる状態を維持できているか、省みる
108	自己評価(selfappraisal)	自分の強みと弱みを知り、謙虚さを検証し、自分の効果的なパフォーマンスの実現を妨げる行動・習慣を予防する
109	感情知性(emotionaliq)	感情知性(Emotional Intelligence: EQ)を活用して、効果的な対人関係を築く
C	倫理的ジレンマと社会意識	
C-1 110	倫理的フレームワーク（ethicalframing） **倫理的ジレンマを分析し、ジレンマを解決可能な形でフレームワークを構築する**	
C-2 111	倫理的対立（ethicalconflicts） **優先すべき脈略を利用し、倫理的原則同士の対立を解決する**	
C-3 112	公平性（fairness） **不公平な行為を認識し、和らげる行動を採る**	
C-4 113	責任（responsibility） **コミットメントに従い、能動的に、責任を果たす**	

【著者プロフィール】

山本 秀樹

東レで高機能化学素材を用いた新規用途開発を担当。ケンブリッジ大学にMBA留学後、外資系経営戦略コンサルティング勤務を経て、3M Japanでフィルター製品、研磨材製品事業部のマーケティング部長を務めた後に独立。AMS合同会社代表として、主に新製品の市場開拓、新規用途開拓支援を行う。 企業での業務と並行して、学生のキャリア構築支援を10年以上提供してきた。2015年から2017年までミネルバ大学の日本連絡事務所代表を務め、同校の日本での認知活動を実施。現在は世界や日本の教育の先端事例を紹介するDream Project Schoolを運営している。 慶應義塾大学　経済学部卒業 ケンブリッジ大学　経営管理学修士（MBA）元Minerva Schools at KGI（ミネルバ大学）日本連絡事務所代表

【著書】

「世界のエリートが今一番入りたい大学　ミネルバ」（ダイヤモンド社）

次世代トップエリートを生みだす

最難関校ミネルバ大学式思考習慣

2019年6月30日　初版第1刷発行

著　者――山本秀樹

©2019 Hideki Yamamoto

発行者――張 士洛

発行所――日本能率協会マネジメントセンター

〒103-6009　東京都中央区日本橋2-7-1　東京日本橋タワー

TEL　03（6362）4339（編集）／03（6362）4558（販売）

FAX　03（3272）8128（編集）／03（3272）8127（販売）

http://www.jmam.co.jp/

装　丁――――――――小口翔平＋山之口正和（tobufune）

本文デザイン・DTP――――石垣由梨（ISSHIKI）

印刷所――――――――シナノ書籍印刷株式会社

製本所――――――――株式会社三森製本所

ISBN 978-4-8207-2738-5　C0034

落丁・乱丁はおとりかえします。

PRINTED IN JAPAN